Erich Loest
Prozesskosten

Erich Loest

Prozesskosten

Bericht

Steidl

2. Auflage 2007
© Copyright Steidl Verlag, Göttingen 2007
Alle Rechte vorbehalten
Umschlaggestaltung: Steidl Design/Claas Möller
unter Verwendung eines Fotos von Ullstein-Welters
Satz, Druck, Bindung:
Steidl, Düstere Straße 4, D-37073 Göttingen
www.steidl.de
Printed in Germany
ISBN 978-3-86521-423-2

1. Kapitel: Der dreißigste Geburtstag

I

Erzählt soll werden von politischen Umwälzungen in der Sowjetunion, in Polen und Ungarn und von Gerichtsverfahren in der tiefen DDR, in die ein Schriftsteller verwickelt war, Erich Loest, hier meist L. genannt, auch »Mark« in der Sprache des Ministeriums für Staatssicherheit, oder 23/59, so meldete er sich gegenüber dem Anstaltspersonal in seiner Zuchthauszeit. Dieses Wort erinnert an Fritz Reuters »Ut mine Festungstid«; nach Todesurteil und Begnadigung hatte er sieben verlorene Jahre zu beklagen. Karl May, L.s Landsmann, verfügte ebenfalls über sieben Jahre diesbezüglicher Erfahrung. Aus dem Bericht in der dritten Person wird nach zwei Jahrzehnten und einigen Buchkapiteln ein Zusammenfließen möglich sein: Der Chronist und sein Objekt vereinen sich zum schlichten Ich. Von flankierenden Prozessen ist die Rede, von einer Phase, »Tauwetter« genannt nach einem schwachen Roman von Ilja Ehrenburg. Sie dauerte neun Monate und wurde von demselben Mann beendet, der sie ausgelöst hatte. Ein Bericht also aus einem Abstand von fünfzig Jahren – diese Spanne scheint nötig, um zu werten durch Vergessen. Andererseits wird es Zeit, denn allmählich geben die Letzten von damals den Löffel ab.

Am 24. Februar 1956 feierte L. seinen 30. Geburtstag. Er war verheiratet mit Annelies, die wie er aus Mittweida, einer Kleinstadt im mittleren Sachsen, stammte, um sie waren ihre Kinder Thomas und Brigitta. Sie wohnten in Leipzig in der Oststraße auf 126 Quadratmetern mit Kachelöfen und hohen Türen, mit Parkett in den Zimmern zur Straße hin. Die Fenster hatten durch den Luftdruck von Kriegsbomben gelitten und schlossen miserabel. An der Rückfront bröckelte Putz ab, Nässe drang ein, Sturzwasser aus einer defekten Regenrinne spülte Ziegel frei. L. durfte sich Schriftsteller nennen mit zwei Romanen und drei Erzählungsbänden. Er hatte sich breitschlagen lassen, dem soeben gegründeten Literaturinstitut in Leipzig als namhafter Student ein Stück Fassade zur Verfügung zu stellen. Zur Gratulation besuchten ihn sein Vater Alfred und Tante Lucie, Schwiegervater Max und »die Oma«, der liebste Mensch für Thomas und Brigitta gleich nach der Mutti. Sie saßen um den großen Tisch, auf dem kein Mangel herrschte. Max hatte ein hausgeschlachtetes Kaninchen aus dem eigenen Stall mitgebracht. Gute Freunde wünschten Glück, durch die Bank Genossen; nach dem Studium waren manche bereits Doktor und Dozent, von möglicher Professorenwürde durfte gemunkelt werden. Die Treppe herauf stapften Heinz Sachs, der Leiter des Mitteldeutschen Verlags in Halle, und sein Cheflektor Gerd Noglik mit Blumen und grusinischem Weinbrand. Von »Die Westmark fällt weiter«, L.s überaus agitatorischem Bestseller, hatten sie ein Exemplar in Leder binden lassen.

Im Literaturinstitut gratulierte Direktor Alfred Kurella. Er pries dieses wunderbare Alter: Mit dreißig habe einer entscheidende Lebensweichen gestellt, jetzt bestünden alle Chancen rasanten Vorwärtsdrängens. Und das in einer phantastischen Zeit des politischen Aufschwungs auf der Seite des Marxismus-Leninismus im Bunde mit der ruhmreichen Sowjetunion, in der jungen Deutschen Demokratischen Republik. Neid mochte mitschwingen: Etliche Jahre im Kaukasus nach 1945, die er mit Übersetzungs- und Nachdichtungsarbeiten verbrachte, war Kurella ohne politische Einflussmöglichkeiten geblieben;

verlorene Zeit aus Gründen, die im Dunkel politischer Querelen der dreißiger Jahre lagen. Trotzkistische Abweichungen der Jugendinternationale in Frankreich und ähnlicher ideologischer Schrott warfen lange Schatten. Unterdessen waren in der DDR die wichtigsten Posten besetzt, Kurella musste sich sputen, um für sich eine Lücke zu finden. Er schenkte L. »Ausgewählte philosophische Schriften« von Alexander Herzen, von ihm selbst übersetzt. Die Widmung, mehrfach korrigiert: »Erich Loest an dem Tage, an dem er halb so alt wurde wie der Übersetzer A. K.« Der Band war 1949 im Verlag für fremdsprachige Literatur in Moskau erschienen.

Fern in Moskau fand in diesen Tagen der XX. Parteitag der Kommunistischen Partei der Sowjetunion statt. Nikita Chruschtschow, der bullige Ukrainer, stand an ihrer Spitze. »Neues Deutschland« meldete: »Der Beifall steigerte sich zum Orkan, als N. A. Bulganin, N. S. Chruschtschow, L. M. Kaganowitsch, M. S. Saburow, M. A. Suslow und K. J. Woroschilow im Tagungsgebäude eintrafen.« Das Zentralorgan berichtete in der üblichen langatmigen Weise von Aufbauplänen und Siegen an allen Fronten. Überraschend immerhin: Der italienische Parteiführer Togliatti hatte die These aufgestellt, unterschiedliche Länder könnten auf verschiedenen Wegen zum Sozialismus kommen, also nicht unbedingt allein durch Revolution, auch ein parlamentarischer Übergang sei möglich. Roch das nicht nach Revisionismus? Bot sich vielleicht doch ein deutscher Weg, was Anton Ackermann, ein erfahrener KP-Funktionär, Moskau-Emigrant, der noch in die Position eines Kandidaten des Politbüros der SED aufsteigen sollte, erhofft und nach harscher Kritik unterdessen weit von sich gewiesen hatte? Jugoslawiens Marschall Tito, vor kurzem noch als faschistischer Verräter gebrandmarkt, schickte ein Grußtelegramm, das »Neues Deutschland« kommentarlos abdruckte. Nach einigen Tagen munkelten westliche Sender, Chruschtschow habe in einer geschlossenen Sitzung am Abend des 25. Februar 1956 Vorwürfe gegen Stalin geäußert: Die Gesetzlichkeit sei verletzt worden, Stalin habe treue Mitkämpfer umbringen lassen, die Prozesse gegen Bucharin und andere seien eine Farce gewesen. Freunde riefen erregt bei L. an: Hast du was gehört? Fieber grassierte wie nach dem 17. Juni 1953: Was ist, was wird werden?

Dies war geschehen: Die Führung der KPdSU hatte den Wortlaut der Rede den Politbüros einiger befreundeter Parteien anvertraut. US-amerikanische Geheimdienststellen boten eine Million Dollar für den Text. In Warschau gelangte das als äußerst geheim deklarierte Papier zur Zeitung »Tribuna Ludu«, ein Redakteur schmuggelte es nach Israel. Dessen Ministerpräsident Ben Gurion informierte engste transatlantische Freunde. Eisenhower beriet mit seinem Stab: Zur Gänze herausbringen oder aus taktischen Gründen in Teilen? Am 6. März 1956 veröffentlichte die »New York Times« die gesamte Rede.

Im Literaturinstitut zu Leipzig referierte Michael Janzen über den XX. Parteitag. Kurella hatte ihn aus Moskau mitgebracht. In Kriegsgefangenenlagern hatte Janzen unzähligen Deutschen das kleine Einmaleins des Marxismus-Leninismus beizubringen versucht, aus Nazis wollte er Kommunisten machen. Am Institut lehrte er in schlichter Weise: Warum ist der sibirische Hase im Sommer braun und im Winter weiß? Daraus leitete er Hegels Dialektik ab. Der Parteitag habe herrliche wirtschaftliche Erfolge feststellen können, mit gigantischen Plänen schritten die Sowjetvölker, geschart um die ruhmreiche Partei, neuen Zielen entgegen. Auch von Unzulänglichkeiten und Schwierigkeiten in der Vergangenheit sei die Rede gewesen – wie sollte nicht bei einem so riesigen Werk hier und da ein wenig Sand ins Getriebe geraten? Die Genossen hätten ihn unterdessen hinausgepustet. Daraus versuchten nun westliche Hetzer eine Sensation zu machen! Janzen setzte das Lächeln eines Siegers auf: Die Geschichte würde über die Kläffer hinweggehen.

Nach der Vorlesung, noch auf dem Korridor, ging L. auf Janzen zu. »Herr Professor, ich bin sehr traurig«, begann er. »Und warum sind Sie das?«, fragte Janzen. Er hätte eine Antwort auf das erwartet, was ihn bewegte, klagte L., die umschwirrenden Gerüchte über Straflager und Liquidierungen verdienter Genossen, was wäre denn nun wahr am bisherigen Geschichtsbild und was nicht? Kirow wäre also, das hätte Chruschtschow angeblich enthüllt, nicht ermordet worden, und was wäre dann mit dem Mord an Gorki, mit...

Dieser Absatz stammt aus »Durch die Erde ein Riss« mit dem Untertitel »Ein Lebenslauf«. L. schrieb diese Biografie während der siebziger Jahre, sie beginnt 1936 mit seiner Aufnahme ins Deutsche Jungvolk, da war er zehn, und endet mit der Entlassung aus Bautzen im September 1964. Die ersten beiden Kapitel wurden in der DDR in Zeitschriften und einem Erzählungsband gedruckt. Der Leiter des Mitteldeutschen Verlags in Halle, Eberhard Günther, warnte: »Erich, was du da unternimmst, riecht nach Fortsetzung. Du wirst in die Zeiten deiner politischen Querelen kommen, und, das sage ich dir als sozialistischer Verleger, ich werde das weder drucken können noch wollen. Und wenn du deinen Bericht im Westen herausbringen solltest, wäre für dich in der DDR kein Platz mehr.«

Im Nu waren Janzen und L. umringt. Einer mischte sich ein, ein Freund L.s – wie sich hinterher herausstellte, wollte er ihm beispringen –, aber L. war schon so in Fahrt, dass er ihn anschrie: »Halt die Schnauze, jetzt rede ich!« Enttäuschung brach aus ihm heraus, dass sie wie Kinder behandelt würden, über Maisanbau und Erdölförderung dürften sie etwas wissen, aber das ideologisch Wichtige bliebe für sie in den Schubläden. »Deshalb bin ich traurig«, schloss L., »und das besonders über Sie.«

Janzen begriff augenblicklich den Ernst der Situation. Wenn es gewünscht werde, wolle er sich weiteres Material beschaffen und erneut referieren.

Aber nicht Janzen stellte sich den Studenten, sondern Kurella. Die Sowjetunion sei vom ersten Tag ihrer Existenz an von Feinden umstellt gewesen. Interventionsarmeen der kapitalistischen Länder hätten sie angegriffen, im Bürgerkrieg musste sich Lenins junger Staat gegen den weißen mit dem roten Terror wehren. Spione und Saboteure wollten den Aufbau torpedieren. Im Ringen auf Leben und Tod sei es nicht möglich gewesen, Geduld aufzubringen. Eine Metapher gebrauchte Kurella, *die den Atem stocken ließ, dabei kreiste sein Zeigefinger auf dem Unterarm: Wenn ein Arzt ein Krebsgeschwür herausschneide, wäre es nicht zu vermeiden, dass er auch gesunde Zellen entfernte. Im gesunden Fleisch müsse er schneiden, denn wenn nur eine einzige befallene Zelle bliebe, wucherte das Geschwür nach.*

Kurella offenbarte, sein Bruder Heinrich, Emigrant und Kommunist wie er, sei Ende der dreißiger Jahre in die Mühlen der Säuberungen gekommen. Er galt als verschollen, war vermutlich hingerichtet worden. Die Revolution fordere Opfer, er, Alfred Kurella, habe ein Opfer gebracht und sei dennoch Kommunist geblieben. Vielleicht, räumte er ein, sei die junge Generation, die vor ihm saß, zu wenig auf die Kompliziertheit des vergangenen wie des zukünftigen Kampfes hingewiesen, nur ungenügend zu Härte erzogen worden. Das kreide er sich selbst als Versäumnis an.

In der Diskussion wich Kurella keiner Frage aus. Der Pakt vom Sommer 1939 zwischen dem Deutschen Reich und der Sowjetunion in neuem Licht? Verstöße gegen die Gesetzlichkeit auch in der ČSR, in Ungarn, gar in der DDR? War Stalin 1939 auf Hitlers Versprechen hereingefallen? Trotzki? Der bliebe glasharter Feind. Janzens Methode der Verharmlosung war durchbrochen, Kurella versuchte, die Frontlinie ein Stück weit im bisherigen Niemandsland aufzubauen. Er zog alle Register seines agitatorischen Könnens, gab sich väterlich, verständnisvoll.

Kurellas Erfolg währte nur wenige Tage. Eine hitzige Debatte war in Fluss gekommen im Institut und unter L.s Freunden. Schlagworte wurden wie Bälle einander zugeworfen: Dogmatismus, Personenkult, Apparatschik, der Versuch eines Sammelbegriffs: Stalinismus. Die Parteiführung schwieg, unten wucherte Wildwuchs. L. fand sich in einer ähnlichen Situation wie nach dem 17. Juni 1953 – die große Möglichkeit schien gekommen, Verkrustungen aufzubrechen, den Kommunismus wieder in Fahrt zu bringen.

Kurz darauf lakonisch die gemeinsame Mitteilung der Kommunistischen Parteien der Sowjetunion, Polens, Italiens, Bulgariens und Finnlands: Sie hätten den Kominternbeschluss von 1938, die KP Polens aufzulösen, »als ungerechtfertigt festgestellt«. Die seinerzeit gegen die KP Polens vorgebrachten Anschuldigungen seien von Provokateuren erhoben worden, später hätten wachsame Genossen sie als nichtig entlarvt. Ein Freund L.s fragte: Wer mordete in Katyn?

2

Da brachte einer von L.s Vertrauten, ein Kinderarzt, unterdessen in hoher Verwaltungsfunktion in der Hauptstadt, die Schrift aller Schriften, Chruschtschows nun nicht mehr geheime Rede, nach Leipzig. Einen Tag und eine Nacht lang durfte L. den Sonderdruck der Tageszeitung »Die Welt« studieren in heißem Bemühen, dann war er weiterzugeben an den nächsten Wissbegierigen. Die Leistungen Stalins seien in einer Unzahl von Büchern, Berichten und Filmen hinreichend gewürdigt, begann Nikita Sergejewitsch, nun werde es Zeit, diesen angeblichen »Übermenschen mit götterähnlichen Eigenschaften« auf ein normales Maß zu stutzen. Das sogenannte Lenin-Testament vom Dezember 1922 zitierte er: »Stalin ist ungewöhnlich roh, und dieser Mangel, der in unserer Mitte und unter uns Kommunisten freimütig geduldet werden kann, kann nicht bei jemandem geduldet werden, der das Amt des Generalsekretärs innehat. Darum schlage ich vor, dass die Genossen erwägen, wie Stalin aus seinem Amt entfernt und ein anderer Mann dafür ausgewählt werden kann.« L. hörte später von erfahrenen Genossen, darunter von Wieland Herzfelde, dem Malik-Verleger der zwanziger Jahre, diese Warnung sei in der KPD bekannt gewesen, habe jedoch inzwischen als Fälschung von Parteifeinden, Trotzkisten zum Beispiel, gegolten. Lenins Frau, so Chruschtschow weiter, die Krupskaja, habe sich in ähnlichem Sinn an Kamenew gewandt, der zu jener Zeit Leiter des Politbüros war. Stalin habe ihr in beleidigender Weise mit einem Verfahren vor der Kontrollkommission gedroht. Aber die Delegierten des XIII. Parteitags, an die Lenin seine Warnungen gerichtet hatte, sprachen sich dafür aus, dass Stalin auf seinem Posten bleibe, sie meinten, Lenins Mahnung würde Stalin dazu bringen, sich zu bessern.

Unerbittlich wurde gegen Trotzkisten, Rechtsabweichler, Sinowjewisten und Bucharinisten gekämpft. Diese Strömungen seien längst überwunden gewesen, als 1935 die Massenunterdrückung mithilfe der Geheimpolizei eingesetzt habe. Stalin erfand den Begriff »Feind des Volkes«, gegen den es keinen Schutz gab. Geständnisse wurden unter Anwendung physischer Gewalt erpresst. »Massenverhaftungen und die Deportierung von vielen Tausenden von Menschen, Hinrichtungen ohne Prozess und ohne ein gesetzliches Untersuchungsverfahren schufen Unsicherheit, Furcht, ja sogar Verzweiflung.« Fehler von Kamenew und Sinowjew während des Aufstands in Petrograd hätten zu einer schwierigen Situation geführt, aber

Lenin habe die Vorkommnisse geklärt. Warum musste Stalin aus ihnen viele Jahre später Todesurteile konstruieren? Grässliche Nacht. Was galt noch? War Trotzki etwa doch klüger gewesen? Das bestritt Chruschtschow entschieden. Auch nach dem Tod Lenins hatten Parteikongresse und Plenarsitzungen regelmäßig stattgefunden, bald aber herrschte Stalin allein. Dreizehn Jahre vergingen vom 18. bis zum 19. Parteitag. Guter alter kranker Lenin, grundböser Stalin. »Es wurde festgestellt, dass von 139 Mitgliedern und Kandidaten des ZK der Partei, die auf dem 17. Kongress gewählt wurden, 99, also 70 Prozent, verhaftet und erschossen wurden.« Das Protokoll des XX. Parteitags verzeichnete Missfallensbekundungen im Saal. »Wir sollten uns daran erinnern, dass der 17. Parteikongress in der Geschichte als der ›Kongress der Sieger‹ bekannt ist. Die Delegierten dieses Kongresses waren aktive Mithelfer beim Aufbau des sozialistischen Staates, viele von ihnen litten und kämpften für die Sache der Partei in den Jahren der Verschwörung vor der Revolution und an den Fronten des Bürgerkriegs; sie kämpften mutig gegen ihre Gegner und schauten dem Tod oft furchtlos ins Auge. Wie sollten wir glauben, dass solche Menschen ›zweigesichtig‹ waren?«

Aber du, Chruschtschow, fragte sich L., du warst doch immerzu dabei, wieso kommen dir diese Erkenntnisse erst jetzt? Bald nach Stalins Tod habt ihr Geheimdienstchef Berija erschossen, nun häuft ihr auf ihn alle Schuld. Und uns, mich habt ihr nicht vor dem Personenkult gewarnt, im Gegenteil, ihr habt ihn gefördert, nun schlagt ihr uns diese auf einmal neuen, offensichtlich uralten Wahrheiten um die Ohren.

Zusammengestückelt erschien L. der Bericht. Vielleicht hatte sich Chruschtschow auf Zettel gestützt und war mit ihnen durcheinandergeraten, oder ihm war das eine oder andere Ereignis in den Sinn gekommen, noch ein Name, noch ein Todesurteil.

L. gefror das Blut. Am 20. Januar 1939 hatte Stalin ein chiffriertes Telegramm an viele Behörden geschickt: »Das ZK der KP gibt bekannt, dass die Anwendung von Methoden körperlicher Erpressung in NKWD-Verfahren in Übereinstimmung mit der Genehmigung des ZK der KP(B) ab 1937 zulässig ist. Es ist bekannt, dass alle bürgerlichen Geheimdienste Methoden körperlicher Beeinflussung gegen Mitglieder des sozialistischen Proletariats anwenden und dass sie dies in skandalösester Weise tun. Es erhebt sich die Frage, warum die sozialistische Intelligenz menschlicher gegen die wahnsinnigen Agenten der Bourgeoisie vorgehen solle. Das ZK der KP empfiehlt, dass körperlicher Druck weiterhin obligatorisch angewendet werden soll als Maßnahme gegen bekannte und besonders störrische Feinde des Volkes.«

Ein weiteres Kapitel holte Stalin vom Sockel des unfehlbaren Feldherrn. Nicht nur, dass er das Offizierskorps in den Jahren vor dem zweiten großen Krieg entsetzlich geschwächt hatte, er schlug alle Warnungen von Churchill, eigenen Militärattachés in westlichen Ländern und deutschen Überläufern in den Wind. Nichts wurde unternommen, um das Land in erhöhte Verteidigungsbereitschaft zu versetzen. »Nachdem die Nazitruppen in sowjetisches Gebiet eingedrungen waren und die kriegerischen Auseinandersetzungen begonnen hatten, kam aus Moskau der Befehl, das deutsche Feuer nicht zu erwidern. Weshalb? Weshalb? Weil Stalin meinte, der Krieg sei noch gar nicht ausgebrochen. Es handele sich vielmehr um das herausfordernde Verhalten einiger unbeherrschter Verbände der deutschen Armee. Die Reaktion der Russen könne dagegen den Deutschen zum Vorwand dienen, den Krieg nun wirklich zu beginnen.«

Im Verlauf des Krieges habe Stalin nur einmal eine Kurzfahrt an die Front unternommen, die in Büchern und Filmen gigantisch ausgeschlachtet worden sei. Im Übrigen habe er den

Krieg mithilfe eines Globus geleitet. Das hielt L. sofort für Unsinn – war Chruschtschows Fantasie von Chaplins Filmparodie auf Hitler angesteckt worden? Stalin habe den Generälen immer wieder ins Handwerk gepfuscht, habe den Kampf um jedes Dorf befohlen und damit ungeheure Verluste durch Einkesselungen verursacht. Beim Kampf um Charkow habe er laienhaft eingegriffen, aber Chruschtschow, dort Frontbeauftragter der Partei, konnte Schlimmstes verhindern.

»Nach dem Krieg begann Stalin allerlei Blödsinn über Schukow zu erzählen, unter anderem: ›Ihr lobt Schukow, aber er verdient es gar nicht. Man sagt, dass er vor jedem Unternehmen an der Front eine Handvoll Erde ergriff und daran roch und sagte: Wir können angreifen, oder umgekehrt.‹« War Chruschtschow eifersüchtig auf seinen erfolgreichsten Heerführer?

Schließlich die »Leningrader Affäre« – die Delegierten wussten offensichtlich, was damit gemeint war, für L. blieb es im Dunkel. Nicht so die »Tito-Affäre«, von der Chruschtschow sagte, sie sei von Stalin ohne wirtschaftlichen, ideologischen oder politischen Grund vom Zaun gebrochen worden, Widersprüche und Missverständnisse hätten sich im Gespräch ausräumen lassen. Aber Stalin sei neidisch gewesen auf Titos Ruhm.

Abermals Verfolgung, Folterung und Ermordung bewährter Genossen, Stalins Untaten im Bunde mit Berija, der Stalin in den Himmel hob als größten Führer, Wissenschaftler und Strategen aller Zeiten.

Eine lange, schreckliche Lesenacht. Am Ende seines Berichts mahnte Nikita Sergejewitsch, die Folgen des Personenkults bedächtig und sorgfältig zu beseitigen, um Irrtümer und Übertreibungen zu verhindern. »Wonach wurde die Autorität und Bedeutung dieses oder jenes Führers beurteilt? Danach, wie viele Städte, industrielle Unternehmungen, Fabriken, Kolchosen, Sowchosen seinen Namen tragen. Ist es nicht an der Zeit, dass wir diesen ›Privatbesitz‹ beseitigen und die Fabriken usw. ›nationalisieren‹?« An diesem Punkt vermerkte das Protokoll Gelächter und Applaus.

Der Schlussspurt: Das Volk sei der Schöpfer der Geschichte und aller materiellen und geistigen Werte. Die Partei werde fehlerhafte Ansichten korrigieren. Ein neues Lehrbuch der Parteigeschichte sei nötig. »Lenin war die lebende Verkörperung der höchsten Bescheidenheit. Wir werden die leninschen Prinzipien der sowjetischen sozialistischen Demokratie wiederherstellen und die Willkür einzelner, die ihre Macht missbrauchen, bekämpfen. Der XX. Kongress der KPdSU hat mit neuer Kraft die unerschütterliche Einheit der Partei, ihren Zusammenhalt mit dem ZK, ihren entschlossenen Willen zur Vollendung der großen Aufgabe des Aufbaus des Sozialismus bewiesen.

Orkanartiger Beifall.«

Diese Anmerkung wie auch die von Gelächter und Applaus an anderer Stelle entsprach nicht der Wahrheit; ein Bearbeiter hatte sie routinemäßig eingefügt. In Wirklichkeit herrschte während der fünfstündigen Rede und danach absolute Stille. Die Zuhörer saßen wie gelähmt. »Selbst eine Fliege hätte man hören können«, berichtete später eine Teilnehmerin. Jeden packte die Angst, nun selbst in einen Strudel gerissen zu werden, denn alle hatten ja Stalins Politik in ihren jeweiligen Verantwortungsbereichen mitgetragen. Wurden sie nun verhaftet und an die Wand gestellt, wie sie es in ihrer engsten Umgebung erlebt und mitverantwortet hatten? Bleich und verstört verließen sie den Saal. Draußen standen Busse, die sie in die Hotels brachten, keine Kommandos des NKWD, Maschinenpistolen vor der Brust, schleppten sie in den nächsten Steinbruch. Ein Aufschub, wie lange?

3

Die ausländischen Delegationen des Parteitags durften an der internen Sitzung nicht teilnehmen. Von Seiten der SED waren Ulbricht, der Kaderchef des Zentralkomitees Karl Schirdewan, Grotewohl und der Berliner Parteichef Alfred Neumann in Moskau. Schirdewan erhielt tags darauf eine mündliche Information und durfte sich Notizen machen. Eine autorisierte Textfassung wurde nachgereicht. Ulbricht war augenblicklich entschlossen, eine Diskussion so lange wie möglich hinauszuschieben, er fürchtete Debatten wie nach dem Neuen Kurs von 1953, die in den Aufstand des 17. Juni mündeten.

Längst schrien alle Radiosender der Welt die Sensation in jedes Haus, selbst der nach dem 17. Juni 1953 mit einer Parteistrafe belegte Genosse L., nun im dritten Glied, wusste Bescheid. Fast einen Monat später erst verlas Schirdewan Chruschtschows Rede vor dem SED-Zentralkomitee und löste damit Streitigkeiten aus, die monatelang andauern sollten. Grete Wittkowski von der Plankommission verlangte als Erste, Chruschtschows Enthüllungen zu analysieren und zu fragen, ob es auch in der SED Versäumnisse gegeben habe und gebe. Viel zu selten trete das ZK zusammen, sodass keine kameradschaftliche Atmosphäre entstehen könne. Kleinlaut gab Ulbricht Versäumnisse zu und schlug einen bewährten Weg ein, wenn etwas auf die lange Bank geschoben werden sollte: Das ZK bildete eine Kommission für Maßnahmen zur »breiten Entfaltung der Demokratie« in der DDR. Die Kommission unter Leitung des Schriftstellers Willi Bredel ließ sich Zeit.

Für L. bedeutete die Lektüre der Chruschtschow-Rede eine Erschütterung, die bis auf den Grund des politischen Bewusstseins und der Seele ging. Er fragte sich: Hätte er klüger sein können?

Heinrich Mann war Zeuge der Moskauer Prozesse gewesen. L. nahm »Ein Zeitalter wird besichtigt« aus dem Regal. Der Oberbefehlshaber der sowjetischen Streitkräfte, Marschall Tuchatschewski, sei beschuldigt worden, Spion Hitlers gewesen zu sein. Hitler habe die deutschen Heerführer mit der Aussicht auf einen siegreichen Angriffskrieg auf seine Seite gebracht: »Bestich die Generale mit was du willst, von der Aussicht, in die Geschichte zu kommen, bis zu cash and carry, aber bestich sie, dann hast du sie und die wirkliche Macht.« Hitler habe ebenso stark sein wollen wie sein heiß beneidetes Vorbild Stalin, die Rote Armee habe er zu untergraben versucht und sei beim Verräter Tuchatschewski stecken geblieben. Nun fühlte sich Hitler in seiner Meinung bestätigt, er habe die Sowjetarmee entscheidend geschwächt. »Unter den Zuschauern, die man freiwillig zuließ, befand sich ein britischer Jurist von Rang. Nachher bestätigte er, in keinem Rechtsstaat wäre das Verfahren anders verlaufen... Da ist der große Dialog zwischen dem Staatsanwalt und dem Journalisten Radek: Wörtlich könnte er bei Dostojewski stehen. Derselbe psychologische Kampf um den Besitz der unterirdischen Wahrheit – nicht um die Bestrafung oder die Straflosigkeit, das scheint beiderseits vergessen: nur um die Wahrheit. Der Angreifer, der Verteidiger haben zusammen den einen, zwingenden Ehrgeiz, zu wissen, was in dieser Seele war, wohin die Worte dieser Lippen, genau genommen, gezielt hatten – und welche Wege diese Füße gegangen?«

L. ging im Kopf die Liste derer durch, die damals die Prozesse gutgeheißen hatten, Brecht, Ludwig Renn, Anna Seghers, Feuchtwanger, auch der jetzt in Leipzig lehrende Philosoph, Kollege im Schriftstellerverband, schweigend in einer Versammlung 1953, als es L. an den Kragen gegangen war, Ernst Bloch. Mit dem sizilianisch-heißblütigen Ralph Giordano diskutierte er am Institut, mit Walter Püschel und Gotthold Gloger. Fred Wander, der Auschwitz überlebt und mit seiner Frau Maxie von Wien nach Leipzig gekommen war, erklärte sich außerstande, rasch und radikal diesen völlig neuen Zug zu besteigen. Muss ich Stalin aus meinem Herzen reißen?, rief Giordano, sich die Mähne raufend – er hatte eine Geschichte verfasst, in der er Stalin göttliche Weisheit zuschrieb. Er könne ja Stalin durch Lenin ersetzen, raunte ein Zyniker. Hier und da machte sich verstohlen Schadenfreude breit bei denen, die parteilos geblieben und nicht bereit gewesen waren, Stalinhymnen zu dichten. Jetzt geht dem Ulbricht der Arsch auf Grundeis – das war auch für L. eine erfreuliche Vorstellung.

Wie viele Mitstreiter waren der Stalin'schen Willkür zum Opfer gefallen, fünftausend oder, das Land war riesengroß, zehntausend gar? So stand es im Bericht: Der Parteisekretär von Leningrad, Kirow, allseits beliebt und deshalb von Stalin als Konkurrent gefürchtet, war nicht von Parteifeinden, sondern von einem Agenten aus den eigenen Reihen ermordet worden. Daraufhin hatte Stalin eine beispiellose Verfolgungswelle angeordnet. Die Untersuchungsrichter sollten die Verfahren beschleunigen, nach der Verurteilung zum Tode nicht warten, bis ein Antrag auf Begnadigung gestellt werden konnte, sondern das Urteil durch Erschießen sofort vollstrecken. Immerhin eine Zahl: Von 1954 bis 1956 seien 7679 Personen rehabilitiert worden. »Für viele geschah es allerdings erst nach ihrem Tod.«

Nicht alle, mit denen L. heiß debattierte, hatten Chruschtschows Rede gelesen, manche nur Bruchstücke im Westradio aufgeschnappt. Bisher galt die Ansicht, der Sohn von Maxim Gorki sei von Parteifeinden umgebracht worden – vielleicht stimmte das nicht? Einer in L.s Umfeld widersetzte sich diesen Erörterungen, Leonhard Kossuth, der Dozent für russische und sowjetische Literatur am Institut. Chruschtschows Bericht sei bewusst hinter verschlossenen Türen für eine Elite gehalten worden, die Führung der SED wünsche keine breite Erörterung, das sei wohl deutlich. Sollte sich das ändern, werde sich die Partei äußern. Bis dahin lehne er es ab, sich an diesen hektischen Diskussionen zu beteiligen. Voller Hohn schalt L. ihn dogmatisch und engstirnig, feige gar.

Zu Wieland Herzfelde ging er, dem Bruder von John Heartfield, einem Meister der Fotomontage, durch halb Europa geflohen während der Nazizeit, Emigrant in New York und jetzt in ungeliebter Funktion Dozent am Literaturinstitut. Nach dem 17. Juni drei Jahre zuvor hatten sie gemeinsam gute Fäden gesponnen. Herzfelde war wegen Verbindungen zu Noel Field, einem US-Amerikaner, der während der Nazizeit Flüchtlingen geholfen hatte und von der Sowjetunion als Agent der CIA und des Zionismus gebrandmarkt und in Ungarn verhaftet worden war, aus der SED geworfen worden. Unterdessen war Field frei und Herzfelde wieder Genosse. Was L. erst zwei Jahrzehnte später erfuhr: Herzfelde und Kurella waren herzliche Intimfeinde wegen eines parteiinternen Streits, geführt während des Krieges in der in Moskau erscheinenden Zeitschrift »Das Wort«. Von dem, was Chruschtschow enthüllt hat, müsstest du doch etwas gewusst haben!, fragte L. aufgeregt. Sie saßen in Herzfeldes Garten im Nobelviertel Schleusig, um die Ecke wohnte Ernst Bloch. Äußerst reserviert verhielt sich der Welterfahrene, einerseits und andererseits, die Moskauer Prozesse, manches mochte ihm schon damals als übertrieben erschienen sein, propagandistisch hochgeheizt, aber in ihrer Not klammerten sich die Emigranten an ihre einzige Hoffnung, die Sowjetunion. England und Frankreich verrieten die Tschechoslowakei, opferten Spanien dem Faschismus, die USA blieben abseits – wer konnte Hitler stoppen, wenn nicht Stalin? Herzfelde, der vielfach Gebrannte, hatte nicht vor, sich durch Vorpreschen wieder einmal in die Nesseln zu setzen.

L.s engster Freund war Manfred Naumann, Klassenkamerad aus Mittweida, sie wohnten in derselben Straße. Naumann hatte Romanistik bei Werner Krauss studiert und kürzlich den Doktorgrad erworben. Durch ihn lernte L. Winfried Schröder kennen, Assistent bei Krauss, auch dessen Bruder Ralf, einen Slawisten. Mit ihnen ließ sich trefflich diskutieren auf gleicher Wellenlänge. Befreundet war L. mit Joachim Wenzel, Redakteur beim »Börsenblatt für den deutschen Buchhandel«, der demnächst zum »Sonntag« nach Berlin wechseln sollte. Andere Vertraute lehrten an der Arbeiter- und Bauernfakultät, studierten Pädagogik oder Wirtschaftswissenschaften. Sie waren allesamt Genossen, verheiratet, Fußball- und Skatfreunde, ehrgeizig und fleißig. Fast alle waren Hitlerjugendführer und noch ein oder zwei Jahre lang Soldat gewesen. Sie kannten Panzerangriff und Schlachtfliegerbeschuss, neben ihnen waren Kameraden gefallen oder verstümmelt worden. Heute geht die Rede, in der DDR sei Antifaschismus »verordnet« gewesen. Dessen bedurften L. und seine Freunde nicht. Auf sie traf zu, was Karl Marx in einem Briefwechsel mit Arnold Ruge 1843 erörterte. »Aus Scham macht man keine Revolution«, hatte Ruge geschrieben. Marx erwiderte, Scham sei eine Art in sich gekehrter Zorn. »Und wenn eine ganze Nation sich wirklich schämte, so wäre sie der Löwe, der sich zum Sprunge in sich zurückzieht.« Diese Junggenossen gingen in sich, die Scham, bei der Hitlerei mitgetan zu haben, bildete ein Gutteil ihrer Moral und ihrer Kraft.

Täglich griff L. begierig zur Zeitung. Auf der Bezirksdelegiertenkonferenz der SED in Leipzig Mitte März wurde die neue Lage nur am Rande erörtert. Die »friedliche Koexistenz«, ein brandneuer Begriff, setze sozialistische Verteidigungsbereitschaft voraus. Also keine Schwächung der Kasernierten Volkspolizei und der Kampfgruppen! Albert Norden als Gast des Zentralkomitees rief: »So war und bleibt Genosse Stalin ein hervorragender Funktionär der Arbeiterbewegung, und niemand denkt daran, sich von ihm zu trennen. Wir trennen uns nur von seinen Fehlern.« Der Feind konstruiere einen »Fall Stalin« und wolle ablenken von der Tatsache, dass die Sowjetunion in historisch kürzester Frist die USA wirtschaftlich überflügeln werde.

»Neues Deutschland«: Ulbricht ging auf der Berliner Bezirkskonferenz einen dreisten Schritt weiter: »Zu den Klassikern des Marxismus kann man Stalin nicht zählen.« Ulbricht räumte sogar für den Führerkult eine gemeinsame Verantwortung des deutschen und des sowjetischen Zentralkomitees ein, was sich künftig nicht wiederholen sollte. Er schlug eine freche Finte: »Die jungen Genossen sind zum großen Teil so geschult, dass sie bestimmte Dogmen auswendig gelernt haben. Sie wissen über die Biografie des Genossen Stalin mehr und Genaueres als das ganze Politbüro. Aber wenn man sie jetzt fragt: Wie verhalten wir uns in den Fragen der sozialistischen Ökonomik, da liegen sie glatt auf dem Kreuz.«

L. und seine Freunde reagierten wütend: Und wer hat uns befohlen, ein Parteilehrjahr lang Stalins »Kurzen Lehrgang« mit all den Stalin-Elogen zu studieren? Es wird Zeit, dass Ulbricht verschwindet. Willi Bredel wagte Kritik um Ecken. Während eines ZK-Plenums kam er auf Ulbrichts Dreistigkeit zu sprechen. »Der Berichterstatter setzte zu diesen Ausführungen zweimal in Klammern das Wort Heiterkeit. Ich bin überzeugt, es gab Heiterkeit. Aber ich habe mich gefragt, ob es die anwesenden jungen Genossen waren, die Heiterkeit bekundeten? Vielleicht waren es die Zirkelleiter? Wir sollten jetzt weniger die jungen Genossen auslachen, sondern etwas mehr Selbstkritik üben.« Ulbricht schäumte, und der hochverdiente Genosse Bredel, KZ-Opfer und Spanienkämpfer, übte knirschend Selbstkritik.

Das erste Jahr des Literaturinstituts schlich dem Ende entgegen. Die Leitung horchte herum, wer von den Studenten ein weiteres Jahr bleiben wolle – L. lehnte brüsk ab. Von anderen Kunsthochschulen drang die Kunde herüber, ein »Klub junger Künstler« solle ins Leben gerufen werden. L. wurde beauftragt, dort das Literaturinstitut zu vertreten. An einigen Beratungen nahm er teil, ein Haus wurde gesucht, das Gründungskomitee besichtigte die wundervolle Villa in der Kollwitzstraße, von der aus Baedeker sein Reiseführer-Imperium geleitet hatte; sie stand leer. Das Gremium vertagte sich bis zum Ende der Sommerpause.

Im »Riss«: *Eine Extrawurst ließ L. sich braten von Kurella, nur noch wenige Vorlesungen besuchte er, darunter pflichtgemäß die von Janzen. Im Übrigen holte er sein Stipendium ab und las in der Deutschen Bücherei, was in bundesdeutschen Verlagen an Literatur über den Zweiten Weltkrieg erschienen war, die Memoiren von Guderian, Manstein und Skorzeny, Gesudel von Dwinger und Kern – es war grauslig, gar so »neo« schien ihm der Neonazismus nicht. Vorträge hielt er darüber hier und da und schrieb weiter an seiner Parodie über eben diese Art, braune Vergangenheit zu verharmlosen und ihre giftigen Früchte zu konservieren. Zwischendurch blieb er stecken und begann mit einem Roman: Er stellte sich vor, er selbst sei in die Waffen-SS geraten – an der Bereitschaft dazu, als die Division »Hitlerjugend« aufgestellt wurde, hatte es ja keineswegs gefehlt.*

Als die beiden Bücher nach mehr als einem Jahrzehnt fertig waren, erschien das erste unter dem parodierenden Pseudonym Waldemar Naß: »Ich war Dr. Ley«, das andere unter dem eigenen Namen, »Der Abhang«.

Endlich war Schluss mit diesem quälenden, wenig fruchtbaren Jahr unter Kurellas Fuchtel. Gotthold Gloger, ein Mitstudent, zum Freund geworden, lud das Ehepaar L. zu sich in die Nähe von Frankfurt am Main ein, mit dabei war Christine,

Gottholds schöne Freundin, später stieg sie als Schauspielerin am Berliner Ensemble auf. In diesem Sommer 1956 war ein Westbesuch ohne größere Schwierigkeiten möglich. Interzonenpässe mussten beantragt werden, natürlich bereitete der Währungsunterschied von mindestens 1:5 zugunsten der Westmark beträchtliches Kopfzerbrechen. Aber arm waren L.s ja nicht, die beiden Kinder blieben frohgemut bei der Oma in Mittweida. Annelies und er bestaunten mit sagenhaftem Warenangebot prahlende Warenhäuser, »Sinalco« hieß das Modegetränk. In einem Wirtshaus im Spessart trafen sie wie vereinbart den Leipziger Germanistikprofessor Hans Mayer. Ihm war L. bei mancher Veranstaltung und privat begegnet, wie das so geschah in dieser Stadt, L. war Stammgast bei seinen berühmten Vorlesungen im Hörsaal 40 der Universität. L. empfand Respekt und Bewunderung für ihn, Freundschaft war ihr Verhältnis nicht zu nennen bei einem Altersunterschied von fast zwanzig Jahren. Hans Mayer spielte in der internationalen literaturwissenschaftlichen Liga, L. in der Stadtklasse. Sie diskutierten, wanderten, tranken miteinander, der Professor sang alle Strophen des Schlagers der Saison »John, Jimmy und Jonas« lauthals mit. Es waren schwerelose, erfüllte Tage.

Eines Abends standen Mayer und L. unter dem Vordach ihrer Pension, rauchend, vorm Regen geschützt. L. fragte, wie denn das gewesen sei mit der Kommunistischen Parteiopposition, einer Splittergruppe, der Mayer vor 1933 angehört hatte. Nach einigen ins Thema suchenden Sätzen sprach der Professor: »Was wir hier vortragen, hat den Sinn, deutlich zu machen...« L. genoss eine Privatvorlesung.

Idylle im Spessart, verbissene Debatte der SED-Führung in Ost-Berlin. Im Juni wendete sich das Politbüro »der ideologischen Entwicklung in der Partei nach dem XX. Parteitag und der 3. Parteikonferenz« und der Rehabilitierung von Genossen zu, die zu Unrecht ausgeschlossen worden waren. Einige erhielten ihre Parteibücher zurück und stellten sich ohne Murren wieder ins Glied. Die wirtschaftliche Lage verschlechterte sich. Die Einfuhr von Steinkohle aus Polen stockte, da durch Unruhen und Streiks die Produktion zum Erliegen kam. Etliche ZK-Mitglieder forderten eine öffentliche Debatte über die Auswüchse des Personenkults auch in der DDR, aber Ulbricht blockte ab.

4

Das Ehepaar L. kehrte zurück. In Leipzig war unterdessen nicht allzu viel geschehen. Sommerloch halt. In den Monaten zuvor hatte L. den Philosophiestudenten Gerhard Zwerenz kennen gelernt. Zwerenz war ein Jahr älter als er, stammte aus Crimmitschau in Sachsen, Arbeiterkind, Soldat, vier Jahre bitterharte sowjetische Gefangenschaft, nach der Heimkehr Tbc. Ein Büchlein über Aristoteles hatte er veröffentlicht und arbeitete bei der »Weltbühne« mit. Sein Aufstieg vom Volksschüler, der in fast zehn Jahren Krieg, Gefangenschaft und Krankenlager ohne Bildung gewesen war, zu einem von Ernst Bloch geschätzten und geförderten Studenten bleibt eine der größten intellektuellen Leistungen, die dem Erzähler begegnet sind. Journalist, Schriftsteller wollte Zwerenz werden und traf auf L. voller Neugier. Sie wurde durchaus erwidert. Ihre Debatten waren risikofreudiges Pingpong. Freundin Ingrid studierte noch bei Bloch und ging bei Karola und Ernst ein und aus. Alle waren Parteimitglieder außer dem Meister himself, da spielten vierzig Jahre Altersunterschied und höchst verschiedene gesellschaftliche und berufliche Stellungen eine untergeordnete Rolle. Der welterfahrene jüdische Professor und der atheistische Arbeiterbengel, Nazisoldat und Deserteur lauschten einander.

Schwarzhaarig und glutäugig war Zwerenz, als wäre ein Zigeuner folgenreich durchs sächsische Dorf gestreut, das scharfrandige Bärtchen passte dazu. Die Sekretärin des Schriftstellerverbands war hingerissen von seinen Händen, die feingliedrig seien wie die eines Geigenvirtuosen. So innerlich und äußerlich wohl ausgestattet, stürzte sich Zwerenz auf die Welt mit ihren Wundern und Abgründen.

Gerhard brachte Ingrid mit zu L.s in die Oststraße, Ingrid und Annelies waren sofort Freundinnen und sollten es immer bleiben. Gerhard trank kaum und rauchte nicht seiner empfindlichen Lungen wegen, das unterschied ihn von allen, die da aufkreuzten, Freunde und Gespielinnen dabei, hockten bis in die Nacht, wiederkamen oder nicht. Selten meldete sich jemand telefonisch an, denn kaum einer besaß ein Telefon, jedermann klingelte. Oder brüllte, wenn die Klingel kaputt war. Brachte Schnaps mit. Oder wurde erst einmal Bierholen geschickt.

Gemeinsam fuhren Zwerenz und L. zum Kabarettisten Conrad Reinhold und seiner Freundin Christel Burger, einer Schauspielerin. Sie wohnten in einem großen Bürgerzimmer, das durch einen Vorhang geteilt war. Vorn spielte sich mit Tisch, Stühlen und Matratzenlager das Leben ab, dahinter blubberte und gärte Brotwein in mächtigen Glasballons. Die Rezeptur mit Weißbrot und Hefe war simpel; der richtige Zeitpunkt musste abgepasst werden, an dem das Gesöff reif war. Es schmeckte ein wenig dünn, blau wurde einer nur mit Mühe und Schnäpsen zwischendurch. Aber es war spottbillig. Conny bereitete für den Herbst ein neues Programm der »Pfeffermühle« vor. Wollten Gerhard und Erich mittun? Gerade war Leipzigs Stalinallee in Jahnallee umbenannt worden. Connys Pointe: »Hätte er nur geturnt, dann hätte er seine Allee noch.«

In diesem Sommer las Gerhard ein Gedicht vor: »Die Mutter der Freiheit heißt Revolution«. So begann es:

Die alte Erde hält den Atem an,
heißer Brodem der Revolution erfüllt wieder die Räume.
Die Menschen schreien nach Zeitung ...
Mißratne brüten Rache,
ein Vertrockneter weint Jauche,
Aufgeblasene ärgern sich krumm.
Leben – ruft die Menge
und baut Brücken ins Diesseits.
Die Epigonen schreien stumm.

Das Leben unter Käseglocken
der Freiheit züchtet Maden,
die im Abgeschlossenen wimmeln
und lebendigen Leibes verschimmeln ...

Wenn die Revolution versandet
und die Freiheit versickert
winkt ihr mit Palmen –
seit wann singen Löwen Psalmen?

Allerhand, befanden Reinhold und L. und überlegten, wer das wohl drucken könnte. Schick's an den »Sonntag«, rieten sie, schick's an Gustl Just.

In seinem Buch »Der Widerspruch« von 1980 schrieb Zwerenz: »Ich war Mitte der fünfziger Jahre bei Loests häufig zu Gast. Es ging sparsam zu in ihrem Haushalt. Zum Abendbrot gab es oft Bratkartoffeln. Einmal tischte Loest rigoros die Reste der Woche auf. Seine Familie und er wollten am nächsten Morgen verreisen. Also wurde zuvor alles Angefangene bis zum letzten Gramm verwendet. Auf der Tafel standen zwölf bis zwanzig Schüsselchen. Ingrid traute den Augen nicht. ›Indische Reistafel‹, flüsterte sie verwundert. War aber nicht, es gab Restefeste. Ein Löffelchen Rotkohl, ein paar Häppchen Karpfen in seinem Kochwasser, drei Möhren und sieben Erbsen, ein wenig Quark mit Schnittlauch, eingekerbte Brotkanten, gefällig zu Brocken geschnitten, damit man nicht gleich merkte, wie trocken sie waren, dazu massenhaft gute Laune.

Loest konnte nächtelang saufen, ohne mehr Wirkung zu zeigen als einen eigentümlichen schweren Gang. Wie ein Bär tappte er dann durch die Zimmer, das Lächeln maskenhaft vor dem Gesicht, in den Augen unüberwindbare Schwermut. Nach Mitternacht legte er regelmäßig eine Schallplatte auf, die er hütete wie seinen Augapfel, das berühmte Trompetensolo aus ›Verdammt in alle Ewigkeit‹.

Loest war oft beruflich unterwegs. Als Delegierter des Schriftstellerverbands bereiste er die Volksdemokratien. Wenn er zurückkehrte, waren seine Augen schwarz vor Trauer.«

Die Aufregung hielt an. Wenn über die späten Kritiker und unvermutet kecken Enthüller Stalin'scher Untaten debattiert wurde, ging dieser Satz um, Verfasser unbekannt: »Jetzt schütten sie die Spucke aus den Fanfaren.«

2. Kapitel: Harich, Just und andere

I

Als das renommierteste Verlagshaus der DDR galt der Aufbau-Verlag in Berlin, ihn leitete Walter Janka, geboren 1914 in Chemnitz. Der Sohn eines Werkzeugmachers erlernte den in der proletarischen Hierarchie an der Spitze stehenden Beruf eines Schriftsetzers, trat mit achtzehn der KPD bei und war schon ein Jahr später Politischer Leiter des Kommunistischen Jugendverbandes im Erzgebirge. 1933 verhafteten ihn die Nazis und sperrten ihn ins Zuchthaus Bautzen und ins KZ Sachsenburg bei Mittweida; sie erschlugen seinen Bruder. Im August 1935 wies das Deutsche Reich ihn als Staatenlosen in die Tschechoslowakei aus. Die KP-Bilderbuchvita setzte sich fort: Freiwilliger Kämpfer im Spanischen Bürgerkrieg, zuletzt Major und Bataillonskommandeur der spanischen Volksarmee, interniert in Frankreich, Flucht mit Paul Merker und anderen Genossen nach Marseille. Dort lernte er seine spätere Frau Charlotte kennen, die in einem Nachschubbüro für die Internationalen Brigaden gearbeitet hatte. Bei jedem Wiedererleben von »Casablanca« denkt der Chronist, wenn das Heldenpaar »Rick's Café« betritt: So könnten sie damals ausgesehen haben, Charlotte und Walter. Ausreise nach Mexiko, dort Korrespondent, Verlagsleiter, Vorsitzender des Heinrich-Heine-Klubs, Politischer Leiter der KP-Exilgruppe. Nach der Rückkehr 1947 persönlicher Mitarbeiter Paul Merkers beim Parteivorstand der SED und ab 1952 Leiter des Aufbau-Verlags. Dort erschienen Klassiker, Bücher weltbekannter Emigranten und der führenden Autoren der DDR. Als Merker verhaftet und später verurteilt wurde, der Gruppe um Noel Field nahegestanden zu haben, schadete das Janka nicht. Er war ein groß gewachsener eleganter Mann – nun auch im Outfit Victor Laszlo ähnlich. Mit seiner eloquenten Frau machte er von Stockholm bis Zürich beste Figur.

Ein und aus im Aufbau-Verlag ging Wolfgang Harich, geboren 1923; er studierte Philosophie und Germanistik in Berlin und desertierte 1944 von der Wehrmacht. Wolfgang Leonhard, Mitglied der »Gruppe Ulbricht«, die unmittelbar hinter den sowjetischen Kampftruppen, aus Moskau eingeflogen, in den Trümmern Berlins Verbindung zu deutschen Antifaschisten suchte, stöberte ihn im April 1945 in der Siamesischen Botschaft auf. Harich trat der KPD bei, schrieb Literatur- und Theaterkritiken für die »Tägliche Rundschau«, die L. im fernen Mittweida gierig las, nahm das Studium wieder auf, übernahm Lehrfunktionen an der Pädagogischen Fakultät, arbeitete als Außenlektor für den Aufbau-Verlag, promovierte und edierte Werke von Heine, Herder, Schopenhauer und Feuerbach. Ernst Bloch und Bert Brecht fanden es vergnüglich, mit ihm zu disputieren. Zwerenz berichtet, Bloch habe Harich »seinen sehr begabten jungen Freund« genannt und im kleinen Kreis hinzugefügt: »der Schlawiner«.

Anfänglich gab es Spannungen zwischen Janka und Harich, weil der Jüngere den Führungsstil des Älteren kleinlich und bürokratisch fand. Allmählich entwickelte sich durch zahllose Kontakte innerhalb und außerhalb des Verlags eine Beziehung, die beide als beglückend und für die Arbeit als außerordentlich nützlich empfanden. Um 1990 blickte ein abgeklärter Harich zurück: »Um es zugespitzt zu sagen, wir beten uns gegenseitig an und übersehen die Fehler und Schwächen des anderen. Janka sieht in mir den genialsten Kopf in der jüngeren Generation der Partei, den Mann, der alles weiß, alles kennt, alles gelesen hat, über alles Bescheid weiß, alles beurteilen kann und namentlich theoretisch, als Marxist, nur noch von Lukács übertroffen wird. Am wenigsten ist ihm klar, dass ich zum Größenwahn neige.« Bis zu dieser Erkenntnis mussten noch viele Jahre vergehen.

Die neue Lage spornte Harich an, sich in Gedanken und Gespräche zu stürzen, was zu tun sei, um Chruschtschows Enthüllungen fruchtbar zu machen für Deutschland, nicht nur für die DDR, aber natürlich zunächst vor allem für die SED mit dem politisch angeschlagenen Ulbricht. In und nach Redaktionsbesprechungen, zwischen Tür und Angel und beim Mittagstisch in der Kantine diskutierte er mit Janka und Just, wie er das an jedem Ort und ohne jegliche Vorsicht tat. Harich überall dabei und jedesmal vorn, überschäumend, überstürzend auch, von unbändiger Gedankenlust, für ihn geradezu Lebenslust. Janka und Harich hielten die deutsche Spaltung für ein übles und anachronistisches Zwischenspiel, die schnellstens überwunden werden müsste, in ihrer verlegerischen Tätigkeit praktizierten sie diese Haltung jeden Tag. Dabei entging ihnen, dass die Sowjetunion und die SED 1955 aus der Ratifizierung der Pariser Verträge durch Bonn, die Westdeutschland an die USA band, neue Schlussfolgerungen gezogen hatten: Kurzfristig ließe sich die deutsche Einheit nicht erreichen. Janka und Harich meinten, nach der Zerschlagung des Stalin-Mythos könnte die gesamtdeutsche Politik von 1954 weitergeführt werden; sie übersahen, dass eines mit dem anderen nichts zu tun hatte.

Da war Gustav Just, geboren 1921 in Nordböhmen, im Krieg Leutnant, was er nach der Aussiedlung in die SBZ verschwieg, Neulehrer in Quedlinburg. Dank seiner Denk- und Redefähigkeit stieg er im Kulturapparat der SED auf, gelangte über Halle nach Berlin, arbeitete im Parteivorstand und wurde Sekretär, Generalsekretär hieß es gar, des Schriftstellerverbands. Er rettete den nach dem 17. Juni 1953 vorpreschenden Leipziger Schriftsteller L. mit beherztem Dazwischenfahren vor Parteiausschluss und Verhaftung – der Leipziger Bezirkssekretär Paul Fröhlich und sein Kulturwachhund Siegfried Wagner hatten L. zum faschistischen Provokateur ernannt. Unterdessen war Just einer der beiden Chefredakteure des »Sonntag«, einer Wochenzeitung, die im Aufbau-Verlag erschien. Er war erfüllt von dem Glauben, vor der kommunistischen Bewegung lägen plötzlich ungeahnte Möglichkeiten, und es sei seine Pflicht, alle Kraft für sie einzusetzen. Just notierte später: »Ich hatte Gelegenheit, die Presse der ČSR und Polens zu lesen, und mich fraß der blanke Neid. Mit welchem Freimut dort die Journalisten neue Fragestellungen aufwarfen, heraustraten aus dieser dürren Weide abgegraster Dogmen! Mit großem Interesse stürzten wir uns auf einen Artikel, den Palmiro Togliatti in Form eines Interviews in ›Nuovi Argumenti‹ veröffentlicht hatte. Unsere Zeitungen brachten ihn verstümmelt, seiner wesentlichen Gedanken beraubt. Togliatti versuchte den Personenkult marxistisch zu analysieren, er meinte, dass ein ganzes System von fehlerhaften Einstellungen und Handlungen überwunden werden müsse. Er deutete auch die These von der Polyzentrität der kommunistischen Bewegung an. Aber er erhielt eine scharfe Abfuhr von der ›Prawda‹, und man hörte auch nichts, dass er seine Gedanken weiterentwickelt hätte.«

Die Schriftsteller der ČSR tagten, für den »Sonntag« berichtete der Dresdner Lyriker Max Zimmering: »Fünfundneunzig Diskussionsreden, und aus den meisten erklang in verschiedener Formulierung die Forderung an sich selbst und zugleich das Gelöbnis, das Gewissen des Volkes zu sein, der Wahrheit nicht auszuweichen. Den stärksten Eindruck hinterließ bei mir Vašek Kána. Sein Beitrag war frei von jedem Versuch, Versäumnis und Schuld auf andere Schultern abzuwälzen, sich als Märtyrer der unterdrückten Wahrheit hinzustellen. Er warnte davor, aus Erbitterung blindlings draufloszuschlagen und, vom Gefühl statt vom Verstand getrieben, die Probleme zu überspitzen. Sein Bekenntnis: ›Wir bemühen uns, mit dem eigenen Gewissen ins Reine zu kommen. Wir dürfen der Verantwortung nicht ausweichen, und ich bin nicht einverstanden mit denen, die versuchen, ihr Gewissen zu belügen. Sie sagen: Wir haben geschwiegen, weil wir der Sache des Sozialismus nicht schaden wollten, wir haben in der Meinung schöngefärbt, dass wir damit der Sache des Aufbaus und des Friedens helfen. Sagen wir es offen: Wir haben geschwiegen, weil uns der Mut fehlte.‹«

Der andere Chefredakteur des »Sonntag« war Heinz Zöger, geboren 1915 in Leipzig. Er erlernte den Schriftsetzerberuf wie Janka und wurde mit siebzehn Mitglied der Antifaschistischen Roten Garde. Im November 1933 verurteilten die Nazis ihn als Verbindungsmann zwischen illegalen Resten des Kommunistischen Jugendverbandes zu neun Monaten Gefängnis; er saß sie in Bautzen ab. Danach arbeitete er als Schriftsetzergehilfe in Leipzig und wurde 1940/41 zu einer Fachausbildung am Grafischen Technikum Leipzig zugelassen. In dieser Zeit hielt er Verbindung zu einer illegalen Gruppe, die Kurt Maßloff leitete – in den ersten DDR-Jahren ein übler Kunstdogmatiker –, wurde zu viereinhalb Jahren Zuchthaus verurteilt und saß bis zur Befreiung in Waldheim und dem »Roten Ochsen« von Halle.

Seine Parteikarriere begann Zöger in der KPD-SED-Kreisleitung Leipzig. Nach dem Besuch der frischinstallierten sächsischen Landesparteischule, wo Klippwissen vermittelt wurde, kontrollierte er linienstur Wortbeiträge des Senders Leipzig und setzte diese Tätigkeit beim Berliner Rundfunk fort. 1954 wurde er stellvertretender Chefredakteur des »Sonntag«, für Außenpolitik zuständig. Ab 1955 war er Chefredakteur. Er gehörte zu den Tausenden von Genossen der KPD, die die NS-Zeit treu und unter Opfern überstanden hatten und nun das Rückgrat der Staats- und Parteiführung bildeten. In ihrer schieren Masse mit gemeinsamer Erfahrung und persönlichen Verflechtungen stellten sie einen gewichtigen Faktor dar; auf sie konnte sich Ulbricht verlassen. Es war Zögers Tragik, dass er auf ehrgeizige, eigenwillige Genossen, gar auf den Paradiesvogel Harich stieß. Zöger trieb nicht an, aber er widersetzte sich auch nicht. Ohne das Vorpreschen anderer wäre Parteisoldat Zöger nicht abermals in den Zuchthäusern gedemütigt worden, die er aus der Nazizeit kannte. Ohne sie nicht sein Lebensknick.

Zu Gustav Just ging Zwerenz mit seinem Gedicht, richtete Grüße von L. aus und berichtete, in Leipzig verhielten sich die Scharfmacher von 1953 grabesstill, selbst Siegfried Wagner habe es die Sprache verschlagen. Just brachte das ein wenig holpernde Poem von der Mutter der Freiheit sofort. Weitere Auszüge:

> *Leih deine Feder keinem,*
> *schreib dich allein,*
> *brenn deine Flamme ab*
> *bis auf einen Schrei:*
> *Im Namen der Revolution!*
> *Schiel nicht,*
> *schau grad aus;*
> *wo Horizonte sich wölben*
> *wär der Blick in die Nacht Lüge.*
> *Rede nicht, bilde,*
> *zag nicht, gehe.*

Nach weiteren Versen dieser Schluss:

Die Revolution ist keine Mütze,
in der sich schlafen lässt,
Bommeln baumeln am Rücken.
Ozeane sind keine Pfütze,
Sand, leicht wassergenässt,
den Buben zum Entzücken.

Aber Buben gleich habt ihr geschlafen,
lange, nur nicht so gesund.
Die Revolution fuhr auf Grund,
und das mitten im Hafen.

Ihr schliefet den Schlaf der Ungerechten
Erwacht, und lasst uns gemeinsam
besser fechten!
Die Mutter der Freiheit heißt Revolution.
Die Freiheit ist Tochter,
Partei ist der Sohn.

So war es am 1. Juli 1956 zu lesen. Günter Kunert schickte ein Gedicht:

Auf einmal weht ein Wind
Der riecht würzig und gut.
Eine Stimme spricht Worte,
Die lange geruht.
Lenin ist tot für immer,
Doch seine Stimme spricht,
Die Schallplatte dreht sich langsam,
Darauf zwei Winkel von Licht.

Das ist kein Auferstehen.
Nur eine Nacht ging vorbei.

Wir gingen durch einen Tunnel,
Wir und die Partei.

Am Ende des Tunnels glänzt
Das Gleis wie ein Rapier.
Wie die beiden Schienen
Sind die Partei und wir.

Eine Zeit lang schien es, als sei nicht klar, wer die Debatte eröffnen sollte, die Künstler oder die Partei. Mindere Funktionäre suggerierten: Fangt mal an, wir schlagen dann in eure Kerbe. Kurt Hager vom Politbüro lud die Redakteure der für die Intelligenz gedachten Zeitschriften zu sich und forderte sie auf, endlich den ideologischen Disput zu beginnen. Just wies darauf hin, die Parteiführung habe schon oft zum Meinungskampf ermuntert, den aber bald wieder abgewürgt. Harich als Chefredakteur der »Zeitschrift für Philosophie« erklärte, jede philosophische Diskussion müsse unvermeidlich zu politischen Grundfragen vorstoßen. Also habe man die Fragen des Personenkults auf eine materialistische Grundlage zu stellen, alles andere sei verlorene Müh. Hager stimmte zu und versprach, sehr bald werde man in einem Kreis von Theoretikern und Politikern ausführlich über diese Fragen diskutieren. Die Dinge kamen scheinbar in Bewegung.

Fritz J. Raddatz, Berliner vom Jahrgang 1931, stellvertretender Cheflektor im Verlag Volk und Welt, bestellte im »Club der Kulturschaffenden« für jeden Donnerstagabend ein Zimmer; als Mitglied war ihm das möglich. Die meisten Gäste lud er persönlich ein, zwischen dreißig und vierzig kamen zusammen, unter ihnen Heiner Müller, Erich Arendt, Günter Kunert, Manfred Bieler, auch Walter Püschel und Karl-Heinz »Ernst« Berger, beide Lektoren und Freunde von L., daneben Paul Wiens, ein Großspitzel. Johannes R. Becher, Alfred

Kantorowicz und Peter Huchel wurden ebenfalls von Raddatz gebeten, blieben aber fern. Raddatz räumte viel später ein: »Was aber wollten wir nun mit und in diesem inzwischen sagenumwobenen ›Donnerstagskreis‹, der durch viele Aufarbeitungen der DDR-Geschichte gespenstert? Filtere ich aus dem diffusen Unbehagen den gar kärglichen Rest, so waren es bescheidene Forderungen: Abschaffung der Zensur im Verlagswesen, eine zensurunabhängige Wochenzeitung, unbehinderte Forschung an den Universitäten ohne obligatorischen Besuch von Marxismus-Vorlesungen, keine kunstfremden Eingriffe in Theater- und Filminszenierungen, keine Behördenüberwachung von Kunstausstellungen. Kurzum: Keiner der dort Versammelten wollte die DDR abschaffen; auch ich nicht.«

Gelegentlich nahm ein für Kulturfragen zuständiger Mitarbeiter des ZK teil, Willi Lewin. Er war dieser Aufgabe nicht im Mindesten gewachsen, seine Berichte strotzten von Fehlern und Dümmlichkeiten. Raddatz: »Im Jahr 2000 lacht es sich leicht: 1956 in Ostberlin hätte es den Kopf kosten können.«

Auch Harich tauchte dort auf, natürlich. Raddatz nennt ihn einen »der brillantesten Köpfe der DDR, eine Damaszener Klinge des Intellekts«. Die Einschätzung von Rudolf Pechel, Chefredakteur der »Deutschen Rundschau«, fand weite Verbreitung: »Harich ist zweifellos ein Phänomen an Intellekt. Er hat eine weit über seine Jahre hinausgehende Fähigkeit, allen und jeden Wissensstoff, der ihm mühelos zufliegt, ohne ihn durch redliche Arbeit sich erwerben zu müssen, sich anzueignen und mit ihm virtuos zu arbeiten. Störend waren gelegentlich grobe Taktlosigkeiten des Herzens, aber ich bin nun einmal kinderlieb und stellte das gegenüber einer fast genialischen intellektuellen Begabung nicht weiter in Rechnung. Erhofftes Reifwerden würde ja hier schon Wandel schaffen. Sein Wesen, der Cocktail seiner Eigenschaften, ist schlecht gemixt: Er verfügt nur über eine ganz dünne menschliche Substanz. Er ist sozusagen ein reiner Intellekt auf zwei Beinen, eine Art Homunculus.« Auch von amüsanter Bösartigkeit ist die Rede und von genialischem Wunderkind. Jahrzehnte später, gebeutelt und abgeklärt, urteilte Harich über sich selbst: »Ich war ein zu junger, zu unreifer Senkrechtstarter – weil größere Begabungen als ich sich entweder in der Emigration befanden oder aber als Nazis nicht mehr in Betracht kamen oder, zumal aus meinem Jahrgang, unter der Erde lagen.«

Republikweit beschmunzelt wurde ein Artikel im »Sonntag«: »2 x 2 = 9«. So hatten Lehrer es ihren Schülern jahrelang vorgemacht. Jetzt beschlossen sie, sich der Wahrheit anzunähern und, damit niemand allzu sehr erschrecke, zunächst zu verbessern: »2 x 2 = 8«. Nach einer Weile dann »2 x 2 = 7«. Die Kinder aber waren längst schlauer und beschmierten alle Wände der Schule mit dem erschreckenden »2 x 2 = 4«! Schade, meinten da einige der Pädagogen, dass die Prügelstrafe abgeschafft worden sei.

Just wurde zu Kulturminister Johannes R. Becher befohlen und erntete für den »Sonntag« Lob und Kritik. Zu Bert Brecht fuhr Just nach Buckow, Helli Weigel saß mit am Tisch. Die Arbeiter müssten mehr Druck machen, meinte der Träger des Internationalen Stalin-Friedenspreises, in Jugoslawien sei man mit den Arbeiterselbstverwaltungen auf gutem Weg. Man müsse ja nicht gleich alles kopieren, sondern probieren wie auf dem Theater auch. Just fragte, ob Brecht den einen oder anderen Text dem »Sonntag« zur Verfügung stellen wolle. Er habe ein paar Gedichte über den 17. Juni in der Lade, antwortete lächelnd der Listige, aber die seien zu scharf, die Zeit müsse reifen dafür. Wie jeder weiß, erschienen die Kostbarkeiten der »Buckower Elegien« erst lange nach Brechts Tod, da wirkten sie amüsant und werden seither immerfort zitiert; für jede Wirkung war es zu spät.

An freien Tagen besuchte Gustav Just seine Eltern in Bad Schmiedeberg in der Dübener Heide nördlich von Leipzig. »Ich träumte beim Gehen vor mich hin: Die Parteiführung nimmt Vernunft an, die sowjetischen Genossen schalten sich ein, das Programm der Opposition wird diskutiert und natürlich von der Parteimehrheit gebilligt, das Leben innerhalb und außerhalb der Partei aktiviert sich, erlebt einen enormen Aufschwung, die DDR wird anziehender, wir trennen uns von den belasteten Vertretern des alten Kurses, in der SPD werden die Linkskräfte mobil und drängen ihre Vertreter des alten Kurses entscheidend zurück. Das ist der einzige Weg zur Aktionseinheit, nein, zur Einheit der Arbeiterklasse und damit zur Wiedervereinigung Deutschlands.«

Während andere noch abwarteten, vereinbarte Hans Mayer einen Vortrag mit dem Rundfunk der DDR »Zur Gegenwartslage unserer Literatur«. Er sprach den Text auf Band, doch die Redakteure bekamen kalte Füße und sagten ab. Sofort war Just bereit, in die Bresche zu springen. Die Lage der deutschen Literatur in Ost wie West sei beklagenswert, begann Hans Mayer. »Symptome gibt es genug, die auf einen Krisenzustand hindeuten, um nicht von Krankheitszustand zu sprechen.« Deutschland sei keine literarische Wüste, immerhin seien Strittmatter, Fühmann und Mundstock, Böll, Koeppen und Hans Werner Richter, Eich und Krolow nebst den Schweizern Frisch und Dürrenmatt hervorgetreten. »Das ist gar nicht wenig, doch auch nicht allzu viel. Es gab fettere Jahre und Jahrzehnte auch noch in diesem Jahrhundert – um nicht unsinnige Vergleiche mit der Goethezeit anzustellen. Die zwanziger Jahre waren sicherlich reicher und literarisch ergiebiger.« Die damaligen Kleistpreisträger zählte Mayer auf, jeweils Debütanten, die Großmeister des Romans, des Dramas, die funkensprühenden Kulturjournalisten. Und in der Gegenwart? Auch in England und Frankreich sei es nicht wesentlich besser. In der

Sowjetunion, die er vor Kurzem besucht hatte, habe niemand gesagt, dieses und jenes Stück müsse er unbedingt sehen. Die besten Inszenierungen seien Satiren von Majakowski und Hauptmanns »Vor Sonnenuntergang«. »Schön und gut natürlich, aber nach literarischer Opulenz sieht auch das nicht aus.« Und hierzulande? »Ich will Hermlin und Huchel, Fühmann und Maurer ausdrücklich ausnehmen: aber neben ihnen wie viel gefällige Reimerei von Epigonen Paul Heyses und Emanuel Geibels, wie viel rotangestrichene Gartenlauben!«

Nach dieser Anamnese ging der Professor forsch zur Therapie über. »Es muss aufhören, dass Kafka bei uns ein Geheimtip bleibt und dass das Interesse für Faulkner oder Thornton Wilder mit illegalem Treiben gleichgesetzt wird... Übrigens wird man viele administrative und bürokratische Hemmnisse beseitigen müssen. Gewiss haben wir manche Fehler vermieden, die andernorts gemacht wurden und zu schweren Folgen führten. Wir haben immerhin in all diesen Jahren Hofmannsthal und Rilke, Thomas Mann und Hermann Hesse publiziert, ohne die tollkühnen Verleger und Lektoren, die solches gewagt hatten, zur Verantwortung zu ziehen. Der Schriftsteller Johannes R. Becher hat sich hier große Verdienste erworben, indem er seit 1945 einen literarischen Kurs bei uns anregte, der – trotz mancher Schiefheiten und Begrenztheiten – von aller Bilderstürmerei weit entfernt war. Dennoch gibt es noch genügend Sektierer und Sektierertum im Bereich unserer Literatur. Es gab und gibt bei uns patentierte Besserwisser. Viele Kritiker und Nachwortverfasser gehören zu dieser Spezies. Ihre Urteile sahen meist so aus, dass Fielding oder Stendhal oder Thomas Mann gönnerhaft gelobt werden, da sie ideologisch in ihrer Zeit recht Achtbares leisteten, wenngleich sie natürlich leider nicht die Bewusstseinshöhe des heutigen Nachwortverfassers zu erklimmen vermochten. Es ist Zeit, dass diesem Unfug ein Ende gemacht wird. Ich halte es auch für wichtig, dass man den

Ursachen dieses Niedergangs nachspürt. Alfred Kurella macht es sich doch ein bisschen zu leicht, er bagatellisiert eine sehr ernste Sache, wenn er bei seinem Bericht über den Stand der literarischen Auseinandersetzungen in der Sowjetunion rundheraus leugnet, dass offenkundige Erscheinungen des dortigen Sektierertums und des literarischen Verfalls, die heute unter Einsichtigen niemand mehr ernstlich bestreitet, irgendetwas mit dem sogenannten Personenkult zu tun hätten.«

2

Am 14. August 1956 starb Bertolt Brecht, erst achtundfünfzig Jahre alt, das Herz erwies sich als verbraucht. An diesem Tag telefonierte Joachim Wenzel mit L., sie bedauerten den Verlust, sie liebten Brechts Stücke und Gedichte, die Songs aus der »Dreigroschenoper« stimmten sie regelmäßig an zu später Nacht. Für L. war »Mutter Courage« mit der Erstbesetzung das aufregendste Theatererlebnis seiner nicht sehr umfänglichen Erfahrung. Bedeutete dieser Tod, fragten sie sich, auch einen politischen Verlust? Wenn ein Werk des Meisters in Schwierigkeiten geriet, hatte er Wege und Schleichwege zur Verteidigung gesucht und gefunden. Aber abgesehen davon? Seine Polemik hatte sich ausschließlich gegen den Kapitalismus gewandt, ein kritisches Wort in Richtung Sowjetunion und Marxismus-Leninismus war nie von ihm zu hören gewesen – Erbe aus der Zeit, als ihm die letzte und einzige Hoffnung im Kampf gegen Hitler der Sowjetunion und Stalin gegolten hatte. Wenzel, neu in der Redaktion des »Sonntag«, wurde nicht in die Debatten eine Etage höher einbezogen, aber er schnappte manches auf. Becher habe sich zwiespältig, zwielichtig gar verhalten, und Brecht habe *anderen* Mut gemacht, kühn voranzugehen, sei aber selbst in der Deckung geblieben. All die Großen der antifaschistischen Garde wie Anna Seghers und Willi Bredel tuschelten, horchten. Hatten sie schon so viel Auf und Ab in der Politik der Sowjetpartei und der deutschen KP erlebt, den Hitler-Stalin-Pakt vor allem, dass es ihnen in Fleisch und Blut übergegangen war, abzuwarten, wie die Waage sich neigte? Walter Janka schien der einzige mit diesem Erfahrungshorizont zu sein, auf den zu zählen war.

An diesem Abend mitten in der Umarmung riss Annelies die Initiative an sich, führte ihren Erich ins stürmische Finale, und als der ausatmend verwundert fragte, wären sie nicht an einem »gefährlichen« Tag, bestätigte Annelies das fröhlich. Oh ja! Sei es nicht angebracht, angesichts des bitteren Verlusts sofort und entschlossen für Nachwuchs zu sorgen? Am 14. August 1956 begann, woraus neun Monate später der Knabe Robert erwachsen sollte.

In diesem Sommer des Abwartens, Vorfühlens und Zauderns drang Konterbande Exemplar für Exemplar aus dem Westen herüber, Wolfgang Leonhards Bericht »Die Revolution entlässt ihre Kinder«. Der Autor war Mitte dreißig, sein Buch, in der Bundesrepublik sofort ein Bestseller, wurde von der SPD in Sonderausgaben gedruckt und in Westberlin über die Grenze geschmuggelt. Nicht lange, und es geriet in die Hände von L.; Ralf Schröder steckte es ihm hochroten Gesichts zu: Wolfgang, einer von uns! L. kannte »Sonnenfinsternis« von Arthur Koestler und hatte geurteilt: Das Hetzwerk eines Renegaten, durchdrungen von rabiatem Antikommunismus. Sachlicher, nüchterner wirkte auf ihn Leonhards Arbeit und mit einem anderen Ergebnis. Wolfgang war der Sohn der KP-Funktionärin Susanne und des Schriftstellers Rudolf Leonhard, geboren 1921 in Wien. Er ging in Berlin, in einem Heim bei Ulm und nach 1933 in Stockholm zur Schule. 1935 entschloss sich Susanne, mit ihrem Sohn in die Sowjetunion zu emigrieren. Der Vater blieb in Frankreich. Solch eine Trennung war nichts Unübliches unter Revolutionsprofis, die Partei musste natürlich zustimmen. Nach zeittypischen Umwegen über Madrid, das Gefangenenlager von Vernet und den Untergrund von Marseille geriet Rudolf Leonhard nach 1945 in die SBZ, wo L. ihn in Dresden kennen lernte. Dort war Rudolf Leonhard ohne Einfluss, verbittert, krank, der altersmilde Leiter eines Zirkels junger Autoren. Er starb – im Inneren hatte er mit dem Stalinismus gebrochen, für eine öffentliche Äußerung war er zu schwach –, im Dezember 1953 in Berlin.

L. las. Der junge Wolfgang reist ins bewunderte Arbeiterparadies und trifft auf zerlumpte, barfüßige Kinder. »Dieses Bild war mir fremd, es bedrückte mich sogar ein wenig. Aber ich vergaß es schnell, weil es gar nicht in mein Wunschbild hineinpasste.« Damit ist der Grundkonflikt benannt, der Widerstreit persönlicher Erfahrung mit dem hehren Anspruch der Partei. In einem Heim für Funktionärskinder in Moskau erlebt Wolfgang alle Wendungen dieser Jahre. Später das Fazit: »Nicht selten wurden Erinnerungen, unangenehme und schmerzhafte Ereignisse wach, die ich für längere Zeit in den Hintergrund gedrängt hatte: die Verhaftung meiner Mutter und mein vergebliches Klopfen an ihrer Tür; die unruhigen Gedanken und Befürchtungen, die ich jahrelang abends im Kinderheim wegen der Prozesse und Verhaftungen gehabt habe, die Angst der Menschen in Moskau in den Jahren der großen Säuberungen 1936/37 und – noch schlimmer – ihre schließliche Gleichgültigkeit; die Verhaftung meines Freundes Rolf im Schlafsaal des Kinderheims im März 1938; der Pakt mit Hitlerdeutschland und die darauffolgende Ausmerzung der antifaschistischen Literatur; der ängstliche Blick der Studentin, die mir unter dem Siegel der Verschwiegenheit mitteilte, sie sei gezwungen, für die NKWD zu arbeiten ...«

Wolfgang wechselt zur Kominternschule. Er sieht Hungernde in Karaganda und Ufa, die Funktionäre leben privilegiert und innerlich unberührt von der Not der Armen. Als grauenvoll empfindet er die Atmosphäre der Kritik- und Selbstkritikabende. Aber immer wieder siegt der Wunsch, die Weisheit der Partei zu begreifen und sich durch Einzelheiten eigenen Erlebens nicht von ihr abbringen zu lassen. »Eigentümlicherweise reagierten wir alle ähnlich: Jeder von uns wusste längst, dass Mutter oder Vater unschuldig verhaftet waren. Wir waren aber schon so weit sowjetisch erzogen, dass wir in unserer Beurteilung nicht von Einzelschicksalen ausgingen – selbst wenn es unsere Eltern betraf.«

Alle Unsicherheiten sind mit einem Schlag beseitigt, als Hitler die Sowjetunion angreift. Nun ist der Kampf an einer klaren, altgewohnten Front das Einzige, was zählt, zumal für einen deutschen Kommunisten. Leonhard wird nach dem Studium in Moskau zur Kominternschule kommandiert und dem »Nationalkomitee Freies Deutschland« zugewiesen als Vorbereitung für seinen Einsatz im besiegten Deutschland.

Voller Hoffnung besteigt er das Flugzeug, das die »Gruppe Ulbricht« im April 1945 nach Berlin bringt. Er schildert den Elan, mit dem Funktionäre darangehen, aus der SED eine eigenständige deutsche Partei zu machen, und muss erleben, wie moskautreue Kader mit ihrem Kampf gegen den »Sozialdemokratismus« auf die alte Thälmann-Stalin-Linie einschwenken. Schließlich sieht er in der jugoslawischen Strategie mit ihrer Arbeiterselbstverwaltung einen Ausweg, setzt sich nach Belgrad ab, zieht weiter in die Bundesrepublik. Da bricht einer mit dem Stalinismus, begriff L., bleibt aber sozialen Ideen verbunden, bleibt selbstverständlich Antifaschist und läuft nicht ins bürgerliche Lager über. Ein Ärgernis musste dieses Buch für die Hartköpfe um Ulbricht sein, das war sonnenklar. Sie würden es bekämpfen, schmähen. L. gab das Exemplar an Ralf Schröder zurück. Beide waren sich im Klaren: Leonhards Erkenntnisse waren so wichtig wie Chruschtschows Enthüllungen.

Gelegentlich und zu Beginn des Herbstes wieder war an Leipziger Kunsthochschulen, darunter am Literaturinstitut, von einem »Klub junger Künstler« die Rede. Anfänglich sollte der Kulturbund, jetzt die FDJ federführend sein. L. wurde eingeladen, obschon er kein Student mehr war. Er nahm an Sitzungen in einer Villa nahe dem »Gohliser Schlösschen« teil. Vorsitzender sollte er werden, wünschten die meisten Mitglieder. Annelies war strikt dagegen: Da würde er ja gar keinen Abend mehr daheim sein. Wäre nicht fürs erste ein Zwölferrat, empfahl L., um sich herauszuwinden, die bessere Lösung? Fürs künftige Programm schlug er vor: Ein Referat über Schriftsteller, die in der Sowjetunion verfolgt, ermordet und nun rehabilitiert worden waren, würde Interesse finden und in die Zeit passen. Allgemeines Nicken. Er dachte dabei an Ralf Schröder. Einmal traf er ihn in einer Buchhandlung, Schröder stellte ihm seine junge Kollegin Silka Ruzicka vor. Wie wäre es mit diesem Vortrag? Schröder war einverstanden; könne er machen, klar, irgendwann mal.

Zur Gründungsfeier wurde L. nicht eingeladen. Kurz darauf sorgte die Bezirksleitung der SED dafür, dass der Klub entschlief. Er passte nicht in eine Zeit, in der die Kontrollzügel angezogen werden sollten. L. hörte davon und war überzeugt, da hatten etliche Funktionäre kalte Füße bekommen – Begriffe wie »Donnerstagskreis« und »Petöfi-Club« jagten ihnen Schauer über den Rücken.

In diesen Wochen diskutierten im Berliner Aufbau-Verlag Genossen und Parteilose aufgeregt, was zu tun sei. Alle warfen Ulbricht vor, wie schon nach dem 17. Juni 1953 Schönfärberei zu betreiben und die eigenen Fehler zu verkleistern. Wolfgang Harich schrieb in seinem 1993 erschienenen Buch »Keine Schwierigkeiten mit der Wahrheit«: »Die Auseinandersetzungen spielten sich besonders im Arbeitszimmer seines Leiters Janka, im Lektorat des Buchverlags, in den Redaktionsräumen des ›Sonntag‹ sowie in der Kantine des Hauses ab. Sie spitzten sich dermaßen zu, dass oppositioneller Geist in der gemeinsamen SED-Grundorganisation vorherrschend wurde. Fast alle zur Intelligentsja zählenden Parteimitglieder waren bald mehr oder weniger davon angesteckt, und die Minderheit, die anders dachte, widerstand nur schwach und bröckelte mehr und mehr ab. Die Unterschiede zu den parteilosen Kollegen verschwammen dabei, weil vor ihnen die Genossen durch die Stalinkritik Chruschtschows moralisch blamiert dastanden und die Scharte dadurch wieder auszuwetzen suchten, dass sie sich zum Sprachrohr spontaner Stimmungen des Zweifels und der Unzufriedenheit machten, die außerhalb der Partei, im Volk lebendig waren.«

Harich hoffte, die Grundorganisation der SED im Aufbau-Verlag für seine Ideen zu gewinnen, damit in den Kreis, die Hauptstadtleitung vorzudringen und so auf ordnungsgemäßem Wege das Zentralkomitee zu erreichen. Janka und Just waren von Harichs Vorstellungen angetan, nur Zöger äußerte Skepsis: Er bejahe diese Gedanken, bezweifle aber, dass Ulbricht und die Sowjetführung überhaupt noch an einer deutschen Lösung interessiert seien. Das gäben sie freilich nicht zu und verlegten sich aufs Heucheln. Harichs Elan war so nicht zu bremsen. Er versuchte, seine Ideen dem Politbüromitglied Fred Oelßner nahezubringen, und scheiterte.

Janka und Just drängten, Harich möge seine Gedanken erweitern und zu Papier bringen. Am wenigsten klar waren sie sich über den wirtschaftspolitischen Bereich. Unrentable Produktionsgenossenschaften auf den Dörfern wie auch einige Maschinenstationen sollten aufgelöst werden. In der Industrie schwebte ihnen das jugoslawische Modell mit ausgeprägter Arbeiterselbstverwaltung vor. Harich suchte Hilfe beim Wirtschaftshistoriker Jürgen Kuczynski, der aber bestand darauf, mit und nicht ohne Ulbricht und schon gar nicht gegen ihn zu

Werke zu gehen. Im Gespräch mit seinem Kollegen Manfred Hertwig erfuhr Harich von dessen Freund Bernhard Steinberger, der in einem renommierten Wirtschaftsinstitut arbeite. Hertwig, 1924 in Breslau geboren, hatte in Berlin Marxismus-Leninismus studiert und gelehrt und war zeitweise Redaktionssekretär der »Zeitschrift für Philosophie«. Wie jeder in diesem Umfeld rechnete er mit tiefgreifenden Reformen. Steinberger, geboren 1917, stammte aus München. Er war Jude, floh 1936 nach Mailand und 1938 in die Schweiz und war dort für drei Jahre in einem Emigrantenarbeitslager interniert. 1945 kehrte er nach Bayern zurück, trat einer kommunistischen Splittergruppe bei und siedelte mit seiner Familie 1947 nach Leipzig über, wo er bei Behrens Ökonomie zu studieren begann. 1950 verhafteten ihn die Sowjets wegen angeblicher Verbindungen zu amerikanischen Geheimdiensten in der Schweiz. Das Schicksal Steinbergers wird im Zusammenhang mit den Harich-Janka-Prozessen gewöhnlich am Rande behandelt; es ist schreckenerregend. Steinberger wurde 1950 zu fünfzehn Jahren Arbeitslager verurteilt und nach Workuta jenseits des Polarkreises deportiert. Ein ungarisches Gericht verurteilte derweil seine Frau Ibolya zu acht Jahren Zuchthaus im Zusammenhang mit dem Prozess um den ungarischen Außenminister und »imperialistischen Agenten« László Rajk. 1955, nach Adenauers Besuch in Moskau, kehrte Steinberger in die DDR zurück, seine Frau, amnestiert und rehabilitiert, ein Jahr später. Es mutet fünfzig Jahre danach verwunderlich an, dass sich Steinberger nicht zweihundert Kilometer weiter westlich unter den Klängen der Glocke von Friedland als Spätheimkehrer feiern ließ. Aber er hatte seinen Glauben an die Weisheiten von Marx, Engels und Lenin auch im Kohleschacht der Polarregion bewahrt. Die Genossen im ZK liebten solche Treue, die nichts fragte außer: Wo ist künftig mein Platz? Steinberger nahm eine Aspirantur bei der Akademie der Wissenschaften an und erwirkte seine Rehabilitierung als SED-Mitglied. Ihn machte Hertwig mit Harich bekannt. Harich urteilte später, er habe Steinberger »für einen entschieden oppositionell eingestellten, in Fragen speziell der DDR-Wirtschaft kompetenten Mitarbeiter aus Behrens' Institut« gehalten. Harich hoffte, mithilfe von Steinberger auch Behrens für seine Ziele gewinnen zu können.

Als Pechvogel erwies sich der Rundfunkjournalist Richard Wolf, ein Freund Steinbergers. Von ihm war Wolf in groben Zügen von den Ideen und Plänen Harichs und seiner Mitdenker informiert worden. Wolf zeigte sich einverstanden und steuerte eigene Überlegungen bei. Einmal drückten sich Harich und Wolf in Steinbergers Wohnung die Hand. Hinterher warnte Wolf, er hielte Harich für einen Abenteurer. Sollte wirklich bei weiterem Vorgehen alles und jedes auf offenem Markt ausgetragen werden? So geriet Wolf ins Räderwerk. Wer ihn nach Bautzen schickte, hätte mit gleichem Recht den halben Aufbau-Verlag einbuchten können. Vielleicht wurde Wolf eine Widerborstigkeit zum Verhängnis: Gegenüber seinem Chef Gerhart Eisler hatte er sich geweigert, in einem Kommentar über den Vorsitzenden der KP Großbritanniens, Harry Pollitt, und dessen Einschätzung des XX. Parteitags eigenwillige Bemerkungen zum ungarischen Aufstand zu streichen. Wolfs Kollegen sollten begreifen, wohin derartige Aufsässigkeit führen konnte. Und ob sie begriffen.

An der Universität Jena hatte Günter Zehm eine Anstellung als Assistent erhalten. Er stammte wie Zwerenz aus dem sächsischen Crimmitschau, einer Textilstadt, die 1903 durch einen monatelangen Streik deutschlandweit Aufsehen erregt hatte. Zehms Jahrgang, 1933, war um eine fröhliche Jugendzeit betrogen worden. Er hatte Bombenangriffe, Artilleriefeuer, den Anblick blutroter Fleischwunden und die Schreie entsetzter

Frauen erlebt, in seiner Ausbildung aber keinen Zeitverlust erlitten. Während Zwerenz in sowjetischer Gefangenschaft hungerte, legte Zehm das Abitur ab und studierte ab 1950 in Leipzig zunächst Publizistik und danach Philosophie bei Ernst Bloch. Marx' Thesenschrift »Lohnarbeit und Kapital« beeindruckte ihn tief, alles klang unserem Wahrheitssuchenden ebenso einfach wie schlüssig: »Nämlich, die menschliche Arbeitskraft war mehr wert als die Lebensmittel, welche sie zu ihrer eigenen Restitution benötigte, dieser Mehrwert war die Ursache allen gesellschaftlichen Reichtums, und eben diesen Mehrwert enthielt der Kapitalist dem Arbeiter vor, raubte ihn, machte ihn zum Kapital und ließ ihn neues Kapital hecken.« Das führte, so begriff es Zehm, zur Überproduktion, die zur Krise, die zum Krieg – wer diesen Zirkelschluss revolutionär durchbrach, führte die Menschheit in eine lichte Zukunft. Versimpelungen, die nachwirkende Not des eben erst beendeten Krieges, Propaganda, die Wohlstand für alle versprach, wenn das kapitalistische Joch erst abgestreift war, erreichten auch ihn: Er trat im Sommer 1952 der Sozialistischen Einheitspartei Deutschlands bei.

An der Universität war er vom kleinbürgerlichen, sektiererischen Mief dieser Jahre umgeben, von Prüderie, dem engstirnigen Blick auf kurzfristige Produktionserfolge. Später schrieb er: »Es war in der Partei verpönt, von der wunderbaren kommunistischen Verheißung zu sprechen, von der klassenlosen Gesellschaft, wo der Staat abgeschafft, die Partei aufgelöst sein würde, wo die Springquellen des gesellschaftlichen Reichtums unendlich flössen und die Arbeiter ihre Produktionsstätten selbst verwalteten, ohne noch irgendwelche Funktionäre und Manager zu benötigen.«

Für Zehm wie für seinen Meister Bloch hörte die Philosophie nicht bei Marx und Stalin auf. Er wollte in die Tiefen davor und daneben steigen, aber Autoren wie Sartre, Adorno,

Jaspers, Heidegger, Trotzki, Bucharin, Ruth Fischer, Leon Blum, Orwell oder Koestler waren in der DDR verboten, ihre Werke in Giftschränke gesperrt und sogar die Karteikarten aus den Katalogen entfernt. Er fuhr heimlich nach Westberlin und in den Semesterferien nach Westdeutschland, hörte Vorlesungen an Universitäten, trampte nach Italien und Paris, lebte unter Arbeitern, stritt über Existenzialismus und war pünktlich zum Semesterbeginn zurück.

Ohne den XX. Parteitag in Moskau wäre Zehm vermutlich eher abgesprungen und ganz in den Westen gegangen. Die Erregungen danach und die Debatten in Polen ließen ihn ausharren. Er war debattierfreudig, begriff in Windeseile und gewann die Achtung und sogar Zuneigung des Meisters. Einmal geschah Unerhörtes: Nach einem Vortrag Zehms über Leibniz erhob sich Bloch, schüttelte seinem Studenten die Hand und sprach: »Vielen Dank, Herr Kollege, ich bin beeindruckt.« 1956 legte Zehm das Staatsexamen mit »summa cum laude« ab und wurde nach Jena geschickt, ein akademischer Aufstieg wie im Bilderbuch. Im heißen Sommer 1956 riet ihm Zwerenz, nicht immer nur zu mosern und zu meckern, sondern die Gedanken seiner Abschlussarbeit öffentlich zu machen. Zehm schrieb einen Artikel »Man kann nicht immer stumm sein« und brachte angstbebende Leipziger Parteiwächter gegen sich auf, die vorerst nur knurrten, nicht bissen. Zwerenz vermittelte zwischen Zehm und Harich. In seiner folgenschweren Reportage »Leipziger Allerlei« erwähnt Zwerenz, Studenten stünden Schlange nach einer philosophischen Studie – Zehms Nachdenken über Entfremdung im Sozialismus war gemeint. Die Partei zog alle verfügbaren Exemplare resolut ein. Als das Staatssekretariat für Hochschulwesen nachhakte, war Zehm genötigt, seinen letzten Beleg hinzuschicken.

Wie Raddatz in Berlin seinen »Donnerstagskreis«, so gründete Zehm einen Debattierzirkel, den er »Jenaer Philosophische Studentengesellschaft« nannte. Kein Gedanke mehr in ihm, ein schwereloses Leben in Paris zu probieren. Die Erneuerung des Marxismus lag in Polen und auch in der DDR auf der Straße, Heißsporn Zehm machte sich daran, sie aufzuheben.

In Leipzig blieben Ereignisse verwandter Art auf die lokale Ebene beschränkt. *Zur Herbstmesse 1956, so steht es im »Riss«, brachte die »Leipziger Pfeffermühle« ein neues Programm, »Rührt euch!«* Natürlich war es von Funktionären der Stadtverwaltung abgesegnet worden. Unter den Begutachtern hatte auch Siegfried Wagner gesessen; hinterher hatte er geäußert, was er für scherzhaft hielt: *»Kollege Reinhold, einerseits müsste ich Sie umarmen, andererseits Ihnen eine runterhauen.«*

Es war wirklich frech, was sich Reinhold da geleistet hatte. Anspielungen auf den XX. Parteitag in jeder dritten Nummer. Eine internationale Fußballmannschaft aus Spitzenfunktionären stellte er auf, Ulbricht auf Rechtsaußen. »Warum denn nicht«, conferencierte er, »wenn Ulbricht auf die Vorlagen von Togliatti richtig eingeht! Besonders in diesem Fall kommt es natürlich auf den neuen Trainer an.« *Das war Chruschtschow.*

L. saß in einem Beirat der »Pfeffermühle« und erlebte Textbewertungen und Proben. Eine läppische Nummer steuerte er bei, sie spielte im Himmel, im Nachhinein fällt es schwer, ihr Sinn und Hintersinn abzugewinnen. Eine zweite Nummer war aus dem vorjährigen Programm der Berliner »Distel« übernommen worden, harmlos auch sie. Die meisten Texte stammten von Reinhold, auf der Bühne schoss er die Pointen ab. Im »Riss«: *Die Premiere brachte Jubel beim Fußvolk und saure Mienen bei den Funktionären und deren unbedarften Ehefrauen, die nicht wussten, wann sie lachen durften oder sollten. Im Schlusschor sangen die »Pfeffermüller«: »Rührt euch, sonst werdet ihr weggetreten!«*

Unvergessen die Feier danach. Hochspannung fiel von Reinhold und den Seinen ab und machte sich in trunkenem Jubel

Luft. Sie erweiterten spontan ihren Schluss-Song um Strophen, in denen höhnend gefragt wurde, wer denn wegmüsse, natürlich »der mit dem Bart, der mit dem Bart!« Zwerenz, L. und ihre Frauen gratulierten, freuten sich mit, bis Annelies mahnte, die Geschichte hier laufe deutlich aus dem Ruder, es wäre besser, sie machten sich davon. L. nahm seinen Hut, da wurde zum Erinnerungsfoto gerufen, L.s kehrten in die Meute zurück, und so sind sie zu besichtigen unter denen, die dabei waren. Das Foto gehört zu den Reliquien dieser Zeit, Reinhold siegessicher über allen. Wenn das mal gut geht, meinte Annelies auf dem Weg nach Haus. Es sollte nicht gut gehen.

Das Foto fand sich im Fundus der Staatssicherheit. Bei so vielen Beteiligten konnte der Großspaß nicht unbemerkt bleiben. So mancher Abzug gehörte zu so mancher Personalakte. Der Rundblick der im Geheimen tätigen Genossen, in diesem Fall erwies er sich als perfekt.

3

Dieser Oktober! Nur wenige Monate sind in der Geschichte zu finden, in denen Weltereignisse derart durchschlugen auf das Schicksal von Millionen, sie aus der Bahn warfen, in Machtstellungen oder ins Gefängnis beförderten, ihnen Gesundheit, Leben, Heimat, Familie oder zumindest den Glauben an eine Ideologie raubten. Zu berichten ist über den Oktober 1956 von Moskau bis Budapest, Warschau, Berlin und Leipzig.

Alltägliches geschah weiterhin im Sächsischen. »Die Leipziger City gleicht noch dem Mund eines verwahrlosten alten Weibes«, schrieb Gerhard Zwerenz in seiner feuilletonistischen Reportage »Leipziger Allerlei«. »Wie Weiberzähne stehen die Häuser da, schwärzlich und schief und mit vielen Lücken. Wie viel Druckerschwärze wurde vergeudet für rosarote Aufbaumeldungen, aber die Wirklichkeit verlangt Ziegel und Beton. Oft reden wir jetzt von den vielen kleinen Dingen, die den Menschen das Leben erschweren. Wirklich, wie viele kleine Unzulänglichkeiten picken uns die Geduld aus der Seele. Da ist die klappernde Straßenbahn, wie freuen wir uns, wenn sie mal nicht umgeleitet wird, da ist die miserable Bedienung in den Gastwirtschaften...

Übrigens, in Leipzig wohnen doch mehrere bekannte Schriftsteller, schreiben die nicht mal was über die Sorgen ihrer Stadt? Die schreiben natürlich Romane, Gedichtzyklen und wieder Romane. Man erhitzt sich nicht an der Pleiße. Wofür denn? Außerdem hat es ja doch keinen Zweck. Plötzlich gibt es da Menschen, die meinen, es habe doch einen, und man müsse sich rühren. Da ist einer, der heißt Conrad Reinhold und ist der Leiter des Leipziger Kabaretts, der ›Pfeffermühle‹. Der spielt auch privatim Kabarett und freut sich diebisch über jedes gelungene Wortspiel. Die Truppe kann sich sehen lassen, nur in Leipzig noch nicht, wo das Publikum – teilweise – seine Stühle noch etwas jenseits des Mondes aufstellt. Da schreibt ein Philosophiestudent eine Staatsexamensarbeit von über dreihundert Seiten. *(Diese Arbeit stammte von Günter Zehm.)* Sein Professor ist begeistert. Bekannte stehen Schlange nach einem Exemplar. Noch voriges Jahr wäre dies unmöglich gewesen. Da lebten wir zehn Jahre dahin und sprachen vom Sozialismus und meinten immer, es sei alles in Ordnung und die Straße führe fein gepflastert fein geradeaus. Die da sitzen und ihre niedlichen Bildchen malen, die da hocken und liebliche Gedichtlein fabrizieren, die mögen wohl mit den Jahren zu einigem Ansehen gekommen sein, aber der Sozialismus ist kein stilles Weiherchen zur Fabrikation stiller Leierchen... Es war unser Fehler, dass wir jahrlang meinten, einer, der unruhig, gar unzufrieden ist, müsse auch gegen den Sozialismus sein. Als ob der Sozialismus nicht selbst die Unzufriedenheit und den Mangel zur Wurzel hat: Sozialismus, das ist nicht Jasagen um jeden Preis...

Da sind diese Unruhigen der Meinung, es müsse sich allerhand ändern in Leipzig. Ihr Leipzig, das war einmal eine Großstadt mit großstädtischem Kulturleben, mit knisternder Atmosphäre. Es braucht wieder einen Sender, nicht nur ein Studio wie Hinterbumsdorf. Leipzig braucht wieder ein Theater. Zwar werden zwei neue Theater gebaut, aber zum Theater gehört mehr. Leipzig braucht so vieles, vor allem wieder eine literarische Atmosphäre...

Wanderer, kommst du nach Leipzig, was hörst du? Du hörst von den leichten Mädchen, die einige Lokale zu Stammlokalen erkoren haben. Du siehst grauenvolle Gemälde in den Schaufenstern hängen. Einige müssen sich finden, die das alte Gerümpel furchtlos anpacken, die sich nicht fürchten.«

So ging es Seite um Seite. Ein Jungjournalist flocht Girlanden, ein erfahrener Redakteur hätte den Streichstift wüten lassen sollen. Seltsamerweise bot Zwerenz zwei Arbeiter aus der Schweiz auf. Sie hätten Hegel gelesen und sprächen ein ausgezeichnetes Deutsch. »Unser verflixter sächsischer Dialekt vermanscht uns die Sprache und das Denken dazu.« Endlich: Literarische Atmosphäre mache nicht halt vor Verbotsschildern, die von Überängstlichen aufgestellt und vergessen wurden. Übrigens: Leipziger Allerlei werde auch andernorts gegessen.

Dieser Artikel, abgedruckt im »Sonntag« am 21. Oktober 1956, wäre bald und zu Recht vergessen gewesen, hätte er nicht aberwitzige Folgen gehabt.

Böiger Wind aus dem Osten wirbelte Streit von weit größeren Dimensionen herüber. Der heftigste Schlag nach dem XX. Parteitag fiel in Polen. Schon 1954 hatten sich Risse gezeigt. Autoren, die kurz zuvor noch dem Sozialistischen Realismus gehuldigt hatten, entdeckten die Realität und bereuten gut katholisch ihren Sündenfall. »Die Zeit des Großen Erbrechens ist gekommen«, schrieb ein Kritiker. Westsender berichteten über Verbrechen der Staatssicherheit, enthüllt von einem übergelaufenen Offizier. Die Empörung war so groß, dass die Regierung den Minister für Staatssicherheit in die Landwirtschaft delegierte. In aller Heimlichkeit wurde Wladyslaw Gomulka, Opfer stalinistischer Verfolgung, aus der Haft entlassen. Ein Jahr später, bei den Weltfestspielen der Jugend und Studenten, wechselte das junge Volk fröhlich von roten Schlipsen zu Jeans und Ringelsocken, von Stalinliedern zu Jazz. Christel Gloger, als Hymnen-Sprecherin der FDJ-Delegation in ihrer ersten internationalen Rolle, berichtete erstaunt ihren Leipziger Freunden.

Auch in Polen waren Lobhudeleien über den weisen Führer an der Tagesordnung gewesen; Kattowitz wurde für einige Jahre in Stalinogrod umbenannt. Politische Verfolgungen mündeten nicht in mörderische Schauprozesse und Säuberungen wie andernorts. Bürger, Priester, Intellektuelle wurden schikaniert, aber nicht umgebracht. Die Kirche blieb mächtig. Bauern wurden weder deportiert noch in den Hungertod getrieben wie in der Ukraine. Manche Polen vermuteten später, das sei nicht die Folge von Widerstand, sondern von Schlamperei gewesen. Der Taumel des Personenkults schwand bereits, als Stalin starb. Im Dezember 1954 schaffte die Regierung das Sicherheitsministerium ab und schränkte die Zensur ein, sodass erste zaghafte Kritik am sturen alten System erscheinen konnte. Nikitas Geheimrede war auf jedem Flohmarkt zu kaufen. Es passte ins Bild der Konfusion, dass der verhasste Diktator Bierut in Moskau an Herzversagen starb; Selbstmord galt als nicht ausgeschlossen.

Die Polnische KP wusste, was auf dem Spiel stand. Im Juni 1956 kamen in Posen 74 Arbeiter, die der Parole »Brot und Freiheit« folgten, im Kugelhagel der Sondereinheiten um. Das achte Plenum der PZPR trat im Oktober zusammen, um weitere entscheidende Schritte zu beraten. Chruschtschow bekam es mit der Angst, dass die Geister, die er freigesetzt hatte, schneller und radikaler agieren könnten als von ihm erwünscht. Wutschnaubend und unangemeldet flog er nach Warschau. Die im Lande stationierten Soldaten der Sowjetarmee stiegen in ihre Panzer, die Rote Flotte kreuzte vor Gdansk. Polnische Fluglotsen ließen den Kremlherrscher erst landen, nachdem Gomulka von seinem ZK als Parteivorsitzender gewählt war. Am Ende wütender Debatten einigten sich Chruschtschow und Gomulka: Die polnischen Führer gelobten Solidarität, die sowjetischen »Berater« auf allen Ebenen kehrten heim. Aus einer Marionette, einer Kolonie Moskaus erwuchs ein abhängiger Staat, der sich im Inneren einige Besonderheiten leisten durfte, nicht nur den seltsamen viereckigen Mützenschmuck seiner Soldaten.

Kunde von alldem drang in Schüben nach Ostberlin und Leipzig. L.s Freunde aus dem Slawistischen Institut lasen polnische Zeitungen und verbreiteten manche aufmüpfige Story, Labsal für seine Ohren. So erfuhr er weit mehr, als ihm die Presse der DDR zubilligte. Er sog Gomulkas Worte ein: »Personen, die in ihrer Tätigkeit Unfähigkeit bewiesen oder schwere Fehler begangen haben und nicht in der Lage sind, diese zu korrigieren, dürfen nicht auf verantwortlichen Posten bleiben.« Natürlich dachte L. sofort an Ulbricht.

Gustav Just fand die Reaktionen der DDR-Zeitungen »schandbar. Sie konzentrierten sich darauf, Adenauers Kommentare zu den polnischen Ereignissen zu kommentieren. Damit erweckten sie beim Normalverbraucher der Agitation den Eindruck, als geschähen in Polen sehr bedenkliche Dinge. So äußerte sich der dicke Siggi Wagner, der Kulturboss und Oberstalinist von Leipzig: ›Das Unglück des polnischen Volkes besteht im plötzlichen Tod von Boleslav Bierut, denn er hatte

Partei und Staat fest in der Hand und war vom Volk geliebt. Jetzt kommen parteifremde Dinge aus Polen, unser Weg aber geht unabhängig von Polen...«

Die ohnehin erregten Genossen im Aufbau-Verlag waren empört über diese Berichterstattung und beauftragten den Parteisekretär, sich deshalb bei der Kreisleitung zu beschweren. Janka, Harich und Just fuhren zur polnischen Botschaft, um Informationen zu erhalten, die Zeitung »Trybuna Ludu« nahmen sie mit nach Hause. Sie diskutierten die halbe Nacht. Harich entwarf einen Leitartikel, mit dem alle, auch er selbst, unzufrieden waren. Schließlich schrieb Just. Um sich abzusichern, griff er »Dulles, Adenauer und einige andere Exponenten hoffnungsloser Rückständigkeit« an, ging dann aber mit der eigenen Presse ins Gericht. Es mute befremdlich an, dass die »Tageszeitungen und der Rundfunk es bisher versäumt haben, ausführlich und allseitig über das 8. Plenum des ZK der Polnischen Vereinigten Arbeiterpartei und die gegenwärtige politische Diskussion in unserem Nachbarland zu informieren. Unsere Menschen möchten zu Recht aus ihrer Presse und ihrem Rundfunk erfahren, welche Linie der weiteren sozialistischen Entwicklung diese bedeutsame Tagung beschloss, mit der nach den Worten von ›Trybuna Ludu‹ ein ›neuer Abschnitt der polnischen Nachkriegsgeschichte angefangen hat‹.«

Dieser Artikel erschien im »Sonntag« am 28. Oktober 1956. Da brodelte bereits, was in der DDR »ungarische Ereignisse« genannt wurde, diese Verquickung von Revolution und Konterrevolution, diese Eruption, die Hunderten das Leben, Zehntausenden die Freiheit und Hunderttausenden die Heimat kosten sollte, Endpunkt und Grab des Chruschtschow'schen Tauwetters.

Am 1. Oktober fand auf der Krim eine Staatsjagd statt, Ehrengast war Marschall Tito, ein berühmter Nimrod. Der Aussöhnung zwischen Jugoslawien und Ungarn lagen noch immer die Anschuldigungen des Rajk-Prozesses im Weg, Tito sei Faschist, Trotzkist und US-amerikanischer Agent. Ungarns Parteichef Gerö wurde hinzugeladen, Chruschtschow machte Druck, schließlich wurde der 6. Oktober als Tag einer feierlichen Umbettung Rajks terminiert. In Budapest war hinter zugezogenen Gardinen schon lange über den Ablauf des Aktes zu dessen Rehabilitierung gestritten worden, Júlia Rajk, die Witwe, stellte Bedingungen, wer sprechen sollte, nicht nur Vertreter der Partei und des Staates, sondern auch ein überlebendes Opfer des Schauprozesses. Hartnäckig und verbissen kämpfte sie um die Ehre ihres Mannes und der übrigen Angeklagten.

Vor dem Mausoleum des Führers des ungarischen Freiheitskampfes von 1848/49, Lajos Kossuth, standen die Särge von László Rajk, György Pállfy, Tibor Szönyi und András Szalai. Herbstwind ließ die Flammen der Kandelaber zucken und Fahnen prasseln. Mitstreiter, die mit dem Leben davongekommen waren, hielten die Ehrenwache. Auf die Tribüne stiegen Funktionäre, die allesamt an den Justizverbrechen und Verleumdungen Ende der Vierzigerjahre schuldig geworden waren und sich Wochen später, nach dem Zusammenbruch der Revolution, wieder als Verfolger betätigen sollten. Sie bedienten sich der üblichen Litanei: Wer wohl sollte dafür bürgen, dass sich ähnliche Verbrechen nicht wiederholten? »Die Garantie hierfür ist die Partei, die Garantie sind wir, die Kommunisten.«

Unter Salutschüssen trugen Obristen die Orden der Rehabilitierten den Särgen voran. Blumen bedeckten die Gräber, zweihunderttausend bis zu einer Viertelmillion Menschen gingen im Demonstrationszug mit.

Überall an den Universitäten wurde öffentlich diskutiert, wie es weitergehen sollte im Sinne des XX. Parteitags. Berichte aus Polen heizten die ohnehin lodernde Debatte täglich an.

Die Studenten forderten die Demokratisierung der Partei, die Ernennung von Imre Nagy zum Ministerpräsidenten, die Bestrafung der für die Schreckensprozesse Verantwortlichen, freie Wahlen und ein Mehrparteiensystem. Nationalstolz, wie stets in Ungarn überbordend, fand den Zuschnitt der ungarischen Uniformen nach sowjetischem Vorbild unerträglich. Überhaupt: Die sowjetischen Truppen sollten abziehen! Wozu das riesige Stalinmonument im Zentrum der Hauptstadt? Weg mit dem obligatorischen Russischunterricht! Wiedereinführung ungarischer Nationalfeiertage und so fort.

Am 16. Oktober 1956 konstituierte sich eine landesweite unabhängige Studentenorganisation und durchbrach damit das Staatsmonopol. Die Studenten von Szeged verließen als erste den kommunistischen Jugendverband. Budapester Studenten formulierten einen Forderungskatalog von sechzehn Punkten und riefen für den 23. Oktober zu einer friedlichen Demonstration auf.

Bruchstücke hörte L. aus westdeutschen Sendern und der BBC. Ausführlich berichtete Andras, ein junger ungarischer Arzt, der in Markkleeberg im Süden Leipzigs wohnte und gerade von einem Elternbesuch heimgekehrt war. Andras war mitgezogen an diesem 6. Oktober. L. konnte ergänzen, was er drei Jahre vorher bei einem Studienaufenthalt in Ungarn erlebt hatte. Mit seinem Kollegen Erwin Strittmatter war er herumgeführt und -gereicht worden. Trotz aller Bemühungen der Gastgeber, den schönen sozialistischen Schein zu wahren, gelangen doch Blicke hinter die Fassade. Unvergessen ein Abend beim Romancier Tibor Déry, der im Kreise von Freunden, zu Ehren der Gäste in vorzüglichem Deutsch, seiner Verbitterung Luft machte. Wie hatten sie sich herumgeschlagen mit Kulturbürokraten aus der Regierung und dem ZK! Strittmatter und L. hörten vom Zwist zwischen bäuerlichen, erdverbundenen, nicht selten antisemitischen und auf der Gegenseite urbanen, zum Teil jüdischen und des Kosmopolitismus verdächtigen Autoren. Jetzt erfuhr L., Déry gehöre zu den Wortführern im Petöfi-Club, den er sich ähnlich dem »Donnerstagskreis« vorstellte. Aber: In Berlin diskutierten zwei Dutzend im Kämmerchen, der Petöfi-Club hingegen war ein Netzwerk von siebentausend Intellektuellen. Tibor Déry, ein weltgewandter Mann aus großbürgerlichem Haus, musste schon vom Auftreten her jedem aufgedunsenen Dutzendfunktionär als feindliches Subjekt gelten. Kein Wunder, erklärte L. seinen Freunden, dass jetzt der Kessel platzt.

In den folgenden Tagen: Zehntausende von Studenten demonstrierten in den Straßen der ungarischen Hauptstadt. Zehntausende Budapester zogen vors Parlament. Sowjetsoldaten und Angehörige ungarischer Sondereinheiten schossen in die Menge – sechzig Tote. Das alles, urteilten L. und seine Freunde, ist die Folge davon, dass die Lehren des XX. Parteitags zu spät und zu zögerlich umgesetzt worden sind. Stärker denn je fühlten sie sich auf dem rechten, in die Zukunft weisenden Weg. Dass in der DDR Umwälzendes, Bahnbrechendes geschehen musste, hielten sie für eine Frage von Tagen. Mancher Genosse, der sich bislang noch stalin- und ulbrichttreu gebärdet hatte, versuchte rasch, auf die andere Seite zu kommen. Einer sagte sogar: Es wäre nicht schlecht, wenn sie uns jetzt noch ein bisschen einsperren würden, dann stünden wir, wenn's andersrum kommt, ganz vorne!

3. Kapitel: Reformationstag, Bußtag

1

Aufgeregt kam Manfred Naumann zu L. Von Winfried Schröder habe er erfahren, ein polnischer Journalist und Wissenschaftler gastiere an der Leipziger Universität, er berichte Hochspannendes von der Entwicklung in seiner Heimat. Sei L. interessiert, ihn kennen zu lernen? Aber selbstverständlich! Und wo? Wer würde noch dabei sein wollen? Kommt doch zu uns, schlug L. vor, wir haben die größte Wohnung.

L. lud Gotthold Gloger nebst Christel ein. Naumann brachte seine Freundin mit. Schnaps stand bereit und Bier auch. Taddäus Kupis wurde begleitet von zwei Slawisten, einer war Ronald Lötzsch. Winfried und Ralf Schröder, natürlich Annelies – es war Reformationstag, der 31.Oktober 1956, Feiertag in Sachsen. Kupis erwies sich als leidenschaftlich und redemunter; wenn ihm ein deutscher Begriff fehlte, half Lötzsch weiter. Partisan sei er im Krieg gewesen, habe in der Heimatarmee gegen die Deutschen gekämpft. Nach der Befreiung sperrten ihn die Kommunisten für zwei Jahre ins Lager. Der Warschauer Aufstand? Die Sowjetarmee habe vom östlichen Weichselufer aus zugeschaut, wie die Faschisten ein Blutbad anrichteten und die Stadt Straßenzug für Straßenzug ausbrannten. L. brachte das Gespräch auf den Roman »Unternehmen Thunderstorm« eines Kollegen, der dieses Massaker zum Thema hatte. Verlogen, unbrauchbar wie üblich in der DDR, lautete die barsche Antwort. Nun das 8. Plenum der Polnischen KP, dieses historische Ereignis, der entschiedenste Schritt seit dem

XX. Parteitag, den Chruschtschow, wie es schien, am liebsten ungeschehen machen wollte und der in der DDR immer noch ohne ernsthafte Auswirkung blieb.

Die Männer fragten, gaben zu bedenken, stritten, unterbrachen; die Frauen hörten zu. Nach einer Stunde verabschiedete sich Naumanns Partnerin, sie müsse am nächsten Morgen früh raus; es kann sein, sie langweilte sich. Annelies hatte mit vollen Aschbechern und leeren Flaschen zu tun. Einmal formulierte einer, die Stalinisten hätten Fehler gemacht, da konterte der Pole: »Stalinisten machen keine Fehler, Stalinisten sind Verbrecher.« Nun sei der Weg frei zu einer echten sozialistischen Demokratie. Gomulka gelte den Massen als neuer Messias. Ein Ausgleich mit der Sowjetunion sei auf schlaue Weise gelungen. Als Ukrainer sei Chruschtschow sowieso geborener Polenfeind und habe mitgemischt, als Stalin und Hitler Polen zerstampften. Man müsse sich vorstellen, wie Nikita wutentbrannt aus seinem Flugzeug, den Kulturpalast umkreisend, auf das widerborstige Warschau gestarrt habe. Nach der Landung sei er wutschnaubend auf Gomulka zugestürzt, aber der habe ihn nach allen Regeln der diplomatischen Kunst ausgetrickst. Nun gehe alles in Windeseile weiter: Die Zeitungen legten, von Fesseln der Zensur befreit, endlich die brennendsten Probleme dar. Von den Kommunisten geschasste Journalisten kehrten hinter ihre Schreibtische zurück. Kardinal Wyszynski sei aus der Internierung entlassen, das Episkopat habe den Kirchenkampf für beendet erklärt und der neuen Regierung loyale Zusammenarbeit angeboten. Ein »Klub der Katholischen Intelligenz« sei zugelassen worden. Im Parlament, dem Sejm, säße nun neben den angepassten, feigen Blockflöten, die es ja auch in der DDR gebe, mit der winzigen katholischen Znak-Gruppe sogar eine echte Opposition. Der polnische Frühling mitten im Oktober! Die Verbindung mit den Massen zeige sich darin, dass Arbeiter der Autofabrik von Zeran eine Schutztruppe für Gomulka gebildet und sowjetfeindliche Provokateure zerstreut hätten. Über sowjetische Armeebewegungen hätten sie das ZK informiert und Verbindungen zu anderen Großbetrieben im Land organisiert.

Das sei der wahre Weg, stimmten seine Zuhörer zu, nicht ein paar Hanseln aus der Intelligenz wie sie gäben den Ausschlag, sondern die Arbeiter. Räte wie in Jugoslawien müssten gebildet werden, da seien sie einer Meinung mit Wolfgang Leonhard. Unser Mann!, rief Ralf Schröder. So steht es im »Riss«: *Und wieder das deutsche Thema: Gomulka hatte im Gefängnis gesessen und war nun Erster Sekretär der Partei, würde es in der DDR analog gehen, wie stand es um Paul Merker? Großer Quatsch, sagten andere, Merker doch nicht, der ist völlig kaputt. Und in Ungarn, Erich, fragten seine Freunde, da ist unter den Schriftstellern der Teufel los, wie kannst du das erklären?*

Tja, Ungarn, das war nun L.s Thema. Vor drei Jahren schon seien die Konflikte zwischen Schriftstellern untereinander und mit der Partei aufgebrochen. Der Personenkult um Rákosi sei so widerwärtig wie der um Stalin gewesen. Als er mit Erwin Strittmatter aus dem Museum für neue ungarische Geschichte gekommen sei im Sommer nach Stalins Tod, habe er gesagt: Wenn Rákosi von seinem Sockel geholt wird, gibt es auf einmal keine ungarische Geschichte mehr. L.s Zuhörer nickten beifällig. Und welche Rolle spielte jetzt Georg Lukács, Papst des sozialistischen Realismus und dann wieder nicht?

Beflügelt vom Eiferer Kupis spekulierten seine Zuhörer, wie es denn in der DDR weitergehen könnte. *Ulbricht würde als Erster gehen müssen, das schien ihnen sonnenklar, wer noch? Schirdewan, Hager, Staatssicherheitsminister Wollweber, Grotewohl vielleicht nicht, auch nicht Pieck, Leipzigs Bezirkssekretär Fröhlich bestimmt*, und L. nannte den Namen seines Widersachers Wagner. *Die Formeln knallten nur so, Apparat, Dogmatismus, hatte Lenin wirklich vor Stalin gewarnt?*

Alle waren Feuer und Flamme, bei ihrem Sandkastenspiel fühlten sie sich inmitten großer Politik und an den ideologischen Schalthebeln. Gegen zehn klingelte das Telefon, Joachim Wenzel war gerade aus Berlin eingetroffen und fühlte das Bedürfnis zu einem Gespräch mit seinem Freund Erich. Du kommst uns gerade recht!, rief L.

In ungezählten Verhörstunden fand die Staatssicherheit später heraus, wann Gotthold und Christel Gloger die heiße Runde verließen und dass sich Kupis mit seinen Begleitern verabschiedete, bevor Wenzel und seine Frau Liane eintrafen. Annelies ging übermüdet zu Bett. In Budapest sei der Teufel los, berichtete Wenzel, die Meldungen überstürzten sich. Noch ein Bier, noch ein Schnaps, blau war die Zimmerluft vom Zigarettenrauch. Sie zogen Parallelen zum 17. Juni 1953, als Ulbricht und seine Leute die Debatte abgewürgt hatten. In der Redaktion des »Sonntag«, so Wenzel, erführe er allerlei. Heinz Zöger sei zwar manchmal entschlusslos, aber Just reiße ihn immer wieder mit. Überschäumend von Ideen jeden Tag Wolfgang Harich. Der umsichtige, eisenharte Janka in unerschütterlicher Zuversicht. Veränderungen im Staats- und Parteiapparat stünden dicht bevor, Ulbrichts Tage seien gezählt. Listen gingen herum, wer wen ablösen sollte – nee, Namen möchte er, Wenzel, nicht nennen. Allenfalls den von Paul Merker. Was tun wir, wenn es auch bei uns zu Tumulten wie in Ungarn kommen sollte?, fragten sich die Leipziger Disputanten. Wenn der Sozialismus gefährdet sei, stünden sie mit Ulbricht auf einer Seite der Barrikade, sonnenklar. Und wo liege die wahre, tiefe Schuld für den Dogmatismus? Das sei der überstürzte Aufbau der Schwerindustrie, versuchte Naumann zu beweisen, dabei hätte, wäre... Er verhedderte sich, der letzte Schnaps war wohl einer zu viel gewesen. Also Schluss, kommt gut nach Hause.

Gegen drei ging L. zu Bett. Tief schlief Annelies, in ihrem Bauch wuchs das Klümpchen, aus dem der Knabe Robert werden sollte. Es war an die zehn Zentimeter lang, relativ groß die Ohren, ein bisschen Gurgel, Herz, Magen, Fingerchen und Zehen. Zukunft überall.

2

Während sich unsere Basisgenossen in der Leipziger Oststraße die Köpfe heiß redeten, stand auf der Tagesordnung des ZK-Präsidiums der KPdSU »die Information zum Gespräch mit Gomulka über die Lage in Polen und Ungarn«. Zwei Tage zuvor war aus Nassers Verstaatlichung des Suezkanals ein Krieg erwachsen. Israels Armee schlug los, französische und britische Flugzeuge bombardierten ägyptische Stellungen. In Budapest lieferten sich Jugendliche Haus- und Passagenkämpfe mit der Staatssicherheit. Armee-Einheiten unter Befehl von General Maléter gingen zu den Aufständischen über. Ministerpräsident Imre Nagy versicherte, die Lage in den Griff zu kriegen. In Moskau gingen die Meinungen weit auseinander, die »Falken« Molotow, Woroschilow und Kaganowitsch forderten ein Durchgreifen der sowjetischen Truppen, während Saburow die selbstkritischste aller Reden hielt: »Auf dem XX. Parteitag haben wir gute Arbeit geleistet, doch danach haben wir uns nicht an die Spitze der Initiativen der Massen gestellt. Wir sind nicht zu den wahren Leninschen Prinzipien der Leitung übergegangen. Niemand, auch in Ungarn nicht, kann gegen den Willen des Volkes regieren.«

In dieser Situation sah Chruschtschow den Fortbestand des sowjetischen Machtbereichs gefährdet. In Ungarn wurden Stimmen laut, aus dem Warschauer Pakt auszutreten. Anarchie auf den Straßen, Lynchjustiz, das Stalindenkmal wurde zerschlagen, der Kopf durch die Straßen geschleift. Sturm auf die Gebäude der Staatssicherheit, vermeintliche und tatsächliche

Reaktionäre, Horthy-Anhänger und Pfeilkreuzler griffen zu Wort und Tat – da befahl Chruschtschow, die im Abzug befindlichen sowjetischen Truppen sollten kehrtmachen und wieder in Budapest einrücken. Die Stunde der Panzer war gekommen. Die Sowjets setzten János Kádar als Partei- und Regierungschef ein.

In der DDR fanden die Funktionäre die harte Sicherheit ihrer Sprache und Argumente wieder. Sie richteten ihr Feuer auf die Intellektuellen des Petöfi-Clubs der ungarischen Hauptstadt: Seht her, diese Provokateure haben die Massen aufgewiegelt und tragen Schuld am Desaster, nun erhebt der Faschismus wieder sein Haupt! Die Ohnmacht der Parteiführung, ihr Zurückweichen an fürchterlichen drei Tagen gebiert den weißen Terror!

Angst erfasste einige Schriftsteller in der DDR. Anna Seghers, mit einem Ungarn verheiratet, wies darauf hin, dass ausgerechnet Spaniens Diktator Franco vor der UNO für den Aufstand in Budapest eingetreten war. Am Suezkanal und in Budapest hätten die Handlanger des kapitalistischen Profits zugefasst. Arnold Zweig, als Jude vor den Nazis nach Palästina geflohen und nach Berlin zurückgekehrt, schrieb, jetzt sei das Ziel der Aufrüstung Israels, dieser Speerspitze des Imperialismus, vor aller Welt deutlich. Günter Kunert, dessen jüdische Mutter Theresienstadt überlebt hatte, dichtete:

> *Bereits hör' ich Euch sagen: Das war nicht gewollt.*
> *Die Kommunisten an die Laternen?*
> *Doch was soll man machen?*
> *Bis die Lawine ganz Euch überrollt.*
> *So kurz der Rausch, so schlimm wird das Erwachen.*
> *Ich bitte Euch von Herzen, haltet fest*
> *An unsrer Sache, die sich nie verlieren lässt.*

In diesen Tagen besuchte Walter Janka seine Autorin und Mexiko-Gefährtin Anna Seghers. Was dabei seinen Anfang nahm und später im Prozess gegen ihn eine herausragende Rolle spielte, war 1989 nachzulesen. »Schwierigkeiten mit der Wahrheit« hieß die Schrift, die im Herbst dieses Jahres in der porös werdenden DDR äußerste Aufmerksamkeit erregte; sie war bei Rowohlt in Reinbek erschienen. Anna Seghers sorgte sich um Georg Lukács, er könnte ein Opfer faschistischer Terroristen werden. Janka zitiert sie: »Wir müssen wissen, wie und ob wir ihm helfen können. Vielleicht sollte jemand nach Budapest fahren. An Ort und Stelle etwas unternehmen. Das Beste wäre, ihn aus Ungarn herauszuholen. Vorausgesetzt, dass es noch möglich ist.«

Janka berichtet, er sei völlig überrascht gewesen. Wie sollte das in kurzer Zeit zu organisieren sein? Pässe ausgestellt zu bekommen dauere gemeinhin Monate. Sie habe schon mit Kulturminister Becher gesprochen, erwiderte »die Anna«, Janka möge ihn schnellstens aufsuchen. Das geschah, Becher fragte, ob Janka schon am nächsten Tag fahren könne. Bechers Chauffeur, der in Westberlin wohnte, werde ihn nach Wien bringen, dort werde Ernst Fischer, ein alter KP-Gefährte, die Weiterreise organisieren. Janka wählte das Stilmittel der direkten Rede. Hier befremdet es, denn nach so vielen Jahren konnte er sich natürlich nicht auf jedes gesprochene Wort besinnen. Becher habe gesagt, sein Fahrer habe einen neuen Wagen und könne sich als Geschäftsmann ausweisen. »Er wird dir auch das erforderliche Westgeld geben. Dazu einen Betrag in US-Dollars. Außerdem verfügt mein Fahrer über Reserven. Die Dollars sind für den Fall, dass du Lukács loskaufen musst. Konterrevolutionäre sind meist korrupt. Wenn ihnen Lukács schon in die Hände gefallen sein sollte, musst du mit ihnen verhandeln, notfalls zahlen.«

Bechers Sekretär brachte Janka nach Westberlin. Dort suchten sie den Fahrer auf und beredeten den Fortgang. Ein Pass für Janka sollte besorgt werden, er möge sich am kommenden Morgen ab zehn Uhr im Verlag bereithalten; Schlafanzug und Zahnbürste dürften genügen.

Janka fuhr spät in der Nacht nach Hause. Seine Frau war schon durch Lilly Becher, die Frau des Ministers, informiert worden. Überschwänglich habe sie Jankas Mut gerühmt. Würde alles halb so schlimm werden, beruhigte er, in wenigen Tagen sei er wohlbehalten zurück.

Morgens herrschte im Verlag die übliche Geschäftigkeit. Gegen neun rief Becher an: Janka solle mit der Abreise warten, er wolle erst noch mit Ulbricht sprechen.

In Jankas Erinnerungen: »Der Fahrer kam auf die Minute pünktlich. Die Fahrt mit dem neuen Wagen machte ihm großes Vergnügen. Meinen Pass mit dem Ausreisevisum brachte er mit. Als wäre es die einfachste Sache der Welt, sagte er: ›Das österreichische Visum müssen wir auf dem Konsulat in Westberlin holen. Da müssen Sie mitkommen. Danach gehen wir zu den Jugoslawen. Auch in Westberlin.‹ Als ich ihm sagte, der Minister habe angerufen und angeordnet, dass wir mit der Abreise warten müssten, schlug er vor, die Zeit zu nutzen und die Visa in Westberlin zu holen. Dort funktionierte alles sehr gut. Nach einer Stunde waren wir zurück. Irgendwer musste vorgearbeitet haben. Wo wir vorsprachen, wurden wir empfangen und abgefertigt. Allein hätte ich Monate gebraucht.«

Nach elf rief Becher wieder an, er habe noch nicht mit Ulbricht sprechen können. Nach zwölf diese Nachricht: Ulbricht habe das Husarenstück verboten. Es sei Sache der sowjetischen Genossen, in Ungarn zu handeln, ein Einmischen von Seiten der DDR komme nicht in Frage. Janka rief daheim an; seine Frau atmete auf. Die Sache schien abgeschlossen zu sein.

Für den 25. Oktober 1956 bekam Harich einen Gesprächstermin beim Sowjetbotschafter Puschkin. Das gelang durch alte Verbindungen, als Harich Starkritiker der »Täglichen Rundschau« gewesen war. Bei Harich liest sich das so: »Ich eilte sofort in den Aufbau-Verlag zu Janka, der noch Just und den Parteisekretär Schubert in sein Arbeitszimmer rief, um zu viert darüber zu beraten, wie ich mich in der Sowjetbotschaft verhalten sollte. Ein gemeinsam gefasster Beschluss trug mir auf, jede erdenkliche Argumentationskraft und Beredsamkeit aufzubieten, um den Botschafter davon zu überzeugen, dass unsere Konzeption die Möglichkeit eröffne, in der DDR, mit der Perspektive einer raschen progressiven Wiedervereinigung Deutschlands, den richtigen, den polnischen Weg zu beschreiten, unter rechtzeitiger Vermeidung einer ungarischen Katastrophe. Und besonders Janka schärfte mir ein, unbedingt auch unseren personellen Vorschlag an den Mann zu bringen, ich wusste genau, was er damit meinte: Merker statt Ulbricht, den deutschen Gomulka statt des deutschen Rákosi.«

Das Gespräch zwischen Harich und Puschkin dauerte vier Stunden. Harich entwickelte seine außenpolitische Strategie. Die DDR solle unter Überwindung des Stalinismus zu einem arbeiterfreundlichen, von seinen Bewohnern geschätzten Staat mit produktiver Wirtschaft umgestaltet werden, jugoslawische und polnische Erfahrungen sollten einfließen. Da auch die Entstalinisierung in der Sowjetunion weitergehen würde, müsste es möglich sein, die SPD für ein Bündnis zu gewinnen. Die SED müsse ihre stalinistischen Altlasten beseitigen, die SPD ihre Antikommunisten ins Abseits drängen. Dann könnte die SPD schon im nächsten Jahr die Bundestagswahl gewinnen und zusammen mit der SED unter Oberaufsicht der Sowjetunion die deutsche Einheit mit sozialistischem Vorzeichen herstellen.

Fast alles, was die Beteiligten dieser Wirrungen später zu Papier gebracht haben, liest sich wie Papier. Am lebendigsten wirkt die Wiedergabe eines Interviews, das Wolfgang Harich Ende 1989 dem Historiker Thomas Grimm auf Band sprach; es ist im Memoirenband »Ahnenpass« abgedruckt. Über die Debatte Harichs mit Puschkin: »Es war eine Argumentiererei, der hat auf den Tisch geschlagen, wenn er wütend war, ich habe auf den Tisch geschlagen, dann waren wir wieder freundlich zueinander. Dann habe ich gesagt: Was wollen Sie denn mit dieser Braunkohlenecke hier, Sie können das Ruhrgebiet mitkriegen, aber dann müssen wir eine andere Politik machen gegenüber der SPD, die muss 1957 an die Macht in Bonn, wir dann mit ihr gemeinsam, aber doch nur, wenn wir den ganzen Stalinballast hier jetzt ganz schnell abwerfen. Dann können wir die rechtsopportunistischen Kräfte in der SPD, die Schumacherleute, beiseitedrängen. Das war ein Disput über Taktik zwischen zwei Stalinisten. Ich immer im Hinterkopf: Das bin ich meinem Janka schuldig, den Puschkin jetzt zu überzeugen, und dann setzt sich der ans Telefon und sagt: Molli, Molotow, da ist einer, der hat mir was vorgetragen, und das wäre richtig, es so zu machen. Soll ich den mal nach Moskau schicken?«

Puschkin lehnte alle Vorschläge von Harich und seinen Mitdenkern brüsk ab.

Tags darauf berichtete Harich im Aufbau-Verlag: »Als ich erzählte, Puschkin hätte zwar Merker als ›ehrenwerten Mann‹, Ulbricht aber ›als unseren fähigsten Mann‹ bezeichnet, bekam Janka einen Wutanfall. Just meinte, es sei offenkundig, dass der Botschafter mit den Stalinisten in der DDR-Führung unter einer Decke stecke, weil er selber an den Fehlern der Vergangenheit mitbeteiligt sei.« Weder Janka noch Just ließen sich entmutigen. Puschkin habe eben keine Ahnung, die Entwicklung werde dennoch weitergehen.

Puschkin dürfte sogleich Ulbricht informiert haben. Der bestellte Harich am 7. November ein und nahm ihn sich in einem zweistündigen Gespräch zur Brust. Die SED werde keinesfalls dulden, dass Intellektuelle wie in Polen und Ungarn konterrevolutionäre Machtspielchen veranstalteten. Harich trug nur einen Teil seiner Ansichten vor, Ulbricht schnitt ihm das Wort ab. Harich bekam es mit der Angst und gab klein bei. Immerhin stellte ihm Ulbricht die Erfüllung seines Wunsches in Aussicht, einem ausgewählten Kreis von Theoretikern und Funktionären seine Ansichten vortragen zu dürfen. Dazu kam es natürlich nicht. Gustav Just: »Bei späterer Gelegenheit, einer Aussprache des Politbüros mit führenden Schriftstellern nach Harichs Verhaftung, machte Ulbricht den Schriftstellern Vorwürfe, sie hätten sich Harichs Reden angehört und es nicht der Partei gemeldet. Er habe Harich nur einmal gehört, aber sofort verstanden, dass hier der Feind spricht.«

Die Wirren in Ungarn erreichten ihren Höhepunkt, als Imre Nagy den Austritt seines Landes aus dem Warschauer Pakt erklärte. Für Chruschtschow schien es höchste Zeit, den Deckel der Pandorabüchse, am 25. Februar gehoben, nun, ein Dreivierteljahr später, mit aller Wucht wieder draufzuknallen. Der Versuch, die Stalin-Ära in der Öffentlichkeit zu beenden, war fehlgeschlagen. Kommando zurück, die Scherben unter den Teppich gekehrt. Das entmutigte weder die Reformer in Berlin noch die in Leipzig. Ein Rückschlag, meinten sie, aber der Fortschritt der Geschichte sei nicht aufzuhalten. Die Kräfte in der sowjetischen Partei- und Staatsführung, auf die sie bauten, würden sich im nun verbissener werdenden Ringen durchsetzen. Wenigstens einer begriff die Lage, der bereits zweimal gebrannte Steinberger. Die Gelegenheit zu Reformen sei vorbei, die Stalinisten säßen wieder fest in ihren Sätteln, man müsse in aller Stille weiterdenken, sich nicht aus der Deckung wagen und auf eine günstige Gelegenheit warten. Ähnliche Gedanken plagten Zöger, aber auf ihn hörte keiner.

Wie weit ist deine Konzeption, unsere Plattform?, fragten Just und Janka, sobald sie Harich trafen. Er käme voran. Sie müssten sich mit Merker treffen, schlug Janka vor. Einen weiteren wichtigen Mann wollte Janka hinzuziehen, Walter Markov, Geschichtsprofessor in Leipzig, geboren 1909 in Graz. Das Gymnasium hatte Markov in Ljubljana und Belgrad besucht. Er studierte Kirchen- und Religionsgeschichte, Orientalistik und Slawistik in Leipzig, Köln, Berlin und Bonn. 1934 trat er der bereits verbotenen KP bei, gründete eine Widerstandsgruppe, wurde verhaftet und zu zwölf Jahren Zuchthaus verurteilt; bis 1945 war er in Siegburg bei Bonn inhaftiert. 1946 berief ihn die Universität Leipzig als Dozent, er trat der SED bei und schrieb über Grundzüge der Balkandiplomatie. Steil stieg er an der Universität auf und wurde Direktor des Instituts für Geschichte der Europäischen Volksdemokratien. 1951 geriet er in den Strudel des Kampfes gegen den Titoismus. Manfred Naumann, in derselben Parteigruppe wie Markov, erzählte L. vom Parteiausschluss. Für damalige Verhältnisse ging es sensationell kommod zu. Markov wurde befragt, antwortete ausführlich und selbstkritisch, die Debatte verlief korrekt und respektvoll. Am Ende wurde Markov ausgeschlossen; Naumann half ihm in den Mantel. Markov behielt seinen Lehrstuhl, veröffentlichte, alle Welt staunte.

Ihn nun wollte Janka zum Gipfelgespräch mit Merker hinzuziehen. Er beauftragte Joachim Wenzel, der zwischen Leipzig und Berlin pendelte, die Einladung mündlich auszusprechen. Wenzel fragte L., ob er Markov so weit kenne, dass er ihm die Tür öffnen könne. L. war Markov einige Male bei Hans Mayer und Wieland Herzfelde begegnet, zu gering schien ihm der Bekanntschaftsgrad. Wenzel klopfte an, er trug Jankas Bitte vor und erntete eine höfliche Absage. Offensichtlich verspürte Markov keine Lust, sich gleich wieder in die Nesseln zu setzen, alte Wunden juckten. Jeder kann sich vorstellen, was die Verfolger des Bußtagstreffens für wilde Freude verspürt hätten, wären ihnen Jankas Absicht bekannt geworden: Ein Titoist als

Mitverschwörer!!! Aber alle Beteiligten hielten dicht. Harich war nicht eingeweiht, Janka schrieb auch später nie darüber. Wenzel, der bei Janka nirgends vorkommt, nahm sein Wissen mit ins Grab. L. tratschte, was er gehört hatte, ausnahmsweise nicht zu Ralf Schröder weiter; seine Vernehmer blieben ahnungslos. Ein seltener Fall in diesem Prozesspaket.

3

Der Aufbau-Verlag, gegründet 1945, entwickelte sich in kurzer Zeit zu einem geistigen Zentrum, das in der DDR beispiellos war. Die stärksten Impulse gingen von Walter Janka aus, er stürmte durch diese Jahre mit unbändigem Elan, setzte in sich und seinen Mitarbeitern Kräfte frei wie nie zuvor und nachher. Mit Hans Mayer fuhr er in die Schweiz zu Thomas Mann und kam mit Verträgen über eine Gesamtausgabe zurück, kein leichtes Unterfangen bei den Währungsunterschieden. Als sein Autor Halldór Laxness in Stockholm den Nobelpreis erhielt, stand Janka mit seiner Frau an dessen Seite. »Der Mann ohne Eigenschaften« von Robert Musil – die Ausgabe des Rowohlt-Verlags könnte übertroffen werden. Franz Kafka – sollte man mit der Edition einiger Erzählungen beginnen? Zu Jankas politischem und taktischem Weitblick gesellte sich die philosophische und literaturwissenschaftliche Bildung seines Lektors Harich. Sicherlich wäre es über lang zum Konflikt gekommen, ob der Realismus-Auffassung von Lukács zu folgen oder ob diese zugunsten modernerer Strömungen aufzubrechen sei. Zunächst planten Janka und Harich eine Goethe-Gesamtausgabe und wogen ab, ob mit dem Werk von Ernst Bloch ebenso zu verfahren sei – vorerst wollten sie sich mit Einzelausgaben bescheiden. Bloch fühlte sich im universitären Bereich zurückgesetzt. Er sei nicht in die DDR gekommen, um vor Anfängern zu dozieren, dazu sei er nicht auf der Welt. Mit Walter Ulbricht wolle er disputieren, dies möge der Verlag vermitteln. Janka und Harich hielten ihn hin.

Noch lehrte Jankas bester Mann an der Humboldt-Universität und schrieb Zeitungsartikel. Prinzipiell war Harich bereit, sich ganz auf den Verlag zu konzentrieren. An Janka schrieb er: »Freilich werde ich es schwer verschmerzen können, von den Dienstmädchen nicht als ›Herr Professor‹ angeredet zu werden, mir schwebte das immer als höchstes Lebensziel vor.« Doch der Verleger tröstete: Dieser Titel würde ihm sowieso eines Tages in den Schoß fallen. An der Humboldt-Universität dominierten Schmalspur-Marxisten. 1993 in Harichs »Keine Schwierigkeiten mit der Wahrheit«: »Begab ich mich aus dieser Zuchtstätte jedoch, zu Fuß die Linden überquerend, hinüber ins Haus in der Französischen Straße 32, in den Aufbau-Verlag, so glaubte ich jedesmal, in einem Elysium intellektueller Weite, abwägender Nachdenklichkeit, fruchtbarer Toleranz wieder zu mir selbst zu finden, und genoss es dabei, wohlgelitten zu sein.«

Voller Spannung fuhren sie zu Jankas Haus nach Kleinmachnow am 21. November 1956, dem Buß- und Bettag, das Ehepaar Just, Wolfgang Harich und Heinz Zöger. Strittig blieb in einem der Gerichtsprozesse, ob Zöger beim Aussteigen wirklich zu Harich gesagt hatte, er fühle sich wie am Vorabend eines roten 20. Juli. Harich behauptete es, Zöger konnte sich nicht erinnern, Justs gaben an, sie hätten da wohl gerade auf der anderen Seite des Autos gestanden. Staatsanwalt und Gericht glaubten Harich, und der Erzähler glaubt ihm im Grunde seines Herzens auch.

Paul Merker war schon da. Manche schilderten ihn später als gebeugt, gealtert und verbraucht, andere schrieben, sie hätten ihm durchaus zehn Jahre als Nachfolger von Walter Ulbricht zugetraut.

Vorstellung, Händedruck, und Harich hub an auszubreiten, was er ertüftelt, skizziert und gefeilt in aufgeregten Stunden. Auf der Höhe perspektivischen Denkens fühlte er sich trotz der Abfuhr bei Puschkin und der Drohung Ulbrichts. Zuerst nahm er sich die Partei mit ihrem Kernproblem vor, der inneren Demokratie, die sich breit zu entfalten habe, das war ein abgenutzter Begriff in seinem Munde, alle merkten es. Die Lenin'schen Prinzipien vom demokratischen Sozialismus, wiederhergestellt müssten sie werden, das SED-Statut sei zu überprüfen, ob es den Verletzungen Vorschub geleistet habe, die in der Stalin-Ära geschehen waren in schrecklicher Häufung. Ein in absehbarer Zeit einzuberufener V. Parteitag der SED müsse ein neues Statut beschließen, bei dessen Ausarbeitung die besten Erfahrungen der deutschen KP, des Bundes der Kommunisten Jugoslawiens, des XX. Parteitags der KPdSU, des VIII. Parteitags der KP Chinas und des unlängst so glanzvoll verlaufenen Plenums der polnischen Bruderpartei einbezogen werden müssten. Damit werde ein besonderer deutscher Weg zum Sozialismus beschritten. Seit Anton Ackermanns schnell wieder zurückgenommenem Vorstoß in diesem Sinne vor einigen Jahren war dieses Thema eingesargt gewesen. Harich forderte, das Parteistatut abzuklopfen, ob es Punkte enthielt, die den Lenin'schen Normen widersprachen oder Hintertüren boten, diese Normen zwar formal zu befolgen, aber in der Praxis zu umschiffen. Er hob die Stimme, als er forderte, verantwortliche Mitarbeiter des Parteiapparats sollten künftig nicht mehr ernannt, sondern gewählt werden. Alle wussten, welche Macht diese nicht selten grauen Genossen besaßen, wie sie in der täglichen Praxis mehr entschieden als die gewählte Leitung. So war in der Sowjetunion der Typ des gefürchteten, allmächtigen Apparatschiks entstanden. Personalbestand und Aufgabenumfang des Apparats müssten reduziert werden. Die Genossen an der Basis seien anzuleiten, dürften aber nicht durch Eingriffe gehemmt und gegängelt werden, sie hätten über ihre tägliche Arbeit selbst zu entscheiden. Nun das heißeste aller Eisen, die Staatssicherheit. Ohne Umschweife: Diejenigen Genossen der SED und des MfS, die sich an den Verbrechen der Berija-Bande gegen ehrliche Genossen beteiligt hatten, seien je nach Schwere ihres Falls aus ihren Positionen zu entfernen oder auszuschließen. Von *Parteischädlingen* sprach Harich unverblümt. Alle Genossen, die in der Stalinperiode zu Unrecht verfolgt worden waren, seien zu rehabilitieren und in ihre Funktionen wieder einzusetzen. Jeder Fall müsse öffentlich bekannt gegeben werden, den betroffenen Genossen sei das Recht einzuräumen, an der Formulierung dieser Bekanntmachung mitzuwirken. Wer bei der Überprüfung von 1950 zu Unrecht ausgeschlossen worden und unterdessen nicht zum Klassenfeind abgedriftet sei, müsse in seinen alten Stand als Mitglied oder Kandidat wieder bestätigt werden. Das gelte auch für alle, die nach dem Neuen Kurs, dem 17. Juni 1953 und dem XX. Plenum der KPdSU mutig und offen die Entartungen des Parteilebens kritisiert hatten. Schluss mit der Überheblichkeit mancher Parteiführer, mit ihren Privilegien, die weit über das Prinzip »Jeder nach seinen Leistungen« hinausgingen, Schluss mit eigenen Läden, besonderen Lebensmittelzuwendungen, übertriebenen Aufwandsentschädigungen und prunkvollen sowjetischen Autos. Herzlose Bürokraten, sture Sektierer, Karrieristen, Ignoranten und Faulpelze hätten ihre Plätze zu räumen.

Die Dame des Hauses richtete das Abendessen her, Heide Just half ihr, Teller und Platten hereinzutragen; sie war zum ersten Mal hier und notierte später: »Da kommen wir nicht mit.« Janka schaute nach, ob die Kinder schliefen. Derweil ging der Vortrag mit Zwischenfragen und Ergänzungen weiter. Schnaps und Wein standen auf dem Tisch, ein Schluck, ein Schlückchen zwischendurch, Einfluss aufs Denkvermögen hatten sie bei niemandem. Auf die deutsche Frage war Harich schon gegenüber Puschkin zu sprechen gekommen, eine radikale Lösung hielt er bereits im kommenden Jahr für möglich. Dafür müssten Voraussetzungen geschaffen werden, zuerst die Einsicht in die Gleichwertigkeit von SPD und KPD in der Vergangenheit. Alte Fehler sollten eingestanden werden, so der von Seiten der KPD, in den Jahren der Wirtschaftskrise 1932/33 das Feuer auf die SPD als Hauptfeind zu gerichtet zu haben. SED und KPD müssten anerkennen, dass die Politik von Kurt Schumacher gegen die Bestrebungen zur Vereinigung von KPD und SPD unmittelbar nach dem Zweiten Weltkrieg richtig gewesen sei. Kühn und konsequent nannte Harich diese Maßnahmen, bei der die deutschen Kommunisten über viele Schatten springen müssten. Als Etappen schwebten ihm vor: Führungswechsel in der SED und Verkündung eines Programms des eigenständigen deutschen Weges zum Sozialismus. Dazu habe sich auch die Führung der KPD zu bekennen und beim Bundesverfassungsgericht die Aufhebung des Parteiverbots zu beantragen. SED, KPD und SPD müssten gemeinsam den Austritt der Bundesrepublik aus dem Atlantikpakt und der DDR aus dem Warschauer Pakt anstreben. So gerüstet, gewänne die SPD zusammen mit der KPD eine Mehrheit im Bonner Parlament, geschlossen könnten sie auf eine gründlich entstalinisierte DDR zugehen und die sozialistische Einheit in Freiheit gewinnen.

Und wann?, fragte jemand.

Wenn alles gut gehe, schon nach den Bundestagswahlen im kommenden Jahr.

Merker hörte zu, fragte wenig. Gustav Just: »Auf mich machte er in seiner menschlichen, ruhig besonnenen Art großen Eindruck. Diskussionen über Personalfragen bog er ab. Seine abschließende Meinung war: Im Augenblick kann man überhaupt nichts machen, um die Einheit der Partei nicht zu gefährden. Man müsse alle Probleme noch gründlicher durchdenken und immer wieder versuchen, den leitenden Gremien der Partei diese neuen Gedanken zur Beratung zu unterbreiten. Diese Auffassung deckte sich mit der unseren. Wir erwarteten die baldige völlige Rehabilitierung Merkers, d. h. seine Wiederaufnahme ins ZK. Dann wäre dort ein Genosse gewesen, der für die neue demokratische Politik aufgeschlossen ist.«

Alle zeigten sich zufrieden. Ziele waren benannt, Wege konkretisiert. Niemand ahnte im Entferntesten, welche absurden, für jeden der Teilnehmer fürchterliche Folgen aus dieser Begegnung erwachsen sollten.

4

Bescheidener, geradezu provinziell ging es unterdessen in Leipzig zu. Die Stalinisten in der Bezirksleitung hatten ihr Erschrecken überwunden und spähten nach Opfern aus. Als L. einen Artikel für den »Sonntag« schrieb, baute er sorglich vor: »Erfrischend ist es für einen Publizisten, kann er sich unbeschwert an die Maschine setzen und das niedertippen, was er denkt und fühlt. Beklemmend aber wirkt es auf ihn, wenn er bei jedem Satz argwöhnen muss, man könnte an ihm herumdeuteln und -drehen, könnte ihn auf den Kopf stellen, um etwas anderes oder gar das Gegenteil des Gesagten herauszulesen. Und wenn ein Leipziger heute etwas zur Ergänzung des Zwerenz-Artikels schreibt, ist er nicht frei von Bedenken, Siegfried Wagner oder Karl P. Houpt oder andere könnten es unter ein schief eingestelltes Mikroskop legen und zu einem anderen Ergebnis kommen, das ihrer eingestandenen Voreingenommenheit in den Kram passt.«

Über den »Klub junger Künstler« dachte L. nach, der viele Temperamente und Geistesströmungen zusammenführen wolle, der ein spannendes Programm bieten müsse und sich vor Experimenten nicht scheuen dürfe. »Zunächst wird sich das Interesse vor allem Gebieten zuwenden, die in der Ära des Dogmatismus und des Schlagworts vom falsch ausgelegten ›Objektivismus‹ nicht zugänglich waren. Kafka und Proust werden vermutlich öfter genannt werden als Goethe und Heine. Das ist natürlich und sollte niemanden erschrecken. Später wird sich alles in ein gehöriges Gleichgewicht bringen lassen, aber heute sind Lücken zu füllen. Die jungen Künstler wollen sich auch mit den Schriftstellern und ihren Werken beschäftigen, die in der Sowjetunion vor Jahren der Verletzung der Gesetzlichkeit zum Opfer fielen, die rehabilitiert wurden und deren Werke jetzt wieder erscheinen. Vielleicht wird ihnen jemand vorwerfen, sie wären auf ›Sensatiönchen‹ aus. (Wie hässlich und herzlos ist es doch, tragische Kapitel der proletarischen Geschichte mit diesem Wort zu bezeichnen!) Sie tun es, weil sie hoffen, von diesen Autoren mehr über die Sowjetunion und über das Wesen der sozialistischen Literatur erfahren zu können als von Aschajew und Babajewski. Der Klub ist eine zarte Pflanze, sie braucht Sonne und Freundlichkeit. Kalte Regengüsse könnten ihr schwer schaden.«

Aschajew mit seinem »Fern von Moskau« und Babajewski waren Autoren der Stalinzeit mit Riesenauflagen, Pflichtlektüre an den Schulen der DDR. Von »Sensatiönchen« hatte Siegfried Wagner im Zusammenhang mit ermordeten Genossen der Schauprozesse und der stalinschen Verfolgungen gesprochen. Wagner sann auf Rache. Schon einmal hatte er, selbst in Deckung bleibend, den sogenannten Volkszorn organisiert und Schläger zu einem Vortrag des Jazz-Spezialisten Reginald Rudorf geschickt. Dort hatten sie gepöbelt und den Plattenaufleger verprügelt, der floh gleich bis Westberlin. In einer Rede formulierte Wagner höhnisch: »Das Plattenarchiv des Genossen Rudorf wurde nicht beschädigt.« Seine Spießgesellen klatschten frenetisch Beifall. Das Bezirksgericht verurteilte Rudorf zu zwei Jahren Gefängnis. Hans Mayer setzte es durch, ihn in Waldheim besuchen zu dürfen.

Diesem Muster blieb Siegfried Wagner treu, als er die »Pfeffermüller« zu disziplinieren gedachte. Aus dem »Riss«: *Eines Morgens rief Conrad Reinhold in höchster Erregung an. Am Abend vorher sei seine Kabarettbühne mitten in der Vorstellung von Besuchern gestürmt worden, sie hätten ihm in wilder Debatte vorgeworfen, ein konterrevolutionäres Programm zu zeigen, einige hätten gefordert, die Garderoben nach westlichen Druckschriften zu durchsuchen. Nach ein paar Minuten habe sich der Stadtrat für Kultur auf der Bühne befunden... Moment, sagte L., ich komme augenblicklich hin!*

Eine halbe Stunde später traf er bei dem entnervten Künstlervolk ein. Alle auf einmal beklagten sie den ungeheuren Tort, der ihnen angetan worden war, die Partei habe das organisiert, der Stadtrat für Kultur – woher kam der so schnell? – habe sich die Argumente der Aufrührer zu eigen gemacht, eine ungeheure Gemeinheit sei das; man habe sie körperlich bedroht...

In das erste erschöpfte Schweigen hinein sagte L. kalt: »Erstens: Die Partei macht so was nicht. Zweitens: Niemand kommt auch nur auf die Idee, die Partei könnte etwas Derartiges organisieren. Drittens: In diesem Raum ist ein Verdacht in dieser Richtung niemals ausgesprochen worden.« Das Programm sei von der Stadt genehmigt worden, unter anderem von diesem Stadtrat. Sonnenklar: Der Angriff konnte nur von faschistischer Konterrevolution unternommen worden sein, und der ahnungslose Stadtrat habe sich in Ermangelung jeglicher Wachsamkeit kapitulantenhaft vor ihren Karren spannen lassen.

Aus Verblüffung erwuchs Heiterkeit. L. setzte noch eins drauf: »Ihr seid doch Schauspieler, nun zeigt mal, was ihr könnt.«

Die jüngste Kabarettistin, sie sollte es noch weit bringen, begriff als Erste: »Wir müssen bei der Staatssicherheit Anklage erheben!«

Und sie steigerten sich, dass es eine Lust war. Der Stadtrat hatte auf offener Bühne den Protestierern – es waren Kursanten der SED-Kreisparteischule – eine Aussprache in seinen Räumen zugesichert; zum vereinbarten Termin erschien kein einziger. Aber die »Pfeffermüller« waren alle da und Zwerenz und L. auch. Es seien Werktätige gewesen, barmte der Stadtrat, er sei daheim angerufen worden und sofort hingeeilt. Leipzigs Urgestein Ursula Schmitter lieferte einen perfekten Zornesausbruch ab: Sie sei von einem Banditen am Arm gepackt und beinahe misshandelt worden!

Es war ein wunderbarer Erfolg. Den »Pfeffermüllern« wurde das volle Vertrauen ausgesprochen. Pause bis Weihnachten, dann ein neues, optimistisch-sozialistisches Programm! Ihr schafft das, ihr seid doch die Kerle danach! Reinhold nickte zustimmend namens seiner Mimen.

Die Folgen: Kurz vor Prozessbeginn zwei Jahre später riet L. einem Vernehmer: »*Und sagen Sie dem Staatsanwalt, er möge nicht von dieser Geschichte anfangen, sonst müsste ich nämlich auspacken, wer die Leute damals wirklich waren.« So wurde L. nur verurteilt, an einem Programm der »Pfeffermühle«, das abgesetzt werden musste, mitgewirkt zu haben. Dass seine Szenen harmlos waren, blieb unberücksichtigt. Wie viel bekam er anteilig? Mehr als drei Monate wohl nicht.*

Kinkerlitzchen, Posse. Das wirklich Richtungsweisende geschah auf dem 29. Plenum des SED-Zentralkomitees zwischen dem 12. und dem 14. November in Ostberlin. Es galt, die Lehren aus dem zu ziehen, was infolge des XX. Parteitags in Polen und Ungarn und an Gärungen in der DDR geschehen war. Nach vorn oder zurück?

Den Bericht des Politbüros sollte Karl Schirdewan geben. Als er einen Entwurf vorlegte, kritisierten ihn Ulbricht und Honecker scharf, er habe die deutsche Frage aufgebauscht, die NATO verharmlost, die konterrevolutionären Attacken in Ungarn und Polen unterschätzt und den Verräter Lukács nicht verurteilt. Innerparteilichen Debatten trete er nicht prinzipienfest genug entgegen. Schirdewan wehrte sich und warnte davor, von den Erkenntnissen des XX. Parteitags abzurücken. Die ungarische Explosion führte er darauf zurück, dass Parteiführer Rákosi keine Lehren aus Chruschtschows Wendung gezogen hatte und deshalb gestürzt und aus dem Land gejagt worden war. Erregt rief Schirdewan, er wolle vermeiden, dass es Ulbricht wie Rákosi ergehe. In der Praxis: Die Gewerkschaften sollten nicht schablonenhaft die Politik der SED kopieren und die bürgerlichen Blockparteien behutsamer einbezogen werden.

Die Genossen diskutierten außergewöhnlich, man darf sagen: absolut offen; das Ende war keineswegs vorgegeben. Paul Wandel, Fritz Selbmann, Kurt Hager, Fred Oelßner, Albert Norden und einige weitere argumentierten leidenschaftlich, man könne Krisen wie in Polen und Ungarn in der DDR nur abwenden, indem man mit den Menschen vertrauensvoll über ihre Probleme rede. Sorgen und Probleme ernst nehmen, zuhören! Grete Wittkowski forderte, mit den ehemaligen SPD-Genossen in der SED behutsamer umzugehen, und Bruno Leuschner mahnte, bei jedem politischen Schritt zu bedenken, ob er ökonomisch zu verantworten sei. Der andere Flügel mit Ulbricht, Alfred Neumann, Peter Florin, Willi Stoph, Paul Verner und Otto Winzer wendete sich genauso vehement dagegen: Gerade die lasche, opportunistische, windelweiche Auslegung des XX. Parteitags habe zu den Krisen in Polen und Ungarn geführt. Es sei keinesfalls der richtige Zeitpunkt, Debatten anzuschieben oder auch nur zuzulassen, Kontrollmittel aus der Hand zu geben, einer Fehlerdiskussion Tür und Tor zu öffnen. Waren denn die Folgen des Neuen Kurses von 1953 vergessen, die in die Turbulenzen des 17. Juni geführt hätten? Kurt Hager blieb bei seinem Optimismus, die offene Diskussion, angestoßen vom XX. Parteitag, sei in Fluss gekommen und »nicht mehr aufzuhalten«. Die Ulbricht-Fraktion setzte sich durch. Die Würfel waren gefallen. Nichts davon wurde dem gemeinen Mann, der braven Frau an der SED-Basis mitgeteilt. Das Kommuniqué blieb blass, blutleer. Die Beschlüsse in all ihren Beziehungen und Konsequenzen zu durchdenken und verständlich zu kommentieren, hätte der Ideen- und Sprachkraft einer Rosa Luxemburg bedurft. Solch eine Persönlichkeit existierte in der SED nicht, schlimmer, sie wurde von den Hartköpfen um Ulbricht noch nicht einmal vermisst. Von denen, die zum Opfer dieser Beschlüsse wurden, hätte sich manch einer, hätten sich die meisten nicht weiter auf ab sofort verbotenes Terrain vorgewagt, sondern ihre plötzlich parteifeindlichen Pläne eingesargt oder sich wieder der vermuteten Weisheit der Führung gebeugt. Schwierigkeiten mit bitteren Folgen für gutgläubige und -willige Genossen konnten so nicht ausbleiben – kein Problem für Ulbricht. Den führenden Hobler hatten Späne, Menschen in diesem Fall, noch nie interessiert.

In den Justizorganen, der Polizei und der Staatssicherheit sickerte von oben nach unten die frohe Kunde, wurde geflüstert und erleichtert zur Kenntnis genommen: Es bleibt alles beim Alten, Genossen, wer eine Fehlerdiskussion anzettelt, kriegt eins auf den Deckel wie schon vor drei Jahren nach dem 17. 6. Wer uns ans Leder will, sollte um seine eigene Haut besorgt sein. Hatte da etwa jemand Stalinbilder von der Wand nehmen wollen? Aber!

4. Kapitel: Ein Mann fällt um

I

Da stürmte einer enthusiastisch die abwärtsfahrende Rolltreppe hinauf. Niemandem erzählte er von seinen Plänen. Endlich wahrte er die verzweifelt gebotene Konspiration zum eigenen Schutz und zu dem anderer.

Am 1. November 1956 fuhr Wolfgang Harich nach Westberlin und betrat das Landesbüro der SPD in der Nähe des Nollendorfplatzes. Dem stellvertretenden Vorsitzenden Braun stellte er sich als Mitglied einer oppositionellen Gruppierung innerhalb der SED vor. Er fürchte Unruhen in Ostberlin und Mitteldeutschland und bat Braun, in diesem Fall mit beruhigenden Aufrufen den Massenzorn zu dämpfen. Vor allem aber sei er am Gedankenaustausch über einen speziellen deutschen Weg zum Sozialismus interessiert. Braun erwiderte, er halte jede Gewalt für ein Unglück, das die SPD zu vermeiden trachte, und wolle seinen Landesverband von Harichs Wünschen in Kenntnis setzen. Sie verabredeten sich für den übernächsten Tag. Aber schon am 2. November eilte Harich sorgenvoll wieder nach Westberlin. Dort widersprachen ihm Braun und ein jüngerer Angestellter: In der DDR seien allenfalls Teile der Intelligenz in Aufregung, doch wohl mehr von Katzenjammer als von Revolutionsgelüsten erfasst. Harich möge heimfahren und sich entspannen.

In Harichs »Keine Schwierigkeiten mit der Wahrheit« von 1993 ist zu lesen, am 3. November habe er in der SPD-Zentrale einen älteren Mann angetroffen, der sich Weber nannte und eröffnete, er sei »alles andere als Marxist« und für ein Gespräch, wie Harich es wünsche, ungeeignet. Am 6. November stellte Weber ihm einen jungen Kollegen als »Siegfried« vor und drückte dem Besucher einige Broschüren des Ostbüros der SPD mit DDR-kritischem Material in die Hand. Das Ostbüro hielt zu dieser Zeit Verbindungen zu SPD-Mitgliedern in der DDR, die der Vereinigung mit der KPD nicht zugestimmt hatten; es arbeitete abgeschirmt und wurde von der DDR als Agentenzentrale bekämpft. Harich: »Bei der ersten, der längsten Begegnung, in einer Villa in Dahlem, in den Nachtstunden vom 6. zum 7. November, hatte ich dem ›Siegfried‹ ausführlich unsere Konzeption dargelegt und mit ihm stundenlang über sie diskutiert. Ulbricht, Honecker und Hager haben aus diesem Umstand später die Behauptung hergeleitet, dass mir die Konzeption vom Ostbüro diktiert worden sei. Es ist dies eine der vielen Verleumdungen, mit denen ich jahrzehntelang politisch isoliert worden bin. Ich muss sie dementieren. ›Siegfried‹ hat mich politisch und ideologisch nicht im Geringsten beeinflusst.«

»Siegfried« fragte. Dass Harich und seine Mitstreiter verschiedene Prozesse innerhalb ihres leninistischen Weltbilds langsamer, geschmeidiger, sozusagen bekömmlicher gestalten wollten, hielt er für unerheblich. Brach Harich an irgendeiner Stelle mit der Diktatur? Den Gewerkschaften sollte in Form von Arbeiterräten nach jugoslawischem Vorbild eine gewisse Form von Mitsprache eingeräumt werden, na schön. Aber wenn es zum *Konflikt* kam, wer bestimmte dann? Die Partei wohl doch? Kosmetik, befand »Siegfried«. Die Hauptsache werde nicht angetastet, die *Machtfrage* nicht gestellt. *Gewaltenteilung*, ein zentraler Punkt westlicher Demokratie, war kein Thema für den aufgeregten jungen Mann aus Ostberlin. »Siegfrieds« Neugier sank. Sie verabredeten keine weitere Begegnung.

Beziehungen zu ehemaligen Mitstudenten nutzend, knüpfte Harich Kontakt zum »Spiegel« und traf Herausgeber Rudolf Augstein am 26. November in Hamburg. Augstein zeigte sich lebhaft an Harichs Ansichten und Plänen interessiert, sah ihn jedoch in Gefahr, als er vom Besuch bei Puschkin und der Warnung Ulbrichts hörte. Aus »Keine Schwierigkeiten mit der Wahrheit«: »Er schlage mir vor, nicht zurückzureisen, sondern im Westen zu bleiben. Er werde alles tun, mich finanziell fürs Erste zu unterstützen, mir Verbindungen zu schaffen, mich beruflich zu fördern. Ich erwiderte, ich könne nicht einfach einhalten auf dem Weg, den ich beschritten hätte, könne die Gruppe nicht sich selbst überlassen und mich aus dem Staub machen. Außerdem lebten wir im Osten nicht mehr unter Stalin. Die Partei könne auf dessen Methoden nach dem XX. Parteitag nicht mehr zurückgreifen, das sei ein für allemal vorbei. Falls ich die Flinte jetzt ins Korn werfen sollte, würde ich mich unmöglich machen. Augstein ließ nicht locker. Er verwies darauf, dass die Sowjets es in Ungarn auf Bürgerkrieg und militärisches Dreinschlagen hätten ankommen lassen.«

Zwei Tage lang führte Harich in Hamburg Gespräche mit Zeitungsleuten, darunter KP-Genossen, über Möglichkeiten, seine Plattform oder Auszüge daraus zu veröffentlichen – er erhielt eine höfliche Abfuhr nach der anderen. Seine hanseatischen Gesprächspartner kamen schlecht zurecht mit diesem flinkzüngigen Berliner, der einen Maßanzug trug, sich als Kommunist bezeichnete und die Damen mit Handkuss begrüßte. Ein Kommunist, der es für immerhin wesentlich hielt, innerhalb seiner Partei herzlicher miteinander umzugehen, sich nicht gegenseitig einzusperren oder umzubringen. Ohne den widerwärtigen Ulbricht, aber sonst? Glaubte er wirklich, die SPD könne nach einem Wahlsieg mit dieser SED zur deutschen Einheit finden? Die Wirtschaft solle weniger zentralistisch gegängelt werden, aber nicht frei nach marktwirtschaftlichen Maßstäben agieren dürfen? Gerade habe sich die SPD zum freien Markt durchgerungen, noch immer grummelten altbackene Grüppchen dagegen an. Was Harich wollte, war wenig und für sie letztlich unbrauchbar.

Am 29. November flog Harich nach Westberlin zurück. Eine Bekannte beschwor ihn, dort zu bleiben – an der Freien Universität hätte er beste Aussichten. »Nach unserem gemeinsamen Mittagessen begab ich mich in den Ostsektor zum Aufbau-Verlag, in das Arbeitszimmer Jankas, der sofort auch Just zu sich kommen ließ. Nur kurz konnte ich ihnen über Hamburg berichten. Wichtiger war ein Befehlsempfang bei Ulbricht für Chefredakteure, zu dem Zöger zitiert worden war. Den scharfen Attacken gegen den ›Sonntag‹ hatte der nachgegeben, sich zur Veröffentlichung einer redaktionellen Selbstkritik verpflichtet und die auch geschrieben. Just hatte in der Redaktion heftig dagegen protestiert. Janka bestärkte ihn darin und fluchte auf Zöger.«

Gustav Just erinnert sich, Harich sei »glänzendster Laune« gewesen, aus ihm sei hervorgesprudelt, im Westen bestehe enormes Interesse am Versuch, den Kommunismus wieder in Fahrt zu bringen. Man habe ihm angeboten, Zeitungsartikel mit diesen Inhalten zu drucken. Janka und Just rieten sofort ab, damit würden ihre Absichten diskreditiert. Just: »Als ich Harich über die bevorstehende Parteisitzung informierte, machte er seine üblichen Witzchen: Dich werden sie absetzen und mich einsperren, dann ist nachher wenigstens jemand zum Rehabilitieren da.«

Die unmittelbar darauf folgende Parteiversammlung verlief turbulent. Zöger bot umfassende Selbstkritik an und stand damit für eine Weile außerhalb der Schusslinie. Drei Funktionäre aus dem Apparat des Zentralkomitees hackten auf Just ein: Er sei der Urheber des falschen Kurses, die Redaktion habe sich von ihm zu distanzieren. Just: »Aber siehe da, die

Genossen machten das Spiel nicht mit, stellten sich vor mich, alle erklärten sich kollektiv für verantwortlich. Eine lahme Entschließung wurde angenommen, mit der sich die Instrukteure nicht einverstanden erklärten. Weitere Versammlungen sollten folgen.«

Harich fuhr nach Hause. Vermutlich geriet er nie wieder in seinem noch langen Leben in eine so vor Enthusiasmus sprühende, siegesgewisse Stimmung. Alles sei hervorragend gelaufen; seiner Freundin versicherte er, sie sei schöner als alle Nutten von Sankt Pauli zusammen. Nach wenigen Minuten wurde Sturm geklingelt und gebrüllt: »Aufmachen, Kriminalpolizei!« Harich versuchte, das Manuskript seiner Plattform in den Ofen zu stecken, aber die Stasi-Männer waren schneller. Sie erklärten Irene Giersch und Harich für verhaftet und brachten sie nach Hohenschönhausen in den U-Knast. Zur selben Minute wurden Hertwig und Steinberger in ihren Wohnungen festgenommen. Hausdurchsuchungen folgten. Die Staatsmacht, seit Monaten auf der Lauer, schlug zu.

Harichs Verhaftung wurde noch während der Parteisitzung im Aufbau-Verlag bekannt – Harichs Mutter telefonierte sofort in alle Richtungen – und löste Bestürzung und Wut aus. Just eilte zu Janka. Aus Justs Erinnerungen: »Mich beschlich ein unheimliches Gefühl. Aber noch waren wir naiv, dachten, Harich hätte sich anderswo mit irgendwas eingelassen. Wir glaubten, weil wir es wünschten, der Schlag gegen Harich sei nicht gegen uns gerichtet.«

Am nächsten Vormittag flüchteten sich Fritz J. Raddatz und ein befreundeter Assistent der Germanistik, Mitdiskutierer im »Donnerstagskreis«, ins Café Möhring am Kurfürstendamm. Sie waren nachts telefonisch gewarnt worden und entschlossen sich, am sicheren Port zu bleiben, traurige Hühnchen auf der Flucht vor Ulbrichts Habichten. Da trat der ahnungslose Hans Mayer ein, zurück von einem Besuch bei Max Frisch in der

Schweiz und auf dem Weg nach Leipzig. Als er von Harichs Festnahme erfuhr, explodierte er. Er müsse sofort zu Bloch. Das wollen wir doch mal sehen! Und ihr beide, ordnete er an, schert euch sofort zurück, nichts gibt es mit dem Westen. Wenn ihr hier bleibt, endet ihr als Söldner der Imperialisten, liefert den Hartköpfen in der SED billige Munition, und der gesamte »Donnerstagskreis« fliegt in die Luft! Zerknirscht taten Raddatz und sein Gefährte, wie ihnen geheißen.

Allzu klug war der Rat des Professors nicht. Die Männer in den Ledermänteln, die Raddatz tags darauf abholten, und ihre Auftraggeber hatten andere Auffassungen. Zehn Tage lang befragten sie Raddatz in der Normannenstraße. Raddatz stellte sich dumm, vergesslich und kam mit dem Schrecken davon. Vorerst.

In den Tagen nach Harichs Verhaftung gelang im Aufbau-Verlag niemandem geregelte Arbeit. Janka: »Becher, der über einen direkten Draht zu Ulbricht und zur Staatssicherheit verfügte, rief an. Empörte sich, dass es wieder Verhaftungen gäbe. Anna Seghers, Ernst Bloch, Arnold Zweig, Willi Bredel, Hanns Eisler, sein Bruder Gerhart, Helene Weigel-Brecht, Bodo Uhse und andere wollten wissen, warum Harich verhaftet worden war. Ich musste sie alle damit abspeisen, dass ich nicht mehr wisse als sie. Nur Becher machte ich darauf aufmerksam, dass er doch die Leitung zur Staatssicherheit in Anspruch nehmen könne, wenn er Genaueres erfahren wolle.«

Harichs Mutter hatte die Rechtsanwältin Gentz um Beistand gebeten. Sie wendete sich an Janka, er möge zum Anwalt Friedrich Kaul Verbindung aufnehmen, der verfüge über heiße Drähte nach oben. Nach einigem Schwanken stimmte Janka zu. Gemeinsam fuhren sie zu Kaul. Sie mussten im Vorzimmer warten, die Sekretärin teilte ihnen mit, noch sei ein Mandant bei ihrem Chef. Nach einer Weile ging dieser Mandant an ihnen vorbei, es war Markus Wolf, ein aufstrebendes Talent im

MfS. Kaul lehnte ab, etwas für Harich zu tun: So harmlos, wie Frau Gentz und Janka die Dinge darstellten, wären sie keinesfalls; politische Differenzen seien kein Grund für eine Verhaftung. Dahinter stecke anderes.

Janka und seine Frau waren mit einem Ehepaar aus Prag im Hotel »Newa« verabredet, erprobten Genossen, die im Zusammenhang mit dem Slansky-Prozess bittere Erfahrungen gemacht hatten. In Jankas Erinnerungen: »Bei aller Freude über das Wiedersehen war der Abend im ›Newa‹ durch das, was die Gäste aus Prag erzählten, bedrückend. Da Mantel und Aktentasche im Büro geblieben waren, fuhr ich zurück in die Französische Straße. Zu meinem Erstaunen wurde nicht geöffnet. Ich musste energisch klopfen, bis der Pförtner die Tür einen Spalt öffnete. Auf die Frage: ›Warum werde ich nicht eingelassen?‹, antwortete der Pförtner: ›Ich darf heute niemanden hereinlassen. Gehen Sie schnell weg.‹ In der Annahme, dass es sich um einen Scherz handele, sagte ich: Was soll der Blödsinn? Machen Sie auf!«

Der Pförtner ließ Janka ein und berichtete, die Staatssicherheit habe ihren Besuch angemeldet. Janka versuchte, den Mann zu beruhigen, sicherlich sollte Harichs Büro durchsucht werden. Auf seinem Schreibtisch ordnete Janka Druckbögen und Mappen so, dass er später sehen konnte, ob sich jemand daran zu schaffen gemacht hatte. Eine Titorede, in der die Ereignisse in Polen und Ungarn analysiert wurden, nahm er mit. Den Pförtner bat er, ihn anzurufen, sobald die Staatssicherheit das Haus verlassen hatte. Das geschah gegen fünf am Morgen. Der Pförtner berichtete, vier Männer hätten sich die Schlüssel zu Jankas Büro geben lassen, auch die Buchhaltung hätten sie durchsucht, nicht aber das Zimmer von Harich. Als Janka zur üblichen Zeit sein Büro betrat, sah er sofort, dass die Papiere auf dem Schreibtisch anders lagen. Der Safe war mit einem Nachschlüssel geöffnet worden. »Mein

Zorn über das beleidigende Verhalten war maßlos. Ich musste mich zusammennehmen, um nicht die Nerven zu verlieren.« Dieser alle anderen Regungen überlagernde Zorn sollte die nächsten Jahre nicht aus ihm weichen.

Für neun Uhr war Janka bei Minister Becher angemeldet. In der verbleibenden Zeit diktierte er eine Beschwerde über die Durchsuchung seines Büros; der Sekretärin zitterten die Hände. Becher erklärte sofort, er könne über Harich nicht mehr sagen, als in der Westpresse stehe. Er ging auf und ab, beklagte seine Ohnmacht: Die Staatssicherheit könne machen, was sie wolle. Janka legte seine Beschwerde vor, Becher las sie und versprach, sie an Ulbricht oder Wollweber weiterzureichen; Janka hatte nicht den Eindruck, sich darauf verlassen zu können.

Als er in den Verlag zurückkam, wartete Harichs Mutter bereits auf ihn. Überall habe man sie abgewiesen, niemand sei für sie zu sprechen. Janka versicherte, sich um einen Anwalt zu bemühen, den der Verlag bezahlen werde, auch wolle er das Gehalt ihres Sohnes auf ihr Konto überweisen lassen. Das war wenig, andere Wege sah er nicht. Kaum war Frau Harich gegangen, als sich Isot Kilian einfand. Sie war mit Harich verheiratet gewesen, sie hatten eine gemeinsame Tochter, an der sie beide hingen. Nach ihrer Scheidung wurde sie Mitarbeiterin und Geliebte von Brecht. Sie kam im Auftrag von Helene Weigel, die über die Verhaftung von Harich empört war. Ihrer Meinung nach könne Janka als Einziger etwas unternehmen; er möge sie am Nachmittag in ihrer Wohnung aufsuchen. Als nächster tauchte Willi Bredel auf, fragte nach Gründen für Harichs Verhaftung. Aus Leipzig rief Ernst Bloch an, klagte und schimpfte. Am Telefon Anna Seghers: »Kannst du es einrichten, mit mir zu essen? Ich muss dich sprechen.« Sie verabredeten sich für ein Uhr in den Ratskeller von Pankow. Filmautor Kurt Stern berichtete über Streit im Schriftstellerverband, wie der Aufstand in Budapest einzuordnen sei. Auf der Treppe erfuhr Janka von einem Verwaltungsangestellten, der Pförtner, der nachts die Stasi ins Haus gelassen hatte, sei in die Psychiatrie eingewiesen worden; seine Frau erzähle »wirres Zeug«.

Anna Seghers fragte während des Essens, ob Janka bereit sei, mit ihr Sowjetbotschafter Puschkin aufzusuchen, er habe ihr mehrfach Hilfe angeboten. Janka hielt davon nichts. Er vermutete Spitzel am Nebentisch. Anna Seghers hielt es für ausgeschlossen, dass auch Janka verhaftet würde. Er sei seit dreißig Jahren in der Partei, Arbeiter, Spanienkämpfer, und habe einflussreiche Freunde in aller Welt. Als Anna Seghers und Janka das Lokal verließen, erhoben sich die Beschatter ebenfalls.

Im Verlag empfahl ein Mitarbeiter Janka, für ein paar Tage abzutauchen, nicht nach dem Westen zu fliehen, er bot ihm an, sich in seiner Wohnung zu verstecken. Janka lehnte ab. Er fuhr in die Charité und erfuhr vom verstörten Verlagspförtner, »die Genossen von gestern« seien wiedergekommen und hätten gesagt, er sei krank und müsse sofort in eine Klinik. Mit einem Sanitätsauto hätten sie ihn hergebracht. Janka versuchte ihn zu trösten, er werde bald entlassen werden, das half nicht. Der Pförtner ergriff seine Hand und weinte.

Janka fuhr zu Helene Weigel und wurde ins Schlafzimmer geführt. »Heli« lag auf dem Bett, umgeben von Bücherstapeln und altmodischen Möbeln. Brecht habe nach dem XX. Parteitag der KPdSU gesagt, bei Rückfällen in den Stalinismus müsse man »die Arbeiter in den Streik führen«. Janka wendete ein, zweihundert streikende Verlagsangestellte wirkten lächerlich. Die Witwe des großen Theoretikers verwies auf die Leuna-Arbeiter, bemühte Lenin. Am Ende des fruchtlosen Gesprächs waren sie sich einig: Das Dilemma bestand in der Isolierung der Intellektuellen von den Arbeitern.

Im Verlag erfuhr Janka, Männer in Ledermänteln hätten das Haus betreten. Sie kamen ihm auf der Treppe hastig entgegen und drängten ihn in sein Zimmer. »Sie sind verhaftet.« Kreidebleich stand die Sekretärin hinter ihrem Schreibtisch. Das Telefon klingelte, Janka durfte den Hörer nicht abnehmen. Er fragte nach dem Haftbefehl und las: »Leitung einer staatsfeindlichen Gruppe, die das Ziel verfolgt, die Regierung Otto Grotewohl, Walter Ulbricht und Johannes Dieckmann zu stürzen, das Politbüro der SED unter der Führung von Walter Ulbricht, Otto Grotewohl, Karl Schirdewan und Hermann Matern gewaltsam zu beseitigen.«

Eine Mitarbeiterin trat ein und teilte mit, Minister Becher wünsche Herrn Janka telefonisch zu sprechen. Die Stasi-Leute verboten es. Sie führten Janka die Treppe hinunter an seinen Kollegen vorbei, die aus ihren Zimmern getreten waren. Diese Art der Verhaftung war einmalig, in allen anderen Fällen ging sie bewusst unauffällig vonstatten. Hier sollte Macht demonstriert werden, Einschüchterung war das Ziel. Noch bevor Janka das Haus verlassen hatte, wurden ihm Handschellen angelegt.

Mit der Festnahme von Janka und Harich waren dem Aufbau-Verlag die Köpfe abgeschlagen. Er stürzte ab ins Mittelmaß, seine politische und literarische Vorreiterrolle war beendet. Das sollte sich bis zum Untergang der DDR nicht ändern.

2

Die Folgen im Verlag waren Ratlosigkeit, Empörung, Zorn. Die meisten Parteimitglieder waren überzeugt, bei der Verhaftung Jankas handele es sich um eine Maßnahme untergeordneter Stellen, sehr bald würde sie von der Spitze her korrigiert werden – ein Rückfall in den Stalinismus, der die zwangsläufige Entwicklung nicht aufhalten konnte. Davon berichtete Joachim Wenzel seinen Freunden in Leipzig. Mit Zwerenz, Naumann, den Schröder-Brüdern urteilte auch L. in diesem Sinne. Sorgen um sich machten sie sich nicht. Abwarten, meinten sie, nicht vorprellen.

Die Parteiführung hatte der Redaktion des »Sonntag« einen »Berater« zugeteilt, Klaus Gysi. Gustav Just würde nicht mehr zu halten sein, das wurde ihm bald klar. In einer Kette von Versammlungen wurden seinem Stuhl die Beine abgesägt, der Vertrag mit ihm aufgelöst; das Gehalt sollte ihm drei Monate lang weitergezahlt werden. Er zog sich in die Stille der Dübener Heide zu seinen Eltern zurück, streifte durch den Wald, brachte seine Gedanken zu Papier. Heinz Zöger, dem es nicht schwerfiel, in die altgewohnten Bahnen der Parteidisziplin zurückzukehren, war nun alleiniger Chefredakteur. In der Neujahrsnummer des »Sonntag« schrieb Klaus Gysi: »Vom ›Stalinismus‹ zu sprechen ist schädlich, spaltet die Arbeiterbewegung und erschüttert darüber hinaus die Zusammenarbeit der Friedenskräfte, weil dieser Begriff grundfalsch ist. Er desorientiert. Warum? Die Kritik am Personenkult und an Stalin selbst war und ist eine Kritik bestimmter Fehler, die der sozialistischen Ordnung widersprechen, ihr fremd und schädlich sind, ohne dass sie diese Ordnung selbst jemals aufgehoben hätten.«

Der »Spiegel« erschien am 19. Dezember 1956 mit einem Foto Harichs auf der Titelseite und der Unterzeile: »DIE ZELLE IST GEHEIZT – Verhafteter Jung-Professor Wolfgang Harich (siehe ›Sowjetzone‹)«. Der zehnseitige, wie damals üblich nicht gezeichnete Artikel begann mit einem ausführlichen Lebenslauf des Königsberger Bürgersohns, garniert mit einem Foto aus dem Familienalbum, Klein-Wölfchen nebst Schwesterlein auf dem Rücken eines Gauls, den der Papa am Zügel hält. Harich als Student, in den Kriegswirren, bei

Ulbricht in Berlin, Eintritt in die KPD, die Schauspielerin Käthe Dorsch ohrfeigt den unverschämten Kritiker. Anton Ackermann und sein deutscher Weg zum Sozialismus, Merker wird verhaftet, Ulbricht steuert seinen rabiaten Kreml-Kurs und wettert gegen Gomulka und Tito. Der Artikelschreiber beziehungsweise das Autorenkollektiv fegt durch die ostdeutsche Nachkriegsgeschichte. Rudolf Pechel über Harich: »Ich erblickte ein kleines zierliches Männchen von 23 Jahren, einen Jüngling zwischen Konfirmation und Portokasse.« Begegnungen mit Lukács und Bloch, informiert erweist sich der »Spiegel« über das Gespräch mit Puschkin und die Warnung Ulbrichts. Gegen Ende: »Der Clou aller Harichschen Aktivitäten in den letzten Wochen war seine Idee, Walter Ulbricht müsse sich von seinem Posten zurückziehen.« Über Paul Merker: »Wie weiland in Mexiko wollten sich wieder einmal Intellektuelle hinter seinem Rücken verschanzen. Wolfgang Harich und seine Freunde liebäugelten mit dem Gedanken, den Paul Merker als ›deutschen Gomulka‹ auf den Schild zu heben.«

Kein Wort über Janka. Am Schluss dieser äußerst spekulative Hoffnungs-Ballon: »Harich sitzt inzwischen optimistisch und guten Mutes in seiner Zelle, die sogar ausreichend beheizt ist, und bekommt seines kranken Magens wegen die vorgeschriebene Diätnahrung. Verschiedene der Anschuldigungen hat er schon entkräften können. Über seinen Rechtsanwalt hat er auch eine gewisse Verbindung nach draußen. Ein Mittelsmann der sowjetischen Botschaft in Ostberlin ließ inzwischen wissen, das Untersuchungsverfahren gegen Harich werde nicht mehr lange dauern.«

3

Wie jeder, der zur Vorbereitung eines der Revisionistenprozesse – so hießen sie später DDR-amtlich – in Haft kam, wurde auch Harich mit einem Spitzel zusammengesperrt. Und wie fast jeder fiel er auf diesen Trick herein. Der Drang des Menschen, sich auszusprechen, Anteilnahme zu erhalten, Mitgefühl zu spüren, dominiert gegenüber elementarer Vorsicht.

In Harichs Erinnerungsbuch: »Von drei einander abwechselnden Vernehmern – einem bösen, einem mürrischen, einem liebenswürdigen –, mitunter im Beisein ihrer Vorgesetzten, wurde ich meist mehrmals täglich und nicht selten bis tief in die Nacht hinein verhört. Die Schwierigkeit bestand dabei nicht in verborgenen Wahrheiten, die man mir mühselig hätte entreißen müssen, sondern in der Fülle und Komplexität eines an sich längst bekannten Stoffs, der, formgerecht und für Ankläger und Richter leicht überschaubar, binnen ganz kurzer Zeit zu Papier gebracht werden musste.« Wenn Harich stockte, standen Zeugenaussagen und Dokumente bereit, nach Gegenüberstellungen mit Steinberger, Hertwig und Irene Giersch gab das Vernehmertrio den Protokollen den letzten Schliff. In der Kellerzelle wartete der hilfsbereite, mitfühlende Spitzel. Da Harich fürchtete, ihre Gespräche würden belauscht, flüsterten sie und erfanden Decknamen für Freund und Feind. Harichs Widerstand gegen rabiate Formulierungen in den Protokollen ließ rasch nach.

Dem Erzähler steht über diese Phase im Wesentlichen nur Harichs Buch »Keine Schwierigkeiten mit der Wahrheit« zur Verfügung. Seinem Sturz vom verwöhnten, umschwärmten Groß- und Feingeist in den Kellerkerker der Geheimpolizei hatte er wenig entgegenzusetzen. Er wurde weder geschlagen noch mit Schlägen bedroht, von Wasserzelle war nicht die Rede. Luftmangel, Bewegungsmangel, unzureichende Verpflegung zeigten Wirkung. Vernehmung, Vernehmung, noch mal von vorne, na also, warum nicht gleich! Protokoll, der Versuch, eine Formulierung abzuschwächen, nach einer halben Stunde gegenüber einem anderen Vernehmer war das bisschen Energie verbraucht. Darauf bestand »das Untersuchungsorgan«: Die Gespräche mit Puschkin und Ulbricht durften im Prozess nicht erwähnt werden. Kein Wort über gesamtdeutsche Intentionen und Ziele, über Planspiele in Richtung SPD! Keine Silbe über Brecht, der die Entmachtung des Parteiapparats empfohlen hatte. Harich schreibt von »gewaltigem Druck« und »Androhung fürchterlicher Konsequenzen«. Wahrscheinlich wurde er mit der Todesstrafe bedroht. Anfang März 1957 habe Staatsanwalt Melsheimer mit ihm eine stundenlange Generalprobe abgehalten und dabei rückhaltlose Reue gefordert.

In einem weiteren Fall, bei Ralf Schröder, werden ähnliche Verhaltensweisen zu beobachten sein. Aus einem hektischen Aktionisten, der sich und seine Freunde blindlings in den Strudel riss, wurde ein fügsamer, zerknirschter, im Sinne des Staatsanwalts vorbildlicher Angeklagter. Menschen mit solchem Charakter wollen immer vorne sein, Beifall hören, sind selbstverliebt, harmoniesüchtig, Verführer und gleich darauf Verräter.

Die Justiziarin des Aufbau-Verlags, Frau Gentz, schlug Harichs Mutter Rechtsanwalt Masius als Verteidiger vor. Ihn ließ das Gericht nicht zu; er habe sich auf »krumme Dinge« eingelassen. Kurz darauf verschwand er nach dem Westen. Nun empfahl die Staatsanwaltschaft ihrerseits einen Verteidiger. Harich akzeptierte ihn. Der Mann bestand nicht auf Akteneinsicht, saß während des Prozesses stumm dabei und forderte schließlich noch nicht einmal eine milde, sondern eine gerechte Strafe.

Die Hauptverhandlung gegen Harich, Steinberger und Hertwig fand zwischen dem 7. und 9. März 1957 vor dem

Obersten Gericht der DDR statt. Das Verfahren gegen Irene Giersch war abgetrennt worden. Das Bezirksgericht Potsdam verurteilte sie bald danach wegen Verletzung der Anzeigepflicht zu acht Monaten Gefängnis. Nach fünf Monaten kam sie frei.

Bei allen Prozessen dieser Art klafften Differenzen: Einmal, was von den Angeklagten gesagt, geplant, gedacht oder gehofft worden war, zum zweiten, was sie zugaben, verharmlosten, abstritten, leugneten oder verschwiegen, zum dritten, was Untersuchungsorgane und Staatsanwälte in ihr gewünschtes System pressten. Harich war im Sinne der Anklage absolut pflegeleicht. Drei Monate im Stasikeller, genannt »U-Boot«, hatten ihn weich gemacht fürs Einschwenken auf die Terminologie seiner Verfolger. Ein Pesthauch von 1938, von der Gespensterei der Moskauer Prozesse wehte durch den Ostberliner Gerichtssaal. Auf den Besucherbänken Anna Seghers, Helene Weigel, Willi Bredel, Bodo Uhse. Die drei Angeklagten Harich, Steinberger und Hertwig zeigten sich voll geständig. Für den zweiten Verhandlungstag war unter anderem Gustav Just als Zeuge geladen, aus der Einsamkeit der Dübener Heide war er kurz vorher nach Berlin zurückgekehrt. Es war der 8. März, der Internationale Frauentag. Seine Frau hatte fürs Abendessen eine Ente vorbereitet. Auf der Treppe des Gerichts gaben Anna Seghers und Helene Weigel, die den Verlauf des ersten Tages erlebt hatten, Just die Hand, er deutete ihre Mienen als aufmunternd.

Gustav Just in »Zeuge in eigener Sache«: »Es war wie eine Erlösung von der quälenden Spannung, als ich endlich, es ging schon auf den Abend, in den Zeugenstand gerufen wurde. Ich nahm allen Mut zusammen, wollte ich doch Harich helfen, seine Unschuld zu beweisen. Die Rede war stets von einer ›Plattform‹, einer ›Gruppe‹, und ich wusste aus dem Studium der Geschichte der KPdSU nur allzu gut, wohin solche Formulierungen zielten, gegen die ich mich, wie auch später bei den Verhören, strikt wehrte. Überrascht wurde ich durch die Frage, ob ich gewusst hätte, dass Harich unsere ›Plattform‹ über den RIAS verbreiten wollte. Ich wusste nicht gleich, was damit gemeint war, bis es mir einfiel: ›So war das nicht. Als ich Harich aufforderte, unsere Gedanken niederzuschreiben und als Artikel an die ›Einheit‹ oder ans ZK zu schicken, sagte er, wir müssten aber dem ZK drohen: Falls es den Artikel nicht diskutiert, werden wir ihn an den RIAS schicken.‹

›Also doch!‹, schrie mich der Generalstaatsanwalt an. ›Sie haben also von Harichs Absicht gewusst!‹

Ich erwiderte, das sei doch nicht Harichs Absicht gewesen, sondern eine leere Drohung, die ich nicht ernst genommen habe. Das ZK hätte uns doch umgehend festnehmen lassen, wenn wir unserem Brief eine so blödsinnige Drohung beigefügt hätten. Und so habe ich es Harich auch gesagt, und der Punkt sei nie wieder zur Sprache gekommen.

Da erhob sich Melsheimer, ganz und gar Exekutor der Staatsmacht, und brüllte – eine andere Tonart kannte er für Verbrecher unserer Art nicht: ›Wenn Sie der bisherigen Verhandlung beigewohnt hätten, würden Sie verstehen, warum ich Sie jetzt verhaften lasse!‹«

Just wurde abgeführt. Wenig später traf Heinz Zöger das gleiche Geschick.

Bitter erging es Paul Merker. Der Mann, der drei Jahre lang im »U-Boot« eingesperrt gewesen war, zwei Jahre lang standgehalten und dann ein »umfassendes« Geständnis abgelegt hatte, Werkzeug der CIA und des Weltzionismus gewesen zu sein, wurde dringlich und inquisitorisch nach dem Bußtagstreffen befragt. Merker räumte ein, es habe einen konspirativen Charakter gehabt, leider habe er das zu spät bemerkt. Dort sei er mit der konterrevolutionären Konzeption Harichs überrumpelt worden, habe ihr nicht zugestimmt, sei ihr aber auch nicht entgegengetreten. Nach lautstarkem Drängen Melsheimers gab er zu, die Absetzung Ulbrichts sei als notwendig bezeichnet worden. Vor allem sei er aufgefordert worden, Ulbrichts Funktion als Generalsekretär zu übernehmen. Er könne sich nicht erinnern, wer ihn dazu hatte drängen wollen, Janka oder Harich – doch wohl der Letztere. Melsheimer drohte, Merker sei um ein Haar einer Verhaftung entronnen, nur absolute Offenheit könne ihn in Zukunft davor retten. Merker verließ den Zeugenstand gedemütigt, taumelnd. In Zeugenaussagen gegenüber Janka spielte er bald darauf den Part der Anklage. Er war ein gebrochener Mann, für Ulbricht keine Gefahr mehr. In den folgenden Jahren erhielt er als Außenlektor des Verlags Volk und Welt ein Gnadenbrot (wie Janka nach seiner Haftentlassung bei der DEFA). Seine Fügsamkeit wurde irgendwann mit dem Vaterländischen Verdienstorden belohnt, in den letzten Lebensjahren durfte er Kreisvorsitzender der Gesellschaft für deutsch-sowjetische Freundschaft in Königswusterhausen sein. Er starb fünfundsiebzigjährig 1969 in Berlin.

Die Beschuldigten ließen den Prozess widerstandslos über sich ergehen. Die Zuschauer begriffen, was sie begreifen sollten. Der Generalstaatsanwalt wies mit ausgestrecktem Finger auf die Angeklagten und schrie: »Das da sind Feinde unseres Staates!« Harich dankte der Staatssicherheit, ihn beizeiten und nicht erst in einem Stadium, in dem er für die Todesstrafe reif gewesen wäre, verhaftet zu haben – später wollte er das als Ironie gewertet wissen. Das Oberste Gericht verurteilte gemäß Artikel 6 der Verfassung wegen Boykotthetze Harich zu zehn, Steinberger zu vier und Hertwig zu zwei Jahren Zuchthaus. Die Angeklagten nahmen die Urteile sofort an.

4

Gegen vier am Nachmittag hatte Gustav Just zu Hause sein wollen, es wurde sechs. Seine Frau wartete. Die Kinder drängelten, sie wollten mit einem eben erst angeschafften Gerät Sahne schlagen. Gegen sieben gingen sie wie gewohnt zu Bett. Um acht traf das befreundete Ehepaar Piltz ein. Heide Just rief bei Zöger an, niemand nahm ab. Gegen zehn Klingeln an der Wohnungstür, drei Männer: Hausdurchsuchung! Das Ehepaar Piltz durfte gehen. Die Durchsuchung werde am kommenden Vormittag vorgenommen, unterdessen würden sie in der Wohnung bleiben. In Heide Justs »Sprecherlaubnis« ist aufgeschrieben: »Mein Herz rast, nur ein Gedanke ist in mir: Gustl, ich bin bei dir, auf welcher Pritsche du auch liegst, ich bin ja da, nicht verzweifeln! Einen vertrauten Menschen hier haben... ›Darf ich einen Genossen aus dem Haus holen?‹ Sie schauen mich an, einer nickt stumm, er begleitet mich bis zur Tür, die Tür soll ich offen lassen. Ich läute bei Otto Holub, dem Fernsehkollegen und guten Freund, sage ihm, dass die Staatssicherheit bei mir ist, sein Blasswerden verstehe ich, er möge doch bitte für eine Weile mit hochkommen. Er setzt sich zu den Dreien, sie fragen ihn, ob er Skat spielt. Sie spielen. Später erzählt er mir, dass er in einem fort verloren hat.«

Gegen neun am nächsten Morgen kam Verstärkung, weitere drei Männer. Sie gingen gründlich zu Werke, ließen sich Schmalfilme vorführen. Sie beschlagnahmten Briefe, Tagebücher, 13 Westmark und 300 tschechische Kronen. Unterdessen wusste Heide Just aus der Zeitung, dass ihr Mann und Zöger im Gerichtssaal festgenommen worden waren. Freunde und Verwandte riefen an. Am Abend war ihr Vater bei ihr.

In der Frühe des 11. März ging sie zum Gericht – keine Sprechzeit. Tags darauf wurde sie zum Staatsanwalt Jahnke vorgelassen, der unfreundlich beschied, sie solle in drei bis vier Wochen wiederkommen. »In meiner Not suchte ich alte Bekannte auf, zunächst Anna Seghers, aber es war vergeblich, sie wusste nichts und konnte nicht helfen. Und sie hatte offenbar Angst. Als ich unten klingelte, machte sie zwar auf, aber oben in der Wohnungstür wimmelte sie mich ab: ›Weißt du, Heide, da gegenüber wohnt doch der Gysi.‹ Dann Becher. Sein persönlicher Referent Thümmler empfing mich. Auch er konnte nicht helfen, weil die Sache in den Händen der Staatssicherheit sei. Er versprach jedoch in Bechers Namen finanzielle Hilfe, falls ich in Not geriete.«

Mit Walter Janka kamen die Vernehmer miserabel voran. Das MfS fuhr von der ersten Stunde an schwerstes Geschütz auf und beschuldigte ihn, im Aufbau-Verlag eine konterrevolutionäre Gruppe gebildet zu haben mit dem Ziel, die Regierung Otto Grotewohl und das Politbüro der SED unter Führung Walter Ulbrichts zu stürzen. Beseitigung der sozialistischen Errungenschaften, Rückkehr zum Kapitalismus – Janka bestritt jedes Wort. Einige Mal tauchte Staatssekretär Erich Mielke in der Vernehmerzelle auf, brüllte und pöbelte. Beide kannten sich aus dem Spanischen Bürgerkrieg und waren dort hart aneinandergeraten. Kommunisten vermochten ein wenig andere Kommunisten mit der gleichen Intensität zu hassen wie dereinst Lutheraner die Papisten, Calvinisten die Wiedertäufer. Die Daumenschrauben und Scheiterhaufen ersetzten sie durch Parteiausschluss, Zuchthaus, Arbeitslager, Genickschuss und Hieb mit dem Eispickel.

Schon nach wenigen Wochen Haft im Keller meldeten sich bei Janka ältere Krankheiten, Atembeschwerden infolge einer überwundenen Tbc, Amöbiasis der Leber und Leberabszesse. Er wurde in eine ebenerdige Zelle verlegt und bekam bessere Verpflegung. Die Vernehmung drehte sich im Kreis. Als erfahrener Genosse müsse er der Partei mit seinem Geständnis einen Dienst tun – dieser Griff in die Mottenkiste der stalinschen Schauprozesse zog nicht.

Unterdessen trafen die ersten Schreiben aus dem Ausland bei führenden Stellen der DDR ein. Es fragten, mahnten, protestierten unter anderem Katia und Erika Mann, Halldór Laxness, Leonhard Frank, Lion Feuchtwanger, Günther Weisenborn, Johannes von Guenther, Hermann Hesse und Hermann Kesten. Von seinen Freunden innerhalb der DDR versuchten ihm Katja und Erich Arendt, Arnold Zweig und Hanns Eisler durch Anfragen und Appelle beizustehen. Janka schreibt in »Spuren eines Lebens«: »Um den Protesten etwas entgegenzusetzen, ließ Ulbricht sofort ein paar Schriftsteller zur Feder greifen. Bestimmte dafür Autoren, die bis zu meiner Verhaftung ein gutes Verhältnis zu mir gehabt hatten. Willi Bredel, Bodo Uhse, Johannes R. Becher, Alexander Abusch und andere... Auch Verlegerkollegen mussten aktiv werden. Sie wurden in die Bundesrepublik und ins Ausland geschickt, um jene Schriftsteller, die für mich eintraten, aufzuklären. Es zeigte sich aber, dass alle diese Versuche erfolglos blieben. Louis Aragon in Paris empfing sie nicht einmal. Fedin in Moskau gab sich nicht dazu her, Erklärungen gegen mich abzugeben.«

Bald war den Anklägern klar, dass Janka noch lange nicht in einem Prozess präsentiert werden konnte. Selbstverständlich wusste Janka nicht, in welchem Maß Harich unterdessen eingeknickt war, nichts vom Urteil gegen ihn und der Verhaftung von Just und Zöger. Stur blieb er bei seinem Standpunkt. Immer wieder wollten die Vernehmer erfahren, welche Kontakte er zum Ostbüro der SPD gehabt hätte. Keine Gefahr.

Am 18. März 1957 schloss die Betriebsparteiorganisation des Aufbau-Verlags Walter Janka aus der SED aus. Nur der todkranke Cheflektor Max Schroeder verweigerte sich. Joachim Wenzel hob die Hand gegen seinen ehemaligen Verleger mit schlechtem Gewissen, das er mit vielen, sicherlich den meisten

Genossen um ihn teilte. In Leipzig berichtete er davon. L. besann sich auf ein Verfahren während seiner Zeit bei der »Leipziger Volkszeitung«, als der Hofarbeiter Michaelis als Trotzkist entlarvt und aus der SED und dem Betrieb geworfen worden war – L. hatte dabei seinen parteitreuen Part gespielt, nicht alles verstehend und billigend, aber der Anweisung übergeordneter Organe folgend. Sie erinnerten sich an einen Spruch von Johannes R. Becher: »Lieber hundert Mal mit der Partei irren, als sich einmal gegen sie stellen.« Oder stammte er von Stalin? Auch dies hatte ihnen Becher eingehämmert: Wenn es zu Widersprüchen zwischen der Führung und einem einzelnen Genossen kam, hatte der Genosse die Schere zu schließen, nicht etwa die Partei, die allmächtige Mutter.

Der Druck auf Janka verstärkte sich. Ein alter Mann wurde in die Vernehmerzelle geführt. »Ängstlich gebeugt, nicht links noch rechts blickend, schlich er auf den Schreibtisch zu, vor dem er mit dem Rücken zu mir Platz nahm. Ich erkannte den Mann sofort: Paul Merker. Dass er mich in der Ecke sitzen gesehen hatte, war zu vermuten. Aber er nahm keine Notiz von mir. Da ich aber Merker noch als Freund betrachtete, sagte ich: ›Tag, Paul. Wie geht es?‹ Er antwortete nicht. Drehte sich auch nicht um.«

In den Vernehmungen der letzten Wochen hatte das Bußtagstreffen eine zentrale Rolle gespielt. Nun gab Merker an, es habe konspirativen Charakter getragen, leider habe er das zu spät bemerkt. Auch sei darüber gesprochen worden, den Genossen Ulbricht zu stürzen. Wer ihn aufgefordert hätte, an dessen Stelle zu treten, Harich oder Janka? Es sei doch wohl Harich gewesen.

Die Aussagen von Merker, dem alten Gefährten, waren für Janka eine schmerzliche Enttäuschung. Auch Steinberger und Hertwig wurden ihm als Zeugen vorgeführt, sie trugen nach ihrer Verurteilung schon Gefängniskleidung. Er hatte sie zuvor nie gesehen.«Unbefangen erzählten sie Einzelheiten über die geplante Konterrevolution. In Harich sahen sie das theoretische Oberhaupt der Bewegung. In mir den Altkommunisten, der die organisatorische Führung übernommen habe. Anfänglich kam mir das völlig verrückt vor. Ich sagte: ›Unterlassen Sie die Tricks. Die kommen bei mir nicht an.‹ Dann aber gewann ich den Eindruck, dass es sich bei Steinberger und Hertwig nicht um Verrückte handelte. Ich wies ihre Aussagen in allen Punkten zurück.«

Walter Jankas Untersuchungshaft dauerte acht Monate.

5

Nach rabiaten Siegen über den Jazzer Reginald Rudorf und die Kabarettisten der »Pfeffermühle« richteten die führenden Genossen Leipzigs ihr Augenmerk wieder auf Zwerenz. Sein »Leipziger Allerlei« und das Gedicht »Die Mutter der Freiheit heißt Revolution« zogen sie aus der Schublade und machten sich ans entlarvende Werk. Am 30. Januar 1957 lud die Bezirksleitung einige hundert Genossen des »kulturellen Sektors« in einen Nebensaal der Kongresshalle am Zoo. L. wurde von Siegfried Wagner ein wenig gezaust wegen seines Artikels über den »Klub junger Künstler«, Zwerenz geriet voll unter Beschuss. Wagner zitierte Bruchstücke aus dem Revolutionsgedicht und versuchte den Nachweis zu erbringen, Zwerenz habe verschlüsselt zur Konterrevolution aufgerufen. Zwerenz im »Widerspruch«: »Oben auf dem Katheder stehend angesichts der versammelten Masse von Genossen, wurde mir das Vergebliche meiner Argumentation klar. Ich suchte denn auch lediglich gegen Wagner anzukämpfen und ihn dermaßen zu korrigieren, dass eine möglichst große Anzahl der Anwesenden still bei sich an der Berechtigung der Anklage zweifeln sollte. Ich musste ihnen innerlich nahelegen, sie erschüttern in ihrer falschen Gelassenheit, sie durften nicht in die ärmliche, beschämende Selbstsicherheit der Stalin-Ära zurückfallen, in der das Wort der Partei alles, die Wirklichkeit aber gar nichts galt.«

Wieland Herzfelde wagte den Einwand, der XX. Parteitag der KPdSU unterliege unterschiedlichen Wertungen und ob man sich mit der Kritik an Zwerenz nicht arg weit von den Intentionen des Genossen Chruschtschow entferne. Schon Herzfeldes Diktion unterschied sich von den gestanzten Formulierungen Wagners, hier sprach ein Mann, der sich eigener Aufbrüche erinnerte. In der Pause ging Herzfelde auf Zwerenz zu und gratulierte ihm zu seiner Verteidigung.

Im »Riss«: *L. meldete sich nicht zu Wort, er saß wie gelähmt. Hier wurden verschiedene Sprachen gesprochen, auf verschiedenen Gleisen gedacht. Er begriff Wagner und Kurella nicht, nicht den Kunstdozenten Ulitzsch, der die 3. Deutsche Kunstausstellung pries, diese schreckliche Blüte stalinistischer Kunstauffassung, und nicht die Professoren Maßloff und Fischer, die nach der kräftigen Führungshand der Partei riefen und klagten, monatelang im Stich gelassen worden zu sein. Gestandene Stalinisten durften ungerügt nach dem alten Zaumzeug lechzen, aber Zwerenz und L. galten als Feinde.*

Während die führenden Genossen sich in einem Nebenraum berieten, stärkten andere Zwerenz den Rücken: Sie hielten Wagners Angriff für weit überzogen. Das Präsidium kehrte zurück. Zwerenz im »Widerspruch«: »Kurella blieb hinter meinem Stuhl stehen und rief über meinen Kopf Wieland Herzfelde zu: ›Diese jüngeren Genossen wollen einfach nicht begreifen, dass die Partei klüger ist.‹ Herzfelde antwortete mit einem verlegenen Lächeln. ›Solche Aufstände haben wir schon vor Jahrzehnten erlebt‹, fuhr Kurella fort, ›die jungen Genossen verstehen nicht, dass sie sich der Partei unterordnen müssen.‹ Da lief Herzfelde ein feiner Schimmer von Röte übers Gesicht. Wagner hielt eine zweite Rede, sein Schlusswort. Die Oppositionellen wurden endgültig verdonnert und zu Parteifeinden erklärt. Bevor Wagner die Veranstaltung schließen konnte, erbat Wieland Herzfelde aufgeregt noch einmal das Wort. Totenbleich stand er dann dort oben vor den Versammelten und erklärte, er habe sich nicht mit Parteifeinden verbünden wollen. Danach kam er mehr taumelnd als schreitend herunter und setzte sich auf seinen Platz, mir gegenüber, noch immer bleich und blicklos.«

Eiskalter Winter, L. zog sich hinter seinen Schreibtisch zurück. Zur Deutschen Bücherei stapfte er durch einen Friedhof, auf dem die Großen der Leipziger Verlegerzunft begraben lagen, der Eisenbahnpionier List, der Homöopath Schwabe. Den wundersamen Wissensspeicher, dank einer Bescheinigung des Schriftstellerverbandes auch die gesperrte Abteilung, den »Giftturm«, nutzte er für seine Vorhaben, das waren Kriegsgetümmel an der Ostfront und Intrigen des Obernazis Doktor Ley. Sein Sohn Thomas ging nun zur Schule, neugierig fragte er nach allem um und über ihm, auch nach dem lieben Gott, der sicherlich in den Kirchen wohnte. Die dreijährige Gitta horchte am Bauch der Mutti, wo ein Geschwisterchen wuchs. L. suchte heimisch zu werden in Leipzig, dem Gewandhaus, den Buchhandlungen. Annelies und er wagten es, Hans Mayer zum Abendessen einzuladen. Manfred Naumann wurde als Professor an die Universität Jena berufen, er war 31, stolz zurecht, bewundert von Kollegen und Rivalen. Für ihn waren die politischen Räusche des vergangenen Jahres erledigt, seine neue Aufgabe ließ keine Zeit für fruchtlose Debatten.

In der Deutschen Bücherei traf L. in einer Rauchpause mit Ralf Schröder zusammen, der von ungebrochenen Aktivitäten unter Slawisten berichtete. Ehrenburgs »Tauwetter« habe er zur Pflichtlektüre bestimmt. Auch in Halle seien Sympathisanten am Werk. L. fragte besorgt und apathisch, ob denn das alles noch einen Zweck habe. Schröder beharrte: Wir sind stärker, als du denkst.

Im Parteilehrjahr der Grundorganisation der Leipziger Autoren saßen Zwerenz und L. nebeneinander. Der Blochschüler referierte über Hegels Ästhetik. Das war eine Extrawurst, die sie sich brieten ohne Absegnung oder Protest von oben. Die Sekretärin, Kontaktperson »Büro«, die die Hände von Zwerenz bewunderte, meldete der Firma: Keine besonderen Vorkommnisse. Einmal schickte die Bezirksleitung zwei mindere Chargen, sie sollten die Genossen anstiften zum Kampf gegen Zwerenz. Wie bitte? Alles ausdiskutiert, kein weiterer Bedarf. Zwerenz und L. zitierten Chruschtschow, Marx, Lenin, sogar Ulbricht, sie warfen sich Bälle zu, herablassend und in frohem Spott. Auf dem Nachhauseweg fragten sie sich, wie viele Siege dieser Art sie sich noch würden leisten können.

Am 3. März 1957 beschloss die Staatssicherheit Leipzigs den Operativplan »Gruppenvorgang Subjekt«. Ziel der Bearbeitung sei, an die Elemente Loest und Zwerenz GI, Geheime Informanten, anzusetzen oder frische Zuträger aus deren Freundeskreis herauszubrechen. Ein Vertrauter Loests sei Inoffizieller Mitarbeiter der Hauptabteilung Aufklärung, der Truppe von Markus Wolf. Diese Spur konnte durch den Chronisten nicht verfolgt werden, weiteres Material ist wohl vernichtet worden, auch die Suche in der Rosenholtz-Kartei brachte nichts. Der KP »Büro« wurde aufgetragen, Loest unter dem Siegel der Verschwiegenheit mitzuteilen, sie habe hundertprozentig in Erfahrung gebracht, gegen ihn und Zwerenz solle ein Parteiverfahren durchgeführt werden. Bei Zwerenz werde Ausschluss angestrebt, Loest könne bei kräftiger Selbstkritik milder davonkommen. Die Stasi hielt fest:

»Die KP äußerte, dass sie einen weiteren Ansatzpunkt darin sieht, sich um die Ehefrau von LOEST zu kümmern, da diese

hochschwanger ist und niemand in Leipzig ist, der sich kümmern könnte. Die KP machte in diesem Zusammenhang noch weitere brauchbare Vorschläge. Abschließend sagte die KP, dass sie von LINDEMANN erfahren hat, dass LOEST geäußert hat, dass er zu Hause noch Manuskripte habe, die, wenn sie bekannt würden, seine Verhaftung zur Folge haben würden. Die Verlobte des ZWERENZ, Ingrid HOFFMANN, welche an der Karl-Marx-Universität studiert, ist durch Referat 1 aufzuklären. Schwerpunkt ist ihre politische Einstellung sowie ihre moralische Haltung. Gleichfalls sind die Freundinnen der H. zu beachten. Mit dieser Maßnahme soll erreicht werden, entweder eine Freundin der H. oder bei moralischen Schwächen einen geeigneten GI auf der Linie Universität an die H. anzusetzen.
Verantwortlich: Simon. Olt.«

Bloch, Bloch! Ein Kosmos. Als junger Mann schrieb er: »Besonders in der schöpferischen Arbeit wird eine eindrucksvolle Grenze überschritten, die ich als Übergangsstelle zum noch nicht Bewussten bezeichne. Mühe, Dunkel, krachendes Eis, Meeresstille und glückliche Fahrt liegen um diese Stelle. In ihr hebt sich, bei gelindem Durchbruch, das Land, wo noch niemand war, ja, das selber noch niemals war. Das den Menschen braucht, Wanderer, Kompass, Tiefe im Land zugleich.«
Bloch gab sich nicht damit zufrieden, den Menschen als an eine bestimmte Klasse gebunden zu begreifen. Er wollte das vor und seit Marx aufgetürmte Wissen und Denken einbeziehen, Nietzsche, Hegel, C. G. Jung, Adorno, Philosophen, die von orthodoxen Marxisten in die idealistische Ecke verbannt worden waren. Der Marxismus müsse aus seiner Starre herausfinden, verkündete Bloch nach Chruschtschows Fensteröffnung, Schach statt Mühle müsse endlich gespielt werden. Lukács galt als sein stärkster Verbündeter, der aber wurde in

Ostberlin als Vorbereiter des ungarischen Debakels angesehen. Parteigruppen an der Leipziger Universität liefen gegen Bloch Sturm, munitioniert aus Ulbrichts Arsenalen. Aus dem gefeierten Nationalpreisträger wurde im Handumdrehen ein Feind.

Im März 1957 entließ die Karl-Marx-Universität den unbotmäßigen Professor. Seinen Assistenten wurde harsch empfohlen, sich von ihrem Lehrer zu distanzieren. Das tat Hans Pfeiffer, nach tiefem Tal arbeitete er sich später wieder hoch, zwölf Jahre lang war er Vorsitzender des VS in Leipzig, schrieb Stücke und Filme über Scharnhorst, Müntzer und Marx, erhielt den Nationalpreis und gehörte bis zum Zusammenbruch der DDR der Leipziger SED-Bezirksleitung an. Hin und wieder schickte er eines seiner Bücher nach Tübingen an die Adresse Blochs, die Päckchen kamen ungeöffnet zurück. Jürgen Teller wurde zur Bewährung in die Produktion geschickt, dort riss ihm eine Maschine den rechten Arm ab. Bloch besuchte ihn im Krankenhaus. Gegen Günter Zehm kämpfte in Jena eine hartgesottene Universitätsparteileitung mit Unterstützung der lokalen SED-Presse. In ihr waren Journalisten am Werk, denen bei ihrer Ausbildung Schmalspur-Leninismus verbunden mit unbedingter Parteitreue eingeimpft worden war und die, wenn es kompliziert wurde, zum Hammer griffen. Die Universitätsleitung untersagte Zehm jede Lehrtätigkeit. Er berichtet: »Einen Monat später musste ich die Universität endgültig verlassen. Die Zeitungen schrieben drohend, man werde zu verhindern wissen, dass solche Elemente wie ich etwa in der Industrie oder Landwirtschaft unterschlüpften, um dort ihre zersetzende Tätigkeit fortzusetzen. Als Bloch, der sich mir freundschaftlich verbunden und in gewisser Hinsicht für mich verantwortlich fühlte, nach Jena kam, um sich zu erkundigen, was denn nun mit mir geschehen solle, sagte ihm einer der Parteifunktionäre brutal ins Gesicht: ›Für den gibt es nur noch eine Alternative, entweder er geht nach dem Westen oder er hängt sich auf.«

Zehm blieb in seiner Wohnung, Kommilitonen besuchten ihn, einem Freund lieferte er Texte, die unter anderem Namen angeboten und verkauft wurden. Am 5. Juni 1957 bestellte die SED-Stadtleitung Zehm zur »Regelung einer formalen Angelegenheit« in ihr Büro. Als er dem Pförtner seinen Personalausweis vorlegte, behauptete der sofort, das Dokument sei gefälscht. Funktionäre eilten herbei und hielten Zehm fest. Schon war die Staatssicherheit zur Stelle und brachte ihn nach Gera, wo sie ein Verfahren einleitete. Im Juli wurde er wegen eines Passvergehens zu drei Monaten Gefängnis verurteilt. Das Ganze hatte nur den Sinn, verbreiten zu können, Zehm sei beileibe nicht wegen seiner politischen und philosophischen Gedanken, sondern wegen einer popligen Passgeschichte aus dem Verkehr gezogen worden. Über dem Schreibtisch seines Vernehmers hing ein Stalinbild wie in allen derartigen Räumen in Leipzig, Halle und Berlin.

Im »Riss«: *Parteiausschluss von Karola Bloch, und Zwerenz hatte nun nicht nur Artikel und Gedichte, sondern auch die Treue zu seinem Lehrer zum Problem. Paul Fröhlich wetterte auf einer Bezirksleitungssitzung gegen alle Ab- und Aufweichler, wer nicht mit ihm deckungsgleich dachte, hieß für ihn Konterrevolutionär. In der LVZ: »So haben sich Genossen Zwerenz und Loest im vergangenen Jahr weniger mit der Politik der Partei beschäftigt, um so mehr aber haben sie unter der Flagge des Kampfes gegen den Dogmatismus Auffassungen in die Partei getragen, die im Wesentlichen mit denen der Konterrevolution und des ungarischen Petöfi-Kreises sowie der Gruppe Harich übereinstimmen. In der Zeitschrift des Kulturbundes SONNTAG fanden sie dafür eine Plattform. Mit diesen Auffassungen wird sich nunmehr die Grundorganisation der Schriftsteller im Bezirk Leipzig auseinandersetzen müssen.«*

Noch wäre für L. Zeit gewesen zu bereuen: Ich hab mich geirrt, Genossen, und danke für die klärende Hilfe! Natürlich hätte er ins Schlammbad der Selbstkritik steigen und in hämischer Öffentlichkeit Steine auf Bloch, Harich, Janka, Just und Zwerenz werfen müssen, ein Scham-Artikel in der »Leipziger Volkszeitung« wäre ihm nicht erspart geblieben. *Aber er zuckte, als er Fröhlichs Schelte las, die Schultern: Er würde das Gegenteil beweisen, das wollte er doch mal sehen. Eine Alternative wusste er nicht, undenkbar wäre es für ihn gewesen, nach Westdeutschland zu gehen. Das galt ihm als Adenauers kapitalistischer, revanchistischer Staat, dorthin verschwanden ehemalige Nazistudienräte und bezogen fette Pensionen, dort saßen die Blutrichter Freislers im Amt, dort erschienen die Bücher von Dwinger und Skorzeny. Zunächst hätte er die Spionagebüros der Amerikaner, Briten und Franzosen durchlaufen müssen, ehe er aufgenommen worden wäre – unzumutbar. Die kalten Krieger vom RIAS und vom Ostbüro der SPD hätten nach ihm gegriffen – hätten sie etwa nicht?*

Die Wahl zwischen Pest und Cholera, so sahen Zwerenz und L. ihre Situation. Zu allem Überfluss tauchten bei Zwerenz forsche Männer der Staatssicherheit auf und wollten ihn werben. Nach Berlin sollte er ziehen, dort für Zeitschriften schreiben, die nötigen Verbindungen wollten sie knüpfen. Bei ihren Spaziergängen wälzten Zwerenz und L. auch dieses Problem. Der Bauch von Annelies rundete sich, der von Ingrid nun auch. Heiter saßen die beiden Frauen auf den Parkbänken vor der Deutschen Bücherei, dann griff wieder die Angst um ihre Männer nach ihnen, die drin den Problemen der Deutschen Arbeitsfront und den Weisheiten eines Aristoteles nachspürten.

Die Grundorganisation der Schriftsteller wurde, um neue Mehrheiten zu schaffen, mit der des Literaturinstituts zusammengelegt. Schon in der ersten Sitzung tauchte Hans Vogelsang auf, der Vorsitzende der Kontrollkommission, des Parteigerichts. Wie L. stammte er aus Mittweida, in der Weberstraße hatte er einst neben der Eisenwarenhandlung gewohnt, die L.s Eltern betrieben. Nach drei Jahren bei den Nazis im Zuchthaus arbeitete er still und zuverlässig als Meister in einer Wattefabrik. Sein Sohn war L.s erster Jungvolkführer gewesen. Schon einmal waren sich Vogelsang und L. wieder begegnet, das Resultat war eine Rüge für den nach dem 17. Juni 1953 aufmüpfigen Schriftsteller. Später wurde Vogelsang Ehrenbürger von Mittweida, L. auch, gemeinsam stehen ihre Namen auf einer Tafel im Hof des Rathauses.

Ums »Allerlei« und das Revolutionsgedicht ging es wieder. Natürlich mischte Siegfried Wagner mit, L. fuhr ihm in die Parade. Zwerenz lehnte jede Verurteilung Blochs ab und gelobte gleichzeitig seine Treue zur SED. Wieder zeigte sich eine Parteigruppe nicht bereit, ihn auszuschließen. Da unterbrach Vogelsang. Er habe den Eindruck, der Genosse Zwerenz sage nicht die Wahrheit. Die Kontrollkommission werde sich folglich mit seinem Fall befassen. Dazu brauchte Vogelsang keinen Beweis, es genügte, dass er einen »Eindruck« hatte.

Auf dem Nachhauseweg bedankte sich Zwerenz bei L., der sagte: Ist doch selbstverständlich so. Beiden war schwer ums Herz. Aber für eine wirklich echte Angst reichte ihre Phantasie nicht aus.

L.s Treue zu Zwerenz hatte eine Vorgeschichte. Nach dem 17. Juni 1953 prellte L. mit einem Artikel im »Börsenblatt für den deutschen Buchhandel« vor. In »Elfenbeinturm und rote Fahne« beschuldigte er die Presse der DDR, durch schönfärberische Berichterstattung den Blick auf die wirkliche Misere verstellt zu haben. Als Vorsitzender des Leipziger Schriftstellerverbands brachte er in einer Versammlung vom 23. Juni 1953 eine Resolution ein, in der es hieß: »Wir wehren uns gegen unwahre, lückenhafte und beschönigende Informationen. Beispielsweise wurde im Leitartikel des ›Neuen Deutschland‹ vom 19. 6. gesagt, es sei den Banditen gelungen, ›im demokratischen Sektor von Berlin und in zahlreichen Orten der Republik Teile der Werktätigen, an einigen Orten beträchtliche Teile zur Arbeitsniederlegung und zu Demonstrationen zu bewegen.‹ Am 21.6. stand im Leitartikel der gleichen Zeitung: ›Im sowjetischen Sektor von Berlin wie in einigen anderen Orten der DDR gelang es den Provokateuren durch Täuschung und Betrug, einen kleinen Teil der Werktätigen mit sich zu ziehen.‹ Hier wird also binnen zweier Tage der Tatbestand erheblich verändert. Von der LVZ wurde bisher ein Toter gemeldet. In Leipzig aber weiß jeder, dass es eine ganze Menge von Toten gegeben hat. Auch wehren wir uns gegen unwahre Behauptungen, wie z. B., das ganze Volk stehe geschlossen hinter seiner Regierung (LVZ vom 21.6.). Wir wenden uns vor allem gegen die Versuche, die Demonstrationen zahlreicher Arbeiter lediglich als die Folge von Agentenarbeit darzustellen. Dass die Arbeiter, wenn auch nur für Stunden, den Agenten ins Garn gingen, liegt an der bisherigen falschen Behandlung der Arbeiter durch Regierung und Partei. Das kommt auch in der Erklärung des ZK der SED vom 21. Juni klar zum Ausdruck, wird aber durch Leitartikel und beschönigende Berichte einiger Zeitungen, auch der LVZ, immer stärker vertuscht. Durch diese Verschiebung der Proportionen entsteht eine äußerst gefährliche Selbsttäuschung der demokratischen Kräfte der DDR. Viele Arbeiter, die demonstriert haben, fühlen sich durch eine solche Darstellung mit den Faschisten in einen Topf geworfen.

Wir fordern rückhaltlose Wahrheit. Nur durch sie kann das verloren gegangene Vertrauen breiter Teile der Bevölkerung wiedergewonnen werden, nur durch sie kann verhindert werden, dass die Bevölkerung sich ihre Informationen beim Feind, beim RIAS holt. Die Folge wäre ein neuer, schlimmerer 17. Juni.«

Dieser Resolution wurde einhellig zugestimmt, unter anderem hoben Wieland Herzfelde, Lenka von Koerber, Georg

Maurer, Heinz Rusch und Hildegard Maria Rauchfuß die Hand. Auch drei Gäste aus Berlin zeigten sich einverstanden, darunter der Lyriker Günter Deicke. Als die Leipziger Bezirksleitung der SED und ihre »Leipziger Volkszeitung« im Spätsommer L. als »faschistischen Provokateur« anprangerten, fand L. prominente und entschlossene Verteidiger. Präsidentin Anna Seghers und Gustav Just, zu der Zeit Mitarbeiter der Kulturabteilung des ZK, organisierten Widerspruch. Der ansonsten vielgeschmähte Kurt Barthel, der sich Kuba nannte, brachte Chefankläger Siegfried Wagner aus dem Konzept. L. kam mit einer Parteirüge davon. Fröhlich und Wagner mussten ihre Messer wieder in die Scheide stecken. An diese Unterstützung, die ihn vorerst vor dem Knast bewahrte, erinnerte sich L., als er Zwerenz beisprang.

Im »Riss«: *Am 8. Mai rief L. in den Morgenstunden die Medizinische Hilfe an, mit einiger Mühe stieg Annelies ins Rotkreuzauto. Drei Stunden später schon meldete sie sich am Telefon, ihr war eine rasche, problemlose Geburt gelungen, Robert war auf der Welt, ein gesunder, großer Junge. In der Oststraße versammelten sich Abordnungen, um Kränze zum Friedhof zu tragen, denn es war der Tag der Befreiung vom Faschismus, der Opfer sollte gedacht werden. L. wollte sein Glück mit anderen teilen, so ging er über die Straße an den Stammtisch der Eckkneipe. Eine Runde wollte er geben und noch eine, aber dazu kam er nicht: Drei Kinder, sagten die Nachbarn, du wirst noch merken, was das kostet, die nächste Runde geht an mich.*

Nach einer Woche war Annelies aus der Klinik zurück. Der kleine Kerl gedieh, sein Schwesterchen starrte verzückt auf ihn hinunter. Einmal, abends, sagte Annelies: »Es könnte alles so schön sein.«

5. Kapitel: Kesselschlacht

I

Die Genossen der Sicherheits- und Justizapparate im Bezirk Halle waren von Ulbricht mit ätzendem Zorn gerügt worden, vor und nach dem 17. Juni 1953 versagt zu haben. Ihre ebenso hektische wie barbarische Reaktion war, in einer Nachtsitzung bereits am 21. Juni 1953 die Kleinkriminelle Erna Dorn zum Tode zu verurteilen. Die Presse der DDR, voran Rudolf Herrnstadt in »Neues Deutschland«, verleumdete sie, eine KZ-Bestie gewesen zu sein und auf dem Hallmarkt der Saalestadt in faschistischer Manier gehetzt zu haben. Beides war erfunden. Am 1. Oktober 1953 wurde Erna Dorn in Dresden geköpft.

Auch in Halle war in den Parteigruppen der Intelligenz, kaum in denen der Arbeiter, über Chruschtschows Stalinkritik und mögliche Folgen für die DDR diskutiert worden. Unter den Slawisten der Universität ging es heftig her, in Parteiversammlungen wie in mancher Wohnung. Alle Beteiligten meinten, es sei Genossenpflicht, nach Zusammenhängen und Hintergründen zu fragen. Ein Jahr später, nach Ungarnaufstand und Verhaftungen in Berlin, setzte sich auch unter ihnen die Erkenntnis durch, entgegen anfänglicher Erwartungen von Demokratisierung und Offenheit würde sich fürs Erste in der DDR nichts ändern. Eine Chance schien vertan, niemand konnte mit dem Kopf durch die Wand.

Durch keine aktuelle Notwendigkeit gedrängt, schlug die Staatsmacht zu. Mag Geltungsbedürfnis eine Rolle gespielt haben, der Drang, sich durch Aktionismus und bolschewistische Unerbittlichkeit Ehre, Orden und Beförderungen zu verdienen, wollten die Hallenser den Leipzigern oder sonst wem voraus sein – am 17. Juni 1957, dem vierten Jahrestag ihrer bittersten Niederlage, verhaftete das MfS den Slawisten Dr. Harro Lucht, seine Kollegen Hartmut Harreß und Harry Schmittke und die Dozentin Charlotte Kossuth. Deren Ehemann Leonhard Kossuth berichtet 2002 in einem Buch, das der Geschichte des Verlags Volk und Welt gewidmet ist, an diesem Abend hätten seine Frau und er gerade ihre Wohnung betreten, als die Stasi auftauchte. Zwei Männer nahmen seine Frau mit, die anderen holten den Hauswirt als Zeugen und machten sich an eine Durchsuchung. »Bei unseren vielen Büchern, Manuskripten, Notizen dauerte es bis weit nach Mitternacht. Der ›Zeuge‹ saß schlafend in seinem Sessel... Als ich schließlich ein Protokoll unterschreiben sollte, bestand ich – damit mir nichts untergeschoben werden konnte – zur Sicherheit darauf, alle Papiere und Zettel durchzunummerieren.«

Die Verhaftungen waren sofort offiziell in Parteiversammlungen oder unter der Hand ein Hauptthema, Angst breitete sich aus; ihre Berechtigung wurde höhnischheimlich angezweifelt oder parteibrav geglaubt. Victor Klemperer, zu dieser Zeit Romanistikprofessor in Halle, notierte in seinem Tagebuch, die »Gruppe um Lucht, Harreß habe nach Auskunft des Prorektors Jahn nicht bloß gegen Ulbricht agitiert: Man scheint ihr nachweisen zu können, dass sie Beseitigung der ganzen Regierung, ev. mit Gewalt, angestrebt habe – es werde auf hohe Zuchthausstrafen hinauslaufen.«

Klemperer, als Jude in Dresden zwölf Nazijahre lang in Lebensgefahr – seine, wie es die Nazis nannten, arische Frau Eva hatte ihm die Treue gehalten –, sorgte sich nun um seinen Schwager Gottfried Kirchner, Sprachwissenschaftler, mit den Verhafteten befreundet, umgetrieben von den gleichen Erwartungen und Befürchtungen wie sie. Hätten »die Organe« zwei oder drei weitere Verdächtige festgenommen, wäre er unter ihnen gewesen. So schlug die Gefängnistür vor seiner Nase zu.

Gottfried Kirchner war der Bruder von Hadwig, Klemperers zweiter, um Jahrzehnte jüngerer Frau. Er hatte Slawistik studiert, nach Klemperers Auskunft wirkte er »sehr stattlich, mächtig, höchst intelligentes energisches Gesicht... Leidenschaftlicher und fleißigster Linguist. Sehr eng mit H.(adwig) verbunden, sie haben gemeinsam studiert und gehungert.« Kirchner wurde über Ralf Schröder befragt. Der Vernehmer: »Es geht nicht gegen Ihnen.«

Als L. einige Monate später ebenfalls einsaß, zeigte Hauptmann Wendler bei seiner Vernehmung großes Interesse an »Hobby« Kirchner. War Kirchner da und dort dabei? Hat Ihnen Ralf Schröder einen Brief von Kirchner gezeigt? Wer noch hat »Hobby« erwähnt? Es ist großartig im Knast, wenn man nichts weiß. Nie gehört, nie gesehen, man muss seine Schwindeleien nicht unter Kontrolle halten. L. nahm anfänglich an, es handele sich um eine Frau. Nach einer Weile tauchte »Hobby« Kirchner in L.s Träumen als rassiges Mädchen von dunklem Teint auf, mit dichtem Haar, schräg in die Stirn fallend. Sie fuhr auf dem Rad an ihm vorbei, lächelnd mit schönen Zähnen. L. wollte ihr zurufen, sie möge absteigen, er wolle sie fragen, was sie zu tun gehabt habe mit Schröder und Lucht. »Hobby« winkte, ein wenig traurig wohl auch, und verschwand in der Dämmerung.

Da saßen die vier nun im »Roten Ochsen«, den die Aufständischen des 17. Juni 1953 zweimal berannt und nicht bezwungen hatten. Die Beweislage war sonnenklar. Leonhard Kossuth schrieb über die Debatten in Versammlungen und daheim: »Hier wurden keine Konzeptionen entwickelt, wie sie in Berlin der bereits verhafteten ›Harich-Gruppe‹ angelastet wurden, wohl aber die Abschottung der DDR-Führung gegen Schlussfolgerungen aus dem XX. Parteitag, die Unterschlagung gesellschaftlicher Widersprüche durch die DDR-Presse, die Störung des Empfangs westdeutscher Sender etc. kritisiert.«

Wolfgang Leonhards Bestseller »Die Revolution entlässt ihre Kinder« kursierte auch in diesem Kreis, alle lasen ihn und äußerten sich schockiert. Zu Harry Schmittke sagte sein Vernehmer, Kossuth wäre der Haft haarscharf entronnen, weil er als Einziger diesen parteiklaren Standpunkt vertreten hätte: Selbst wenn alles stimmte, was in diesem Buch stand, hätte es Wolfgang Leonhard nicht preisgeben dürfen, denn es nützte dem Klassenfeind.

Wenn auch alle Fakten auf dem Tisch lagen, war es doch nötig, sie in die von der Staatssicherheit gewünschte Form zu pressen. Aus miteinander diskutierenden Kollegen wurde eine staatsfeindliche Gruppe, aus der Ansicht, Ulbricht müsse zurücktreten, die Absicht, ihn zu stürzen. Mit Harro Lucht hatten die Vernehmer leichtes Spiel. Er avancierte zum Rädelsführer, Harry Schmittke zu seinem Stellvertreter.

Eine Genossin aus dem Umfeld hatte bei einer Reise überstürzt einen Polen geheiratet – Gomulkas revisionistische Ansichten drangen nun auch in die DDR? Das Ehepaar Kossuth kaufte einen Koffer für eine Reise nach England, wo die Schwester des Ehemanns wohnte – sollte während der Fahrt durch die BRD der Feind Wolfgang Leonhard besucht werden? Das konnte nicht bewiesen werden, weil es keine Sekunde lang beabsichtigt gewesen war, aber wo blieb der Gegenbeweis?

Natürlich sprach sich die Verhaftung blitzschnell auch an der Leipziger Universität herum. Ralf Schröder hatte mit Lucht in Kontakt gestanden, ihre politischen Ansichten deckten sich. Luchts Frau geriet mit ihren zwei kleinen Kindern in Not – da machte sich Winfried Schröder auf, um Geld zu sammeln. Er kam auch zu L.; Lucht sei »einer von uns«, vielleicht war auch in diesem Gespräch, bestimmt anderwärts romantisierend von »Roter Hilfe« die Rede. L. gab hundert Mark, später noch einmal fünfzig; da hieß es, Frau Lucht werde mit den Kindern zu ihren Eltern nach Hamburg ziehen, weitere Unterstützung sei unnötig.

Eine Postkarte war geschrieben worden, Ralf Schröder und seine Frau Ingeborg suchten sie verzweifelt – irgendwo in der mit Büchern und Manuskripten vollgestopften Zweieinhalbzimmerwohnung mit Regalen selbst im Klo bis zur Decke hinauf musste sie stecken. Lucht hatte einen Besuch in Leipzig angekündigt und wollte einen »Gesinnungsgenossen« mitbringen. Schröders fanden die Karte nicht. Die Hausdurchsucher wenig später waren besser.

Im »Roten Ochsen«, einem alten, verkommenen Knast, wurde die Notdurft noch immer in Kübel verrichtet. Ja, verhießen die Vernehmer, es gehe zügig auf den Prozess zu. Noch ein zusammenfassendes Protokoll. Noch eine Woche, noch eine. Die Verpflegung war gar nicht einmal so schlecht. Gekehrt wurde selten. Jeden Donnerstagmittag Kartoffeln und Rührei. Eine Wärterin richtete es ein, dass Schmittke als letzter seine Ration erhielt. Sie ließ die Pfanne in Schmittkes Zelle, er kratzte die köstliche Kruste vom Rand und drückte Kartoffeln ins braune Fett. Zwei Jahre später, in Bautzen II, stellten sich die Strafgefangenen 23/59 und 24/59 hungergierig viele Male diese Schlemmerei vor.

2

Anfang Juli 1957 durfte Janka zum ersten Mal mit seinem Verteidiger sprechen. Es war Rechtsanwalt Dr. Friedrich Wolff, um die vierzig, der ihn lächelnd und mit Handschlag begrüßte. Er richtete beste Wünsche von Charlotte Janka aus, ihr und den Kindern gehe es gut. Das sagten und sagen Anwälte immer. Die Vernehmungsprotokolle habe er noch nicht einsehen können, er wisse aber in groben Zügen aus dem Prozess gegen Harich, was Janka vorgeworfen werde. Jetzt erst erfuhr Janka, dass Harich zu zehn Jahren Zuchthaus verurteilt worden war. Wolff fragte, wie sich Janka zu verteidigen gedenke, und Janka antwortete, er werde wie schon in der U-Haft alle Anschuldigungen zurückweisen. Folglich müsse Wolff auf Freispruch plädieren. Wolff nickte; ein Bündnis war ohne Worte besiegelt. Dann kehrte Janka in seine Zelle zurück, vorbei an einem riesigen Stalin-Gemälde im Treppenhaus.

Die Anklage umfasste an die fünfzig Schreibmaschinenseiten. Aus ihr erfuhr Janka auch, wer seine Mitangeklagten waren, Just, Zöger und der ihm unbekannte Rundfunkredakteur Richard Wolf. In »Spuren eines Lebens« von 1991: »Die Anklageschrift gab mir viele Rätsel auf. Ich begriff nicht, warum Nebensächlichkeiten, die nach meiner Meinung mit der Sache überhaupt nichts zu tun hatten, herausgestellt wurden. Zum Beispiel Harichs geplante Reise nach Polen. Mit dem Philosophen Adam Schaff mussten strittige Korrekturen an dessen Manuskript besprochen werden. Der Verlag hatte Schaffs Arbeit vor dem XX. Parteitag unter Vertrag genommen. Die Drucklegung wurde lange vorbereitet. Da Schaff nicht nach Berlin kam, musste sein Lektor irgendwann nach Warschau fahren. Und sein Lektor war Harich.«

Behauptet wurde, Harich habe nach Polen fliegen wollen, um dort seine konterrevolutionären Ansichten zu propagieren; Janka habe ihn dazu ermuntert. Die Anklage versuchte an vielen Punkten zu beweisen, Janka, als der politisch Erfahrene, habe Harich beharrlich zu seinem »verräterischen Treiben« angestachelt.

Der Prozess begann am 23. Juli 1957 und war auf vier Tage angesetzt. Die Angeklagten nahmen auf einer Bank Platz, zwischen ihnen saß jeweils ein Polizist. Der Saal mit seinen dreihundert Stühlen war bereits gefüllt, darunter gesunde junge Männer mit kurzem Haarschnitt. Vorn das Präsidium des Schriftstellerverbands, Delegationen aus anderen Künstlerverbänden, dem Kulturbund und der Humboldt-Universität. Generalstaatsanwalt Melsheimer trat mit seinem Vertreter Jahnke ein, dann wurde ein Sessel gegenüber der Anklagebank aufgestellt, in ihm nahm Hilde Benjamin Platz, die Justizministerin. Sie hatte dieses Amt im Juli 1953 als Nachfolgerin des ehemaligen Sozialdemokraten Max Fechner übernommen, der Ulbricht als zu versöhnlerisch erschien, um mit den Demonstranten des 17. Juni abzurechnen. Fechner wurde wegen kapitulantenhaften Verhaltens zu acht Jahren Zuchthaus verurteilt. Hilde Benjamin war fünfundfünfzig und trug das Haar zu einem Zopf geflochten und um den Kopf gelegt wie vorher die NS-Frauenführerin Scholz-Klink und zu dieser Zeit manch blonde Sennerin in alpenländischem Filmgut. Bisweilen wirkte sie müde, immer trat sie schweren Schrittes ein und ab, aber ihre Augen waren wachsam, »die rote Hilde«. Ihr Leben verlief bruchlos von einer Anwältin, die vor 1933 Kommunisten in Berlin-Wedding verteidigt hatte, darunter eine der Beihilfe an der Ermordung des SA-Führers Horst Wessel Beschuldigte, über die Vorsitzende in Schauprozessen gegen Zeugen Jehovas und die Burianek-Gruppe Anfang der fünfziger Jahre, der Sabotage und Diversion angelastet wurde, bis zur Mitarbeiterin an allen wichtigen Gesetzeswerken der DDR. Von 1954 bis zu ihrem Tod im April 1989 gehörte sie dem Zentralkomitee der SED an. Ein gütiges Geschick bewahrte sie davor, den Zerfall ihres Lebenswerks mitansehen zu müssen; vermutlich hätte sie wie Honecker und Mielke auch noch ein wenig die Schattenseite der Justiz kennen gelernt, die Position einer Angeklagten.

Zu Beginn beschuldigte Melsheimer Georg Lukács, mit den Schriftstellern Tibor Déry und Julius Hay die Partei verraten und die Konterrevolution in Ungarn angeführt zu haben. Diesen Verbrecher habe Janka in die DDR holen und zum Oberhaupt des Angriffs auf den Sozialismus machen wollen. Janka protestierte, wurde verwarnt, da brach Volkszorn los: »Nieder mit den Verrätern! Ins Gefängnis mit den Verbrechern!« Melsheimer ließ die Schreier gewähren, verwarnte sie hinterher milde. Die Schriftsteller unter den Zuhörern, Anna Seghers, Bodo Uhse und Willi Bredel, wurden bleich. Janka will Eduard von Schnitzler gesehen haben, wie er begeistert auf die Tischplatte trommelte. Nach dem Erscheinen von Jankas Memoiren erklärte von Schnitzler, gar nicht am Prozess teilgenommen zu haben, aufgrund von Jankas schwerem Schicksal aber auf eine Klage verzichten zu wollen.

Jankas Bericht: »Auch Heli Weigel, die mir ihre Sympathie durch Zuwinken bekundet hatte, war blass geworden. Dass sich keiner der hier vertretenen Freunde von Lukács dazu aufschwang, gegen die unwahren Behauptungen zu protestieren, war die schlimmste Enttäuschung für mich während des ganzen Prozesses. Anna Seghers, die mich aufgefordert hatte, den bedeutendsten Autor des Verlags zu suchen, ihm wenn möglich zu helfen, damit der siebzigjährige Freund nicht ein Opfer der Aufständischen in Ungarn würde, blieb stumm. Gerade sie hätte sich der Mitverantwortung nicht entziehen dürfen. Schon deshalb nicht, weil sie die namhafteste Frau war, die es sich leisten konnte, ihre Stimme der Wahrheit zu leihen. Selbst Ulbricht hätte es nicht gewagt, sie verhaften oder auch nur belästigen zu lassen.«

Zentraler Anklagepunkt wie schon im ersten Prozess: das Bußtagsgespräch in Jankas Haus. Nichts wirklich Neues kam zur Sprache, aber die Auslegungen waren grundverschieden, sie reichten von familiärem Plausch, bei dem auch politische

Fragen gestreift worden waren, bis zur konterrevolutionären, konspirativen Zusammenrottung. Janka, Just und auch Zöger spielten herunter, Melsheimer donnerte mit schwerstem Geschütz. Zöger versuchte sich zu verschanzen, er habe zu viel Kognak getrunken, um sich erinnern zu können, aber die arglose Zeugin Heide Just fiel ihm ohne Absicht in den Rücken: Zöger trinke doch nie Alkohol seines schwachen Magens wegen. Ihre Aufzeichnungen fallen aus dem Rahmen dessen, was die beteiligten Männer notierten, Liebe, Sorgen und Angst dominieren. »Man forderte uns auf, durch die hohe Tür in den Gerichtssaal zu treten. Keiner machte den Anfang – da ging ich als erste von den mindestens fünfzehn Zeugen. Links thronten die Richter, geradeaus der Generalstaatsanwalt und Jahnke, rechts saß das Publikum, ich stand in der Mitte des Raumes und drehte mich um – Gustl! Mein Mann, klar und fest, du siehst ja nicht schlecht aus, nein, schlecht siehst du nicht aus, wie soll ich mein Empfinden beschreiben – wie herrlich war dieser Augenblick! Mir wurde so leicht – ich sah nur dich! Der Generalstaatsanwalt herrschte uns an: ›Die Zeugen haben sich dem Gericht zuzuwenden!‹ Der Richter: ›Das trifft auch auf Sie zu, Frau Just!‹ So scharf das auch klang, bis zu mir gelangte es nicht, ich sah, wie Gustl die Röte ins Gesicht stieg und er den Kopf wie gegen seinen Willen zum Richtertisch wandte – ich sah aber nicht hin, keiner konnte mir verbieten, Sehnsucht und Liebe und Kraft meinem Liebsten durch mein Anschauen hinzuschicken, keiner. Wir sahen uns an, bis ich wieder den Saal verließ. Diesen Anblick werde ich nie im Leben vergessen.«

In Justs Tagebüchern hatten die Ermittler eine Notiz aus den ersten Wochen des Überfalls auf die Sowjetunion gefunden: »Ein unangenehmes, aber starkes Erlebnis: In einem noch unbesetzten Dorf haben Banden eine Ukrainerfamilie überfallen, den Mann erschlagen, die Frau verprügelt. Sie kommt zu uns.

Wir fahren Spähtrupp, ich dabei. Wir stellten 6 Juden an die Wand. Ein eigenartiges Gefühl, zum ersten Mal einen Menschen zu erschießen. Und wenn es ein Verbrecher ist.«

Die Vernehmer stürzten sich auf diesen Eintrag, bohrten nach. Die Exekution war zu Beginn eines vierjährigen Ostfronteinsatzes geschehen, der unterbrochen wurde durch Verwundungen und wenige Urlaubstage. Dann wieder Panzerschlachten, Rückzüge. Am Ende des Krieges war Just Leutnant, dekoriert mit dem Eisernen Kreuz Erster Klasse. Die Erschießung war in seinem Gedächtnis durch eine Fülle schrecklicher Erlebnisse überdeckt, verdrängt worden. Tote Kameraden und Feinde, brennende Dörfer, Flüchtlingstrecks. Allmählich gab das Hirn Einzelheiten preis. Eine schreiende, weinende Frau, die in die deutsche Stellung rannte. Wer hatte gesagt, dass es sich um Juden handele? Die Frau, der Zugführer?

Ein zwanzigjähriger Soldat befolgt einen Befehl, etwas anderes kam ihm nicht in den Sinn. Später lastete diese Tat auf seinem Gewissen. Mit seiner Frau sprach er darüber in Andeutungen. Das Gericht scherte sich nicht um Einzelheiten, vielmehr donnerte Melsheimer gegen Janka: Mit diesem Nazi-Kriegsverbrecher habe er sich gemein gemacht, er, der sich immer auf seine Vergangenheit als unbeugsamer Kommunist und Spanienkämpfer berufe! Eine Episode – Just wurde nicht wegen der Erschießung angeklagt oder verurteilt. Melsheimers schnaubender Ausbruch bildete moralisierendes, theatralisches Beiwerk.

An die fünfzehn Zeugen traten auf, fast alle aus dem Aufbau-Verlag. Um Arbeitsstil und Autorität ging es zumeist. Joachim Wenzel sprach hocherregt über die Achtung, die er für Janka empfand, Vorbild in politischem Standpunkt und beruflicher Leistung. Im Sinne der Anklage war Wenzel eine Fehlbesetzung.

Endlich präsentierte die Anklage ihr Paradestück, den Zeugen Wolfgang Harich. Höhensonnengebräunt trat er ans Mikrofon. Der Vorsitzende belehrte ihn: Als Verurteilter dürfe er die Aussage nicht verweigern, er müsse die Wahrheit sagen, sonst habe er mit zusätzlicher Bestrafung zu rechnen. Janka erinnerte sich so: »Er sprach wie in seinen besten Zeiten. Jedes Wort, jeder Satz mit Emphase formuliert. Die Stimme ungebrochen. Mit Gesten wie an einem Katheder. Völlig unbefangen. Gelegentlich ein Lächeln, dann wieder tiefer Ernst. Immer mit höchster Bedeutsamkeit. Wie nach einem gewissenhaft ausgearbeiteten Konzept. Bis ins letzte Detail überlegt. Sein Eifer war grenzenlos. Auch seine ganze körperliche Kraft ging in den Redefluss ein. Bis ihm plötzlich die Beine versagen wollten. Der Vorsitzende ließ sofort einen Stuhl bringen. Doch Harich setzte sich nicht. Er musste stehend sprechen, weil er anders nicht ungehemmt reden konnte. Er wiederholte alle seine Selbstbeschuldigungen. Keine Einzelheit wurde ausgelassen. Genau so, wie er es schon in seinem eigenen Prozess getan hatte.«

Melsheimer fragte, ob Janka informiert gewesen sei, dass Harich mit der SPD sprechen wollte. Er habe nur gesagt, antwortete der Zeuge, mit wichtigen Leuten verhandeln zu wollen, die Beurteilung habe er Janka überlassen. Ob während des Bußtagsgesprächs Janka, Just und Zöger seinen Vorschlägen eines Regierungswechsels zugestimmt hätten? »Sie haben nicht widersprochen.« Harich ließ hier und da mancherlei offen: Bei seiner Hamburgreise habe Janka vermuten können oder müssen... Bei seiner Fahrt nach Warschau hätte sich Janka denken können... Janka wäre für seine angestrebte Oppositionsgruppe natürlich der wichtigste Mann gewesen. Aus hingeworfenen Sätzen wurden Ansichten, aus ihnen Absichten, das alte Spiel.

Nach dem eloquenten Harich trat Paul Merker ans Mikrofon, aschfahl, unsicher in seinen Bewegungen. Selbst für die

Justiz der DDR grotesk, possenhaft und eines Kafka oder Ionesco würdig: Zwei Jahre zuvor war Merker in diesem Saal zu acht Jahren Zuchthaus verurteilt worden. Er habe der Spionagegruppe um US-Agent Field angehört, einer Zentrale des Weltjudentums. Staatsanwalt: Melsheimer. Ein Jahr vorher hatte dasselbe Gericht im selben Saal Merker von dieser Anklage freigesprochen. Staatsanwalt: Melsheimer. Beide Prozesse ohne Öffentlichkeit, natürlich. Nun wieder Melsheimer, wieder Merker. Was habe er zu Janka zu sagen? Tapfer im Spanischen Bürgerkrieg, zuverlässig in französischen Lagern, einfallsreicher, durchsetzungsfähiger Leiter eines Emigrantenverlags in Mexiko, nach der Heimkehr...

Das wollten weder Melsheimer noch Benjamin hören. Der Staatsanwalt schrie dazwischen, was am 21. November 1956, am Bußtag in Jankas Wohnung besprochen und beschlossen worden sei, werde verhandelt! Aus dem Protokoll:

»Generalstaatsanwalt Melsheimer: Zeuge Merker, ich habe den Eindruck, dass Ihr Gedächtnis etwas schwach geworden ist seit dem 21. Es ist am 21. sehr viel mehr passiert, als Sie hier gesagt haben, sehr viel mehr, und ich muss Ihnen einiges in Ihr Gedächtnis zurückrufen. Ist Ihnen gesagt worden, als die Gruppe kam, denn es kam die Gruppe, die bestehende Verschwörergruppe, die schon da war, kam zu Janka, dem Gruppenangehörigen, um Sie für die Gruppe zu gewinnen. Haben Sie in der ganzen Unterhaltung niemals den Eindruck gehabt?

Antwort: Es war von den hier Anwesenden nur Janka dort.

Frage: Ich spreche jetzt von der Gruppe, die dort im Aufbau-Verlag bestand, zu der Zöger und Just gehörten, die mit von der Partie waren am 21.

Antwort: Da ist mir nicht gesagt worden, dass man mich für etwas gewinnen will.

Frage: Haben Sie nicht einmal das Gefühl gehabt, dass man Ihre Meinung gewinnen will?

Antwort: Ja, natürlich.
Frage: Ist davon gesprochen worden, dass Sie rehabilitiert werden müssten und ins ZK hinein?
Antwort: Von mir nicht.
Frage: Von wem? Sie nicht, aber die anderen haben davon gesprochen?
Antwort: Mir gegenüber ist nicht davon gesprochen worden.
Frage: Am 21. kein Wort davon?
Antwort: Was mich betrifft, nicht. Es wurde von anderen gesprochen.
Frage: Von wem? Zum Beispiel?
Antwort: Wie ich vorhin schon sagte, von Rau, von Oelßner.
Frage: Die sind ja im ZK.
Antwort: Nein, ich meine...
Frage: Sie meinen als deutschen Gomulka?
Antwort: Da ist mir nichts gesagt worden.
Frage: Als Nachfolger von Ulbricht?
Antwort: Ja.
Frage: Dass Walter Ulbricht weg müsse?
Antwort: Ja, das ist wohl gesagt worden, aber nicht in Bezug auf meine Person.
Frage: Nicht in Bezug auf Ihre Person, aber was meinen Sie wohl, warum man Sie ausgesucht hat, warum man Sie eingeladen hat, meinen Sie, zum Kaffeetrinken? Oder zum Abendbrotessen oder wozu? Man wollte von Ihnen doch eine politische Meinung haben, das war Ihnen doch klar?«

Merkers Ansicht über einen deutschen Weg zum Sozialismus wollte Melsheimer ergründen. Der könne nur mit Einwilligung der Sowjetunion eingeschlagen werden, antwortete Merker. Harich sollte bestätigen, dass Merker durchaus am Bußtag oder wenig später Äußerungen getan habe, es sei von einer *gefährlichen Konzeption* Harichs die Rede gewesen, nicht nur von harmloser Spinnerei. Melsheimer demütigte Merker, der den Zeugenstand in dem Gefühl verließ, die Schlinge um seinen Hals hätte mit einem Ruck zugezogen werden können.

Melsheimer war in Fahrt gekommen. Aus einem Gesprächssatz Harichs, in einem bestimmten Fall könnte man sich mit einer politischen Erklärung an den RIAS wenden, dem sofort von anderen widersprochen worden war und auf den niemand zurückkam, erwuchs ein wohldurchdachter staatsfeindlicher Plan der Gruppe. Die Meinung, Ulbricht passe nicht mehr ins politische Bild und werde deshalb vermutlich von den Sowjets abgesetzt werden, avancierte zum Vorsatz, ihn zu stürzen, die Regierung dazu und die DDR westlichen Kriegstreibern und Kapitalisten auszuliefern.

Die Angeklagten stritten dies ab. Verteidiger Wolff wendete ein, die seinen Mandanten vorgeworfenen Tatbestände hätten allenfalls vor eine SED-Kontrollkommission gehört, in keinem Fall aber gegen Gesetze verstoßen. Das war mutig und für vergleichbare Prozesse einmalig. Immerhin war Wolff SED-Mitglied und Vorsitzender des Rechtsanwaltskollegiums von Ostberlin. Die Urteile: Fünf Jahre für Janka, vier für Just, dreieinhalb für Wolf und zweieinhalb für Zöger.

Walter Janka in »Spuren eines Lebens«: »Nach dem Prozess war ich wie ausgebrannt. Ich fühlte überhaupt nichts mehr. Ich war nur müde, legte mich auf die Pritsche und schlief sofort ein. Diesmal ohne Schlafmittel, die ich so reichlich bekommen hatte und die immer das Gegenteil bewirkten. Der Lärm auf dem Flur, das entsetzliche Hundegebell auf dem Hof, das Klopfen der Wachposten an der Tür vermochten nicht, mich aus dem Schlaf zu holen. Der Stablampenleutnant rüttelte mich irgendwann wach. Und erst da bemerkte ich, dass ich mich noch nicht einmal entkleidet hatte. Auf dem Tisch standen Schüsseln mit Suppe und Blechtöpfe mit Gerstenkaffee, dazu ein Berg Brotschnitten. Wenn sie mich nicht mit Gewalt aus dem Schlaf gerissen hätten, hätte ich noch lange weitergeschlafen.«

Stasi-Minister Wollweber sprach allen Genossen, die durch qualifizierte Arbeit beigetragen hätten, die Vorgänge politisch und operativ erfolgreich abzuschließen, Anerkennung und persönlichen Dank aus. Oberstleutnant Kurt Richter erhielt eine Prämie von 1 000 Mark, die Hauptleute Richard Voigt und Rolf Schwabe sowie die Oberleutnants Werner Irmler und Manfred Thiele je 800 Mark und fünf Tage Sonderurlaub. Kleinere Zuwendungen erfolgten abgestuft. Insgesamt schüttete das MfS 10 900 Mark aus, Ansporn für weitere Taten.

3

Gerhard Zwerenz kehrte in diesem Sommer Leipzig den Rücken und verkroch sich mit seiner Frau im stillen Städtchen Dahme in der Mark Brandenburg bei den Schwiegereltern. Seine Verfolger bestellten ihn nach Leipzig vor die Bezirks-Kontrollkommission. Der »Allerlei«-Artikel, das Revolutionsgedicht, sein Verhältnis zu Bloch und Zehm, die Mitarbeit am »Sonntag« und an der »Leipziger Pfeffermühle« – die Liste der Vorwürfe war lang. Bei diesem und jenem Punkt gab er Arglosigkeit, mangelnde Sorgfalt und Übersicht zu, zur umfassenden Selbstkritik reichte es nicht und vor allem nicht zur Bereitschaft, sich von Bloch zu distanzieren und zum Angriff auf seinen Lehrer überzugehen. Noch eine Sitzung, Geschrei von Hans Vogelsang, auch mit diesem Loest habe Zwerenz paktiert. Schließlich, was kommen musste: Ausschluss aus der SED. Mit L. saß Zwerenz hernach zusammen, leise und erschöpft berieten sie die Lage. Mit seinem Geld käme er hin, so Zwerenz. Sie wohnten mietfrei, das Leben in der Provinz sei billig. Die Schwangerschaft bereite Ingrid keine Schwierigkeiten, Freude gar. Er schreibe über Hegel, Kant, habe Theaterszenen und Kabarett-Texte im Kopf. Conrad Reinhold sei unterdessen als Chef zur »Distel« nach Berlin gewechselt und habe ihm Möglichkeiten zur Mitarbeit angeboten.

Erschüttert, verstört berichtete Joachim Wenzel vom Berliner Prozess. Wenzel stammte aus einer Chemnitzer Arbeiterfamilie wie Janka. Streitigkeiten innerhalb proletarischer Parteien hatten innerhalb seiner Verwandtschaft Gräben gezogen, hie SPD, dort KPD, Wechsel von einer zur anderen, dazwischen Splittergruppen. So hatte Wenzels Vater einige Zeit der Kommunistischen Parteiopposition angehört. Er musste sich nach 1945 zur Selbstkritik hergeben, der Einheit der Arbeiterklasse geschadet und dem Sieg der Faschisten Vorschub geleistet zu haben. Joachim Wenzel verfügte über ein anderes politisches Unterfutter als der dem Kleinbürgertum entstammende L., für den all das Theorie bedeutete.

Das war nicht mehr der lustige Joachim, dem die Mädchen wohlgesonnen waren, der vom Aufstieg als Journalist und Überstieg in die Schriftstellerei träumte und begeistert vom beschaulichen Börsenblatt zum hauptstädtischen »Sonntag« gewechselt war. Sollten die Kämpfe unter Proletariern, in die Vater und Onkel verwickelt gewesen waren, noch immer nicht vorbei sein? Der geifernde Melsheimer. Der zornbebende Janka. Heinz Zöger, treuer Funktionär des Mittelbaus, unter die Intellektuellen gefallen, dem Schaumschläger Harich erlegen und dann wieder von ihm abgerückt, zur Reue bereit und von Just umgestimmt. Mit Heide Just und seiner Frau Liane blieb Wenzel nach dem Prozess noch einen Tag in Berlin; Heide klagte, sie müsse tausend Mark für den Anwalt aufbringen und wisse nicht, wie. Sollten sie, erwog Wenzel, ein Konto einrichten, auf das für verfolgte Freunde eingezahlt werden könnte? Du bist verrückt, widersprach L., wenn wir das machen, haben sie uns sofort am Arsch.

Liane mit ihren zwei und Annelies mit drei kleinen Kindern halfen einander, ergänzten sich. Sie hätten so glücklich sein können, wenn nicht die Sorge um ihre Männer immer wieder durchgeschlagen wäre. Sie schoben Kinder- und Sportwagen durch die Parks, schauten ihren Älteren auf den Wippen und Schaukeln zu.

Wir müssen ja nicht bei jeder Wendung der letzten anderthalb Jahre unbedingt recht gehabt haben, räumten Wenzel und L. bei ihren Gesprächen ein. Vielleicht war es für die Parteiführung unabdingbar, angesichts der Wirren in Ungarn und des Kriegs am Suezkanal auf die Bremse zu treten. Aber jetzt könnte doch der Erneuerungskurs wieder aufgenommen werden. In nicht zu kleiner Runde, wusste Wenzel, habe Hanns Eisler die Meinung geäußert, die Reformen des XX. Parteitags seien erst zu Ende, wenn Trotzki rehabilitiert wäre. Wer brächte wann die Kraft dazu auf? Schneckenhaft und mit Rückschlägen wie gerade dem Janka-Prozess würde diese Entwicklung verlaufen, glaubten sie, es könne nicht anders sein.

An einem Roman über einen kleinen sächsischen Gummiwarenfabrikanten schrieb L., er nannte ihn Waldemar Naß und siedelte ihn in einem Dorf nahe Mittweida an. In der Deutschen Bücherei las er über Pressezeichner des Ersten Weltkriegs, denn solch eine Rolle sollte Naß spielen, und hospitierte in einer Fabrik, in der Kohlenstaub in Rohgummi eingewalzt wurde. Rabenschwarze Teufel vollführten das in pechschwarzen Kellern. Schriftstelleralltag.

Eines Abends klingelte ein braungebrannter hagerer Mann an L.s Tür, L. erkannte ihn erst, als er die Sonnenbrille abnahm: Gerhard Zwerenz. In Leipzig wollte er Bücher zurückgeben und war an ehemaligen Kollegen vorbeigegangen, ohne erkannt zu werden. Ja, es laufe erträglich in der märkischen Ruhe, er schreibe, denke nach. Im »Riss«: *Noch einmal tauchte Zwerenz auf, da war er schon auf der Flucht. Im Prozess gegen den Blochschüler Zehm sollte er aussagen, er fürchtete, man könnte ihn aus dem Zeugenstand heraus verhaften wie Zöger und Just. Vier*

Jahre russische Gefangenschaft, dazu Tbc – das nächste Mal, sagte er, ginge er drauf. Wochenlang streunte er durch die DDR, lag am Müggelsee am Strand, dann sprang er doch ab nach Westberlin.

Der Spitzelapparat des MfS war noch im Aufbau. Als Kontaktperson wurde die Sekretärin des Schriftstellerverbands in Leipzig geführt, KP »Büro«. Sie berichtete getreulich über die lästerlichen, verzweifelten, immer düsterer werdenden Reden des stellvertretenden Vorsitzenden L., wobei sie barmte, wie schwer es ihr falle, ihn nicht massiv zurückweisen zu dürfen, denn dann würde sie ja nichts mehr erfahren. Auch Kurella, KP »Fred«, wurde befragt. Die sehr jungen Hauptamtlichen des MfS rühmten seine Höflichkeit. Der gestählte Bolschewik bezeichnete L. unverblümt als einen Staatsfeind.

Gefahr kroch auf L. zu, er merkte es. Annelies und die Kinder nach Westberlin schleusen, abhauen? Aber damit hätte er ja seinen Widersachern seit 1953 recht gegeben. Na bitte, hätten Fröhlich und Wagner triumphiert, wir haben ja immer gewusst, dass L. ein Konterrevolutionär ist! Außerdem: Er durfte durchaus nicht damit rechnen, im Westen mit offenen Armen empfangen zu werden. Haben Sie nicht, wäre er höhnisch gefragt worden, mit »Die Westmark fällt weiter« einen ausgesprochen antidemokratischen Hetzroman geschrieben? Bis gestern Genosse, und nun erbetteln Sie unsere Hilfe? Da hätten wir natürlich ein paar Fragen!

Im August 1957 las er öffentlich in der Lausitz und wagte einen Abstecher nach Dahme; dort besuchte er Ingrid Zwerenz in der Entbindungsstation des Krankenhauses. Im »Riss«: *Die Schwestern hielten ihn für den Vater der Catharina. Gerhard habe geschrieben, hörte er, der Dornenpfad durch die Bürokratie des Notaufnahmeverfahrens in Westberlin mache ihn fertig. Und was wird mit dir? Mir werden sie nichts tun, antwortete L., zumindest werden sie mich nicht einsperren; solange Bloch nichts passiert, bin ich sicher.*

Das erfuhr L. später: Nach quälenden Befragungen durch deutsche, US-amerikanische, französische und britische Geheimdienstler entschied der Leiter des Notaufnahmeverfahrens, der Aufenthalt in Westberlin werde Zwerenz nicht untersagt, aber es werde darauf verwiesen, »dass der Antragsteller die eingetretene Lage durch seine jahrelange ideologische Tätigkeit für das sowjetzonale System selbst zu vertreten hat«. Mit »eingetretener Lage« war gemeint, dass ihm die Vergünstigungen eines politischen Flüchtlings nicht gewährt wurden. Zwerenz hatte Platz genommen zwischen den Stühlen, L. wäre es nicht anders ergangen.

Am 22. August 1957 wechselte Alfred Kantorowicz von Ost- nach Westberlin über. Als Sohn jüdischer Eltern trat er 1931 der KP bei, emigrierte 1933 nach Frankreich und arbeitete dort am »Braunbuch« gegen die Naziverbrechen mit. Er war Generalsekretär des Schutzverbandes Deutscher Schriftsteller im Exil, kämpfte im Spanischen Bürgerkrieg, wurde in Frankreich interniert, floh in die USA, kehrte 1946 nach Deutschland zurück und gab von 1947 bis 1949 die Zeitschrift »Ost und West« heraus. Danach wurde er als Professor an die Humboldt-Universität berufen. Über den Sender Freies Berlin wendete sich Kantorowicz am Abend der Flucht an seine Freunde, er habe nach bitteren inneren Kämpfen den Glauben daran verloren, die DDR befinde sich auf dem Weg zum Sozialismus, vielmehr seien Faschismus und Barbarei in Theorie und Praxis des Ulbricht'schen Zentralkomitees wieder auferstanden. Er bitte die zuständigen Behörden der Bundesrepublik, ihm in dem von ihr gesicherten Teil seines Vaterlandes Schutz, Aufenthalt und Bürgerrecht zu gewähren.

»Neues Deutschland« konterte: »Kantorowicz zum Feind übergelaufen.« Seine ehemaligen Genossen wendeten nun jedes Wort, das er jemals gegen die Bundesrepublik und den Kapitalismus geschrieben hatte, höhnisch gegen ihn. »Nun hat er selbst sich ausgeschlossen und auf die Schattenseite des Lebens gestellt. Er wird drüben zugrunde gehen, wenn er den kommerziellen Wert für die Manager der anderen Seite verloren hat.«

Auf westlicher Seite erlebte »Kanto« Verachtung und Skepsis. Ein langer Brief im »Tagesspiegel«: »Warum empfängt man einen Menschen wie Kantorowicz bei uns mit offenen Armen? Hat man nichts Eiligeres zu tun, als ihm ausgerechnet im Sender Freies Berlin Gelegenheit zu geben, seine große Entschuldigungsrede vorzubringen? Es imponiert mir nicht, dass Kantorowicz seit 26 Jahren Kommunist ist, sondern ich bin über so viel Engstirnigkeit erschüttert. Ich hasse ihn wie das Regime, das er zehn Jahre lang ‹erduldet› hat. Kantorowicz hat die Freiheit nicht mehr verdient.«

Ein Freund besuchte L. in diesen Tagen, der Kinderarzt, der anderthalb Jahre zuvor die berühmte, nun so verhängnisvoll wirkende Geheimrede Chruschtschows zu L. gebracht hatte. Diesen Ratschlag gab er: L. möge sich beim Genossen Fröhlich anmelden, dem 1. Bezirkssekretär Leipzigs, möge umfassende Selbstkritik anbieten, vor allem sich rückhaltlos von Zwerenz abwenden. Um eine öffentliche Stellungnahme in diesem Sinne werde er nicht herumkommen, da helfe nun alles nichts. Sich vor Fröhlich in den Dreck werfen?, widersprach L. – das bringe er nicht fertig. Der Freund zuckte die Schultern, einen anderen Ausweg sehe er nicht. Eines offenbarte er nicht: dass er von der SED beauftragt war, diesen Teufelsweg anzubieten.

Der Kulturredakteur der »Leipziger Volkszeitung« schlug den Gong zur nächsten Runde, er schrieb einen Brief an L., ihn auffordernd, sich in seinem Blatt von Zwerenz zu distanzieren. L. lehnte ab. Der Schriftwechsel landete bei der Staatssicherheit.

4

Anfang September 1957 hielt sich Ralf Schröder bei seinen Eltern in Dresden auf. Sein Vater lebte im Ruhestand, er war Staatssekretär im Postministerium gewesen, als Genosse Aufpasser eines Ministers, der einer Blockpartei angehörte; so war es Brauch in der DDR. Eines Tages rief jemand an, er arbeite im Außenministerium und habe den Auftrag, Dr. Ralf Schröder nach Berlin zu bitten. Eine hochrangige sowjetische Schriftstellerdelegation habe sich urplötzlich angesagt, Dr. Schröder werde als Betreuer und Dolmetscher dringend für zwei Tage gebraucht. Einverstanden? Natürlich. In einer Stunde werde er abgeholt.

Mit kleinem Gepäck bestieg Ralf Schröder eine Limousine. Ein paar Straßen weiter kurvte das Auto schwungvoll an die Bordsteinkante, die Türen wurden aufgerissen, zwei Männer drängten sich auf die Hintersitze, schoben Schröder in die Mitte, rissen ihm die Arme nach vorn und legten ihm Handschellen an. Ein Dritter setzte sich neben den Fahrer. Eine schwarze Brille raubte Schröder die Sicht, das Auto fuhr weiter. Kein Wort. Die Tschekisten der Abteilung IX würzten ihren stupiden Alltag gern durch Chicago-Einlagen.

Zur selben Stunde wurde sein Bruder Winfried in Leipzig auf offener Straße festgenommen. Er war auf dem Weg zur Universität, um die erforderlichen Exemplare seiner Promotionsschrift abzugeben. Das war der letzte Schritt eines langen Verfahrens; erst danach würde er sich Dr. phil. nennen dürfen. Er musste in ein Auto steigen und wurde ohne spannendes Beiwerk zum Häusergeviert nahe dem ehemaligen Reichsgericht gefahren, in dem neben Justizbehörden und Universitätsinstituten die Staatssicherheit ihr Untersuchungsgefängnis betrieb. Seine Dissertationsexemplare kamen zu den Effekten; erst drei Jahre später durfte er sie an ihren Bestimmungsort bringen.

Verhaftet wurden an diesem Tag auch die Slawistinnen Silka Ruzicka und Ruth Wieprich aus dem Umfeld von Ralf Schröder.

Die Vernehmungen Ralf Schröders kreisten sofort um seine Ansichten zum XX. Parteitag der KPdSU, die Verbindungen zu Lucht, Gespräche an der Universität mit den übrigen Verhafteten, mit Ronald Lötzsch, Meinungen zu Schriftstellern, die in der Sowjetunion verurteilt worden oder verschollen waren, Äußerungen über Personenkult, die Rede Chruschtschows, die angebliche Übermacht des Apparats, die Moskauer Prozesse, Harich und Janka, Naumann und Loest. Schröder gab Nebensächlichkeiten zu, fühlte sich durch Lucht stark belastet, stritt ab, wo es möglich war.

Sein Zellenmitbewohner zeichnete seine Berichte mit »Edelweiß«. Die Stasi hatte den Einfall, die Brüder Ralf und Winfried übereinander zu legen, mit Hilfe von »Edelweiß« kam ein Klopfkontakt am Heizungsrohr zustande. An einigen Abenden versuchten die beiden, sich Tipps zu geben, bis die Vernehmer dieses Treiben ausmünzten: Wachtmeister hätten mitgehört; sie legten die Informationen vor, die »Edelweiß« ihnen geliefert hatte. Für jeden der Brüder zwei Wochen Arrest wegen Verstoßes gegen die Anstaltsordnung.

Die Haftbedingungen waren ohnehin hart. Knappes Essen, Luft nur durch einen handbreiten Spalt im Glasziegel-«Fenster«, selten für sieben bis neun Minuten Hofgang. Beide Schröders hatten pro Tag an die dreißig Zigaretten geraucht, jetzt spendierte ihnen der Vernehmer gelegentlich eine Lulle nach Lust und Laune. Nun kam hinzu: Dunkelzelle, Wasser und Brot, nur jeden dritten Tag warmes Mittagessen. Die Vernehmungen gingen weiter, der Ton verschärfte sich. Vorhalt: Dem Untersuchungsorgan ist bekannt... Äußern Sie sich! Winfried Schröder konnte bald glaubhaft machen, seit dem Frühjahr 1957 begriffen zu haben, dass ihre Hoffnungen in die

Reformen nach dem XX. Parteitag trügerisch gewesen waren; er hatte sich an Debatten über Ausweitungen in der DDR nicht mehr beteiligt. Immerhin: Die Hilfsaktion für die Familie des Harro Lucht. Nach zwei Wochen wurde Ralf Schröder zum ersten Mal nach Loest befragt. Wo er ihn kennen gelernt habe – im Literaturinstitut. Wie viele Male er ihn getroffen habe – fünf Mal.

»Frage: Was wissen Sie von staatsfeindlichen Zusammenkünften in LOESTs Wohnung?

Antwort: Von staatsfeindlichen oder sogenannten ›antistalinistischen Zusammenkünften‹ in LOESTs Wohnung ist mir nichts bekannt. Ich habe von derartigen Zusammenkünften weder von LOEST oder auch anderen Personen etwas erfahren oder selbst an einer solchen Zusammenkunft bei LOEST teilgenommen. Ebenfalls ist mir unbekannt, dass LOEST derartige Zusammenkünfte auch außerhalb seiner Wohnung hatte.«

Worüber sprach Ralf Schröder mit Loest? Über Literatur, die Kinder, ihre Erlebnisse im Krieg, über Schröders fußballerische Begabung: Er hatte in Berlin bei Hertha BSC in der A-Jugend gespielt und von einer Zukunft als Nationalstürmer geträumt.

»Frage: Welche Verbindungen unterhält Erich LOEST nach der Volksrepublik Polen und in welchen Beziehungen steht er zu Bürgern dieser Volksrepublik?

Antwort: Über Beziehungen LOESTs zur polnischen Volksrepublik oder Bürgern dieser Republik ist mir nichts bekannt. Wenn er selbst in Polen gewesen wäre, hätte er wahrscheinlich etwas davon gesagt. Außerdem hat LOEST mir auch nicht erklärt, dass er innerhalb der Deutschen Demokratischen Republik Beziehungen zu polnischen Bürgern aufgenommen hat.«

Zwei Monate lang blieb Ralf Schröder bei dieser Linie, dann kippte er um. Wie und durch wen die Untersuchungsbehörde von der Zusammenkunft mit dem polnischen Journalisten Kupis in L.s Wohnung am Reformationstag ein Jahr zuvor erfahren hat, wird wohl nicht mehr herauszufinden sein. Schröder ging in die Knie. Vernehmungsprotokoll vom 12. November 1957:

»Frage: Sie wollten eine Erklärung zu Ihren bisherigen Aussagen geben!

Antwort: Wie ich bereits in einer Vernehmung am 5.11.1957 erklärte, habe ich in meinen bisherigen Vernehmungen zum Teil die Unwahrheit gesagt oder nicht immer umfassende Antworten gegeben, wenn es sich um andere Personen handelte, die ich in irgendeiner Weise durch meine Aussagen belasten konnte. Meine diesbezügliche Verhaltensweise habe ich zu Beginn der Untersuchung im Allgemeinen mehrfach betont und auch einmal im konkreten Fall am 10.9.57 zu Protokoll gegeben, als ich vor allem den Schriftsteller Erich LOEST decken wollte. Heute möchte ich diese Erklärungen zurücknehmen und widerrufen. In diesem Zusammenhang möchte ich zuerst besonders auf eine von mir bisher verschwiegene und bestrittene wesentliche Zusammenkunft bei Erich LOEST verweisen.

Frage: Wie kam es zu dieser Zusammenkunft in LOESTs Wohnung?

Antwort: Etwa 2 oder 3 Tage vor Beginn der konterrevolutionären Putschversuche in Ungarn wurde ich durch meinen Bruder Winfried SCHRÖDER oder durch den Assistenten des Slawischen Instituts Ronald LÖTZSCH zu einem Besuch bei LOEST in dessen Wohnung eingeladen. Wie mir mein Bruder bzw. LÖTZSCH mitteilten, sollte ein polnischer Universitätsangehöriger oder Journalist über die polnischen Oktoberereignisse berichten. Bei meinem Eintreffen war das Gespräch bereits in vollem Gange. Mit Sicherheit erinnere ich mich, dass außer mir während dieser Zusammenkunft, die einen ›antistalinistischen Charakter‹ trug, Erich LOEST, der bereits erwähnte Ronald LÖTZSCH, mein Bruder...«

Die Vernehmer triumphierten.

6. Kapitel: Schröder, Ralf, und sieben andere

1

Liane Wenzel rief an: Joachim sei krank, Gelbsucht, es gehe ihm dreckig. Manfred Naumann und L. besuchten ihn sofort. So richtig sei der Arzt sich nicht im Klaren, wolle weiter untersuchen, Proben einschicken. Immerhin sei er den marternden Debatten im Aufbau-Verlag entronnen. Die beiden Schröders säßen nun seit ein paar Wochen im Knast, nichts über sie sickere nach außen durch. Die politische Lage, Joachims Krankheit, Lianes angstvolle Augen – belastend, quälend alles.

Als L. Ende der siebziger Jahre in Schüben sein Leben zu Papier brachte, wusste er natürlich nichts vom Treiben der Staatssicherheit, das erfuhr er erst nach dem Verlöschen der DDR aus den Akten. Rücksicht war geboten. Wenn er diesen Text überhaupt veröffentlichen wollte, dann in der Bundesrepublik. Die meisten seiner Freunde und Gesinnungsgenossen waren in der DDR geblieben, hatten sich einrichten müssen und eingerichtet. Über sie zu berichten wäre denunziatorisch gewesen. Deshalb schrieb L. ins Manuskript von »Durch die Erde ein Riss«: *Mancher hat sich nach Wirrnis und Schmerz, nach quälenden Debatten, Parteiverfahren oder Zuchthaus wieder eine Position gezimmert. Über das Verhalten von diesem und jenem war sich L. damals schon nicht in jeder Phase klar; darüber zu schreiben, brächte manchen womöglich in falsches Licht. Nicht alle, die redeten und dachten wie L., sahen sich später auf der Anklagebank wieder – warum waren sie davongekommen? Lassen wir ein paar Namen, ein paar Schicksale weg.*

Weggelassen wurden Winfried Schröder, Schmittke, Lötzsch, Ruzicka. Aus Ralf Schröder machte der Chronist »Lehmann«. Du, sagte L. zur Frau des Kabarettisten Reinhold eines Abends, von den Schröders weiß ich: Silka Ruzicka hat Connys freche Wortspielerei, vorgetragen auf jener Premierenfeier, aufgeschrieben; woher sie den Text hat, weiß ich nicht. Natürlich ist bei ihr daheim gefilzt worden, Conrad sollte das wissen. Drei Tage später setzte sich der erschrockene Spötter nach Westberlin ab. Wenigstens war Zwerenz nun nicht mehr allein im Flüchtlingslager von Lichterfelde und konnte Tipps geben.

Weitere Krankenbesuche absolvierte L.: Hans Mayer war nach einer Nervenkrise, einem nachtschwarzen Zusammenbruch mit Angstvisionen in die Universitätsklinik eingeliefert worden. Vier Wochen absolute Ruhe. L. wurde jeweils für ein Stündchen vorgelassen. Bleich war der Professor, sie redeten von ihrem Spessarturlaub ein Jahr zuvor, von Büchern natürlich, von irgendwas.

Naumann richtete sich in Jena ein, tat sorgsame Schritte eines jungen Professors, wie ihm Lehrmeister Krauss riet, Einpassung hier, selbstbewusstes Auftreten dort. In diesem Oktober 1957 klagte der 1. Strafsenat des Bezirksgerichts Gera Günter Zehm wegen Verbrechens gegen Artikel 6 der Verfassung an. Auf Kosten der Arbeiterklasse habe er studiert, dann aber unter Studenten und Wissenschaftlern in Leipzig und Jena Zersetzungsarbeit geleistet, dies zu einer Zeit, da während des faschistischen Putsches in Ungarn der Weltfrieden in Gefahr war und Pläne der westdeutschen Imperialisten ausgebrütet wurden, in die DDR einzumarschieren. Aus der »Volkswacht«: »Eine klägliche Figur« – »Zehm trat mit einer Konzeption wie die verbrecherische Harich-Gruppe an die Öffentlichkeit. In Gesprächen forderte er eine Veränderung der Verhältnisse in der DDR. Überheblich, charakterlos, verleumdete er alle diejenigen, die seiner verbrecherischen Tätigkeit entgegentraten, und versuchte, seine Gesprächspartner für eine feindliche Tätigkeit zu gewinnen. Mit maßloser Hetze richtete er das Hauptfeuer gegen solche bewährten Mitglieder der Regierung wie den Stellvertretenden Ministerpräsidenten Walter Ulbricht, die Mitglieder des Politbüros, des ZK der SED und andere Funktionäre, die sich mit all ihrer Kraft für die Sache der Arbeiter und Bauern einsetzen. Wie die Verschwörergruppe Harich konzentrierte Zehm seine staatsfeindliche Tätigkeit auf die Forderung grundsätzlicher Veränderungen der Verhältnisse in der DDR. Sein Arsenal reichte von der Verleumdung bis zur Mordhetze. Freiheit für die Konterrevolution, Freiheit für die Feinde unserer Republik, das waren seine Anschauungen und Forderungen, die er öffentlich vertrat. Nicht Zehms ›philosophische‹ Anschauungen standen zur Debatte, sondern seine ganze hetzerische und wühlerische Tätigkeit. Dieses Urteil beweist, dass die Arbeiter- und Bauern-Macht gegen alle Feinde hart und konsequent zuschlägt. Elementen, die es sich zum Ziel setzen, den Staat der Arbeiter und Bauern anzugreifen, haben auf keine Gnade zu rechnen.«

Vier Jahre Zuchthaus.

2

Die »Leipziger Volkszeitung« legte am 1. November 1957 nach: »Die Genossen des Bezirksparteiaktivs erinnern sich sicher auch noch an die Auseinandersetzungen mit dem Feind der Republik Zwerenz. Zwerenz vertrat bekanntlich nicht nur in der Zeitung ›Sonntag‹ eine feindliche Position. Er war auch Mitarbeiter des Hetzprogramms der ›Pfeffermühle‹. Ebenso hat auch Genosse Loest für die ›Pfeffermühle‹ geschrieben. Wir stellen die Frage: Wann endlich wird Loest, der für Zwerenz mündlich und schriftlich eintrat, zu dessen Republikflucht und zu seiner feindlichen Tätigkeit Stellung nehmen? Wann wird Loest zur Republikflucht Reinholds und dessen offen feindlicher Arbeit gegen unsere Republik etwas sagen?«

Für die Studentenzeitschrift »Forum« schrieb Karl P. Houpt, ehemaliger Stukaflieger, Parteisekretär der Leipziger Schriftsteller und Stasispitzel, einen Artikel, der dort, von den Ereignissen überholt, am 21. November 1957 erschien. »Es gab aber auch andere, die Freiheit sagten und Anarchie wollten. Ein würdiger Vertreter dieser Kategorie war Zwerenz. Doch wenn heute noch über ihn gesprochen wird, so nicht etwa wegen seiner menschlichen und künstlerischen Bedeutung, sondern weil im Zusammenhang mit ihm in den Diskussionen vor, zu und nach der Kulturkonferenz immer wieder ein Name auftaucht – Erich Loest! Nicht nur, dass Loest in der Vergangenheit als Verteidiger des Renegaten Zwerenz auftrat, auch heute noch dokumentiert er seine Zugehörigkeit zu dem Verräter. Er sollte eins wissen: Wer sich schützend vor unseren Feind stellt, ist selbst ein Feind!«

Für den 11. November 1957 wurde L. zu einer Parteiversammlung ins Literaturinstitut geladen. In einer Vorbesprechung in Anwesenheit eines Vertreters der Kontrollkommission der SED-Bezirksleitung war zunächst L.s Verhältnis zu Zwerenz das Thema. L. verteidigte die eigene Linie bis zu dessen Flucht. Er habe die Artikel und Gedichte von Zwerenz teils für richtig, teils für liederlich und dadurch in negativem Sinne auslegbar, nicht aber für feindlich gehalten. Er sei Zwerenz beigesprungen, weil Siegfried Wagner ihn genauso rüde angegriffen habe wie 1953 ihn selbst. Die Flucht von Zwerenz verurteile er, damit sei dieser auf die Seite des Gegners übergelaufen. Keine Beziehungen mehr zu ihm. Ob er mit Zwerenz in Auerbachs Keller und anderswo Gedichte feindlichen Inhalts vorgetragen habe? Niemals. Und eigene Gedichte? Er habe nie welche geschrieben. Zum Schluss fragte ihn der Vertreter der

Bezirks-Kontrollkommission, ob er Winfried Schröder kenne und ihm Geld gegeben habe. Ja, für die Frau und die Kinder eines Verhafteten in Halle, Harro Lucht. L. wurde hinausgeschickt, die Genossen entwickelten ihre Strategie ohne ihn.

Aus dem »Riss«: *Am Abend begann das Parteiverfahren, das Ende stand von vornherein fest. Er hatte die Familie eines Staatsfeinds unterstützt und brach noch immer nicht rigoros mit einem Verräter – also Ausschluss. Manche in dieser Versammlung kannte er seit Jahren, einer, mit dem er hundertmal geskatet hatte, versicherte, nie mit ihm befreundet gewesen zu sein. Er begegnete Zorn und Abscheu, gespielt und echt, ein paar hoben den Blick nicht. Wagner hatte seine Vertreterin geschickt, sie spielte ihren Part so: Kinder seien nicht schlechthin Kinder, und die Kinder eines Klassenfeinds verdienten unser Mitleid nicht. Wer anders denke, könnte Genosse, Kommunist länger nicht sein. Wenig später wurde sie Kurellas Frau.*

Also Ausschluss.

Da war noch immer der 11.11., der Karneval war eröffnet. L. nahm als Erster seinen Mantel und ging als Erster hinaus. Auf der anderen Straßenseite standen im Laternenlicht zwei Männer in Trenchcoats. Sie folgten ihm bis vors Rathaus. Dort stieg L. in eine Taxe, die beiden sprangen in die dahinter, fuhren nach bis in die Oststraße, dort postierten sie sich im gegenüberliegenden Haus unter der Tür.

Drei Tage lang blieben sie ihm auf den Fersen. Oberleutnant Illner, Leiter der Abteilung VIII der Bezirksverwaltung Leipzig des MfS, berichtete über den 12. November: »Um 13.20 verließ ›Mark‹ sein Wohngrundstück und lief die Straße zum Johannisfriedhof entlang, bog links ab und lief einen Gartenweg entlang, der parallel hinter den Grundstücken in der Leninstraße verläuft. In Höhe der Zillerstraße blieb er stehen und sah sich wiederum – wie bereits am Friedhof – die nachfolgenden Personen (in diesem Falle die Beobachter) aufmerksam an. Hier stellte er sich kurze Zeit später hinter eine Ecke und behielt laufend den Gartenweg im Auge. Dann stellte er sich an die Ecke Leninstraße und sah sich die Personen an. Dann lief er die Riebeckstraße bis zur Stötteritzer Straße entlang, weiter in die Schulgasse, an der Post vorbei, dann wieder zurück und betrat die Post. Nach 5 Minuten verließ er diese wieder und lief über die Riebeckstraße bis zur Russischen Kirche. Hier setzte er sich auf eine Bank und schrieb etwas. Um 14.30 Uhr wurde die Beobachtung auf Anweisung wegen Dekonspiration abgebrochen.«

Am 14. November: Helle Aufregung, mit Koffern und Taschen strebte die Familie Loest zum Hauptbahnhof! Aber nicht nach Berlin wollte sie und weiter nach dem Westen, sondern kaufte Karten nach Mittweida. Schwiegervater und Vater feierten wenige Tage voneinander getrennt ihre 60. Geburtstage.

Annelies wohnte mit den Kindern bei ihren Eltern, er bei seinem Vater, so war es üblich. An einem Nachmittag zwischen den Festen ging L. mit seinem Ältesten spazieren, sie redeten über Füchse im Wald, über Schwimmen und Skifahren – ja, Thomas, nächstes Jahr. Er lieferte den Jungen ab; vorsichtig näherte er sich seinem Vaterhaus. Von einer Mauer aus konnte er hinabschauen, er meinte, etwaige Verfolger lauerten zwischen den Büschen. Ihnen wollte er in den Rücken kommen. Aber die Straße lag leer.

Aus dem »Riss«: *Sie kamen während des Abendbrots. Sie kamen zu dritt und traten ins Zimmer, ohne anzuklopfen, sie waren ins Haus und in die Wohnung gedrungen, keiner wusste wie. »Kriminalpolizei«, einer zeigte eine Marke vor, »Herr Loest, Sie möchten bitte mitkommen, wir haben ein paar Fragen an Sie.«*

»Worum geht's dabei?«, fragte Alfred L., das klang keineswegs erschrocken. »Und das um diese Zeit?« Alfred L. löffelte seine Suppe weiter. Später hat L. hundertmal ausgesponnen, dass er da eine allerletzte Chance gehabt hätte: Stumm wäre er geblieben,

hätte zugesehen, wie die drei mit seinem Vater fortgegangen wären, hätte sich augenblicks davongemacht. Lange Frist wäre nicht geblieben, bis aufgedeckt worden wäre, dass sie den Falschen mitgenommen hatten. Aber er wollte ja nicht fliehen, wollte überdies seinem Vater Aufregung ersparen, und so sagte er: »Ich heiße auch Loest, vielleicht meinen Sie mich?«

»Ja, Sie.«

Zur gleichen Stunde hielt ein Auto am Haus Dreiwerdener Weg 69. Frau Loest möge bitte zum Rathaus mitkommen, es gebe einige Fragen, in einer Stunde sei sie zurück. Sie ließ den siebenjährigen Thomas, die vierjährige Brigitta und den fünf Monate alten Robert zurück. Da waren ja die Großeltern, da war Tante Marianne, sie würden sich kümmern. Wie das in den engen Wohnungen geschehen sollte, wie das finanziell durchzustehen sei, war nicht das Problem der Staatsschützer.

Tags darauf wurde Joachim Wenzel festgenommen, ins Haftkrankenhaus nach Meusdorf gebracht und am 25. November operiert: Leberkrebs. Das MfS inhaftierte Ronald Lötzsch. Oberleutnant Wünsch vom MfS in Leipzig hatte nun seine Liste komplett. Das Unternehmen hieß »U-Vorgang Dr. Schröder, Ralf, und sieben andere«. Das wäre nicht möglich gewesen, wenn sich Ralf Schröder nicht unterdessen zum Kopf einer Gruppe aufgeworfen hätte beziehungsweise vom MfS dazu hätte ernennen lassen. Die Stasi hatte einen Häuptling gefunden, nun galt es, die Indianer zu ordnen. Hallenser Truppführer war der geständige Lucht. Wo ein ideologischer Kopf war, musste ein Organisationsleiter sein, so wollte es das Schema. Schröder gab sich auch hier willig: Das war Loest, denn in dessen Wohnung hatte die Zusammenkunft mit dem polnischen Journalisten Kupis stattgefunden. Das Ergebnis der angelaufenen Ermittlungen war von vornherein fixiert.

In einer Seitenstraße parkte ein PKW. Die beiden Stasimänner, die L. mitgenommen hatten, befahlen ihn auf die Hinterbank. Einer legte den Arm hinter L.s Rücken, sodass er sofort zupacken konnte. Sie rasten aus der Stadt hinaus. Unterwegs behauptete L., austreten zu müssen – ja, nach dem nächsten Dorf. Alle stiegen aus und stellten sich neben ihn. Dann weiter, zufällig durch die Oststraße, an L.s Wohnung vorbei. Zur Wächterstraße. Eiserne Tür, rasselnde Schlüssel.

Die erste Vernehmung dauerte dreißig Stunden. L. trug noch eigene Kleidung, er erfuhr, er sei festgenommen und befände sich beim Ministerium für Staatssicherheit. »Was denken Sie, warum Sie hier sind?« Da vermutete L., es mochte wegen der Unterstützung für zwei kleine Kinder in Halle sein, deren Vater verhaftet worden war. Das auch, und warum noch? Die Vernehmer waren um die dreißig, sie trugen Straßenzivil, rauchten ständig und sahen nicht so aus, als ob sie oft an die Luft kämen. Sie tuschelten vor der Tür, sie zeigten sich Zettel. Vielleicht waren an diesem Abend noch mehr verhaftet worden, vermutete L., wer?

Bloch? Den kenne er aus Vorlesungen und Versammlungen, gesprochen habe er mit ihm nie. Harich habe er nie gesehen; das wollte keiner glauben. Hatte Harich nicht einmal bei L.s übernachtet? – eine Fehlmeldung der VS-Sekretärin KP »Büro«. Just, Zöger, die Schröders. Wer hatte die staatsfeindliche Zusammenkunft mit dem polnischen Journalisten organisiert? Sie sei nicht staatsfeindlich gewesen, beharrte L. Da gebe es aber andere Aussagen! Und Zwerenz, die »Pfeffermühle«, der »Klub junger Künstler«? Mitternacht. L. rauchte aus eigener Schachtel. Gegen drei äußerte er, er habe Hunger. Ja, er kriege zu essen, klar, da sehen Sie mal, wie human es bei uns zugeht! Dauere natürlich ein Weilchen. Hans Mayer? Wie hieß der Pole? Wer brachte ihn in L.s Wohnung? So, Alkohol wurde an diesem Abend getrunken – da haben wir aber andere Informationen! Nun mal raus mit der Sprache, Loest, wir reißen keinem den Kopf ab. Wir haben ja Verständnis dafür, dass Sie erst einmal alles abstreiten, aber jetzt wird es Zeit für die Wahrheit! Die anderen waren da schlauer, und den Letzten beißen die Hunde.

Wenn es Morgen wird, werden sie dich nach Hause schicken, davon war L. überzeugt. *Die Vernehmung ging den Vormittag hindurch, mittags wurde eine Blechschüssel mit Weißkraut und Kartoffeln vor L. gestellt, fast nicht gesalzen, nicht gewürzt. Er konnte nur ein paar Löffel davon essen. Die Vernehmung schleppte sich den Nachmittag hin, auch die Vernehmer waren erschöpft, dabei hatten sie sich abgewechselt und sicherlich zwischendurch ein wenig geschlafen.*

Aus dem Protokoll:

»Ihre Aussagen entsprechen nicht den Tatsachen. Sagen Sie wahrheitsgemäß aus, welche staatsfeindlichen Ansichten von Ihnen und Ihrem Bekanntenkreis vertreten wurden!

Antwort: Ich kann meine bisher gemachten Aussagen nur wiederholen. Weder ich noch einer meiner Bekannten vertraten in der Zeit, in der ich mit ihnen engere Beziehungen unterhielt, feindliche Absichten gegenüber der Deutschen Demokratischen Republik. Ich bin nach wie vor ein Freund der Deutschen Demokratischen Republik und ich hätte feindlich gesinnte Absichten in meiner Umgebung nicht geduldet, sondern wäre gegen sie eingeschritten.

Frage: Ihre Aussagen sind erlogen. Zur Beweisführung wird Ihnen hiermit das Vernehmungsprotokoll des Beschuldigten Dr. Ralf SCHRÖDER vom 12.11.1957 vorgelegt, wo er Folgendes bezüglich dieser im Oktober 1956 in Ihrer Wohnung stattgefundenen Zusammenkunft aussagt: ›Es fand ein besonderes Gespräch über die Lage in Leipzig statt, in dem Erich LOEST berichtete, dass ein ›Klub junger Künstler‹ gebildet würde. LOEST erzählte sinngemäß, dass dieser Klub eine gute legale Plattform für illegale Arbeit sein könne.‹

Antwort: Das entspricht keinesfalls den Tatsachen. Ich verstehe nicht, wie Dr. Ralf SCHRÖDER solche Aussagen machen konnte. Etwas anderes habe ich hierzu nicht zu sagen.«

Zwei Wachtmeister: »Komm Se!« Zur Kammer, Protokoll über den Tascheninhalt. Alles ausziehen! Knastklamotten. Belehrung über die Haftordnung. »Kriegen Se noch schriftlich.« Über Treppen mit trübem Licht. Eine Zelle wurde aufgeschlossen, drin stand einer mit dem Rücken zur Tür, die Hände auf dem Rücken. Die Tür fiel hinter L. zu, der Mann blickte zur Seite, freute sich. Wie lange schon drin? Ach verdammt. Der Mann war groß, kräftig, stamme aus Torgau, sagte er, sitze seit vier Wochen, sagte er. Er wollte den Amis einen Stahlhelm der Kasernierten Volkspolizei liefern, wurde verpfiffen. Prozess bald, na, zwei Jahre Zuchthaus, vermutete sein Vernehmer. Der Althäftling half dem Neuen, eine Decke zu überziehen, lehrte ihn, wie die andere zu falten sei. L. war hundemüde, sofort nach der Nachtmeldung schlief er ein. Wecken durch eine Schiffsglocke, zwei Krüge mit Wasser wurden hereingegeben, Schüsseln mit dünner brauner Brühe, für jeden zwei Scheiben Brot mit Marmelade.

Die Vernehmung begann um neun Uhr, sofort ging es mit der Zusammenkunft in L.s Wohnung im Oktober 1956 weiter. Welche Gespräche seien noch geführt worden?

»Antwort: Ich bezweifle nach wie vor, dass außer belanglosen Dingen über das bereits Gesagte hinaus noch irgendwelche wichtigen Probleme besprochen worden sind, da sie mir dann bestimmt noch erinnerlich wären. Ebenso bin ich der Überzeugung, dass diese Gesprächsstücke, die mir nicht mehr in Erinnerung sind, keinesfalls einen staatsfeindlichen Charakter trugen oder gar vorbereitend für konterrevolutionäre Umwälzungen in der Deutschen Demokratischen Republik gewesen sind.«

Was hatte Wenzel über Vorgänge aus Berlin berichtet? Welche Veränderungen in der DDR habe L. für nötig gehalten? L.

habe sich auf die Kunst beschränkt, alles Ökonomische oder gar Militärische habe jenseits seines Interesses und seiner Kenntnisse gelegen. Gegen den Schematismus und den starren Begriff des positiven Helden habe er sich gewendet. Er halte Auffassungen für falsch, die politische Fäulnis des Kapitalismus gehe mit kultureller Fäulnis einher. »Das hieße also, dass man von spätbürgerlichen Künstlern und Schriftstellern, wie zum Beispiel Thomas Mann, nichts lernen könne und dürfe.«

Das sollte ablenken, tat es aber nur kurze Zeit. Wie habe er seine Ansichten umsetzen wollen? In Diskussionen. Auch mit jungen Künstlern? Wann sei er das letzte Mal mit Ralf Schröder zusammengetroffen? In Schröders Wohnung, ihre Ehefrauen dabei und Silka Ruzicka, L. und Schröder seien Bier holen gegangen, dann war Lötzsch eingetroffen, von L.s Slowakeireise war die Rede, von Sprachgruppen in der Karpato-Ukraine, vom Slowakischen Aufstand, gegessen hatten sie und getrunken auch, und als L. und seine Frau sich kurz nach Mitternacht verabschiedeten, schlief Lötzsch auf dem Balkon in einem Liegestuhl. Staatsfeindliche Gespräche? Bestimmt nicht.

Am zweiten Abend teilte ihm sein Mitgefangener aufgeregt mit, er habe am Nachmittag mit einer Frau in der Nachbarzelle geklopft. Die kennt dich! Sie heiße Silka. Willste mit ihr klopfen? Das sei ganz einfach, ein Anschlag mit dem Kamm gegen die Wand bedeute a, zwei bedeuteten b, drei c undsoweiter. Manchmal errate man schon nach den ersten beiden Buchstaben das ganze Wort. Also? Lieber nicht. Sein Mitgefangener klopfte, teilte mit: Ich soll dir sagen: Die wissen alles. L. tappte auch nach einer Woche nicht in diese Falle. Als er eines Mittags nach der Vernehmung in die Zelle kam, war sie leer.

In den ersten beiden Tagen hoffte L., er sei am Geburtstag seines Vaters wieder draußen. Dann: Diese Woche. Bloß keinen Einbruch zulassen! Im »Riss«: *Die Fragen drehten sich im*

Kreis. Der »Klub junger Künstler« als Basis konterrevolutionärer Aufweichung wie der »Petöfi-Klub« in Budapest, wie der »Donnerstagskreis« in Berlin – keine Spur, bestritt er. Sein Artikel im »Sonntag« – alles in Ordnung. Er wurde dem Haftrichter vorgeführt, der verlas die Begründung: Bildung einer staatsfeindlichen Gruppe, die sich als Ziel gesetzt hatte, die Regierung der Deutschen Demokratischen Republik zu stürzen und ein antisozialistisches System an ihre Stelle zu setzen. Wem seine Verhaftung mitgeteilt werden sollte. »Meiner Frau«, sagte er, »zur Zeit in Mittweida, Dreiwerdener Weg 69.«

In den Gesichtern des Haftrichters und des Vernehmers bewegte sich kein Muskel.

»Frage: Was ist Ihnen über die staatsfeindlichen Anschauungen oder Absichten Dr. Ralf und Winfried SCHRÖDERs bekannt?

Antwort: Ich habe in den mit den beiden SCHRÖDERs geführten Diskussionen niemals irgendwelche staatsfeindlichen Anschauungen oder gar Absichten bemerken können. Bei Dr. Ralf SCHRÖDER traten nach dem XX. Parteitag der KPdSU in politischer Hinsicht lediglich Schwankungen auf, jedoch keinerlei staatsfeindliche Anschauungen. Bei Winfried SCHRÖDER konnte ich nicht einmal politische Schwankungen feststellen. Staatsfeindliche Ansichten, wie etwa gegen die Staatsordnung der Deutschen Demokratischen Republik gerichtete Pläne, die Bildung staatsfeindlicher Gruppierungen oder irgendwelche Absichten zur Bildung einer Verschwörung bei Dr. Ralf SCHRÖDER festzustellen, war mir nicht möglich.

Frage: Ihre Aussagen entsprechen nicht den Tatsachen! Dem Untersuchungsorgan ist bekannt, dass Sie genaue Kenntnis von den staatsfeindlichen Absichten SCHRÖDERs haben.

Antwort: Ich kann meine bisher gemachten Aussagen nur wiederholen.«

Ihn vernahm Leutnant Plache, Mitte zwanzig, ein wenig dicklich. Der Raum war klein, hinter L.s Schemel verlief ein Wasserrohr; wenn er ihm zu nahe kam, spürte er die Kälte an den Nieren. Er beklagte sich darüber – keine Reaktion. Bisweilen blies ihm Plache Zigarettenrauch über den Tisch ins Gesicht, L. revanchierte sich: Das feuchte Brot und die mangelnde Bewegung versetzten ihn in die Lage, sofort mit einem voluminösen, konzentrierten Furz zu antworten. Plache reagierte angewidert. Einmal stieß er hervor: »Weil Sie immer noch lügen, haben wir nun Ihre Frau verhaften müssen!«

L. lächelte über die, wie er fand, absurde Drohung.

Annelies saß im selben Haus. Zellenspitzelin »Sylva« berichtete: »Die LOEST glaubt, dass sie unschuldig inhaftiert sei. Wenn man ihr bei Vernehmungen entgegenhalte, was denn geändert werden sollte, so könnte sie auf diese Sachen keine Antwort geben, weil ja niemand etwas ändern wollte. Es sei eben nur diskutiert worden. Da seien eben nur zweimal Gespräche geführt worden, welche einen negativen Charakter trugen. Dies sei einmal in ihrer Wohnung geschehen und einmal in der Wohnung eines Wissenschaftlers. Als das Gespräch in ihrer Wohnung stattfand, seien zwei Polen nur zugegen gewesen. Über Einzelheiten der Gespräche lässt sich die LOEST nicht aus. Sie tut diese Gespräche als dummes Zeug ab, wobei überhaupt kein Ziel verfolgt wurde. Die Zahl der Personen, welche sich an solchen Diskussionen beteiligten, beläuft sich auf 13 Stück. Den Anführer (Ralf Schröder) bezeichnet sie als Abenteurer mit unmoralischem Lebenswandel. Eine Russisch-Lehrerin (Silka Ruzicka) als eine Person, welche dummes Zeug redet, um nur immer im Mittelpunkt zu stehen. Über den Zwerenz erhielten die LOESTs Informationen von der Ehefrau des ZWERENZ. Das letzte Mal geschah dies Anfang November. Die Frau des ZWERENZ setzte die LOESTs von den Briefen ihres Mannes in Kenntnis. So weiß die

LOEST zum Beispiel, dass Zwerenz sowie der REINHOLD in Westberlin sofort von dem Engländer, Franzosen und Amerikaner in Beschlag gelegt wurde. Ob der LOEST aber auch persönliche Beziehungen mit ZWERENZ unterhielt, kann ich heute noch nicht berichten.
    gez. Sylva

Maßnahmen: LOEST muss gehört werden, was er über den Aufenthalt des ZWERENZ und REINHOLD in Westberlin erfahren hat, und wodurch.
Höber
Oberleutnant«

Nun wurde drei Tage lang der Lebenslauf zu Protokoll genommen, L. hätte nie vermutet, dass dies so umfänglich geschehen könnte. Leutnant Plache vermochte nicht zu begreifen, dass sich einer freiwillig zur Wehrmacht gemeldet haben und dann eingezogen werden konnte, stundenlang vermutete er Fragebogenfälschung. Die Eskapade am Ende des Krieges, als L. sich freiwillig einer Werwolfgruppe angeschlossen hatte und mit knapper Not davongekommen war, ließ er wohlweislich weg. *Und wieder der »Klub junger Künstler«. Inzwischen hatte sich der Vernehmer Klippwissen angeeignet: Kafka und Proust seien dekadente Schriftsteller. Wer sie propagieren wolle, sei ein Gegner des Sozialistischen Realismus, damit des Sozialismus. Das hätte L. doch bei Professor Kurella gelernt haben müssen! Kurellas Ansicht war auf die nackte Formel gebracht: Wer für Kafka war, war gegen den Sozialismus, also Feind. Und Feinde gehörten ins Zuchthaus. Im Protokoll schrieb der Vernehmer Kafka beharrlich mit ff.*

    Die Zelle war drei mal drei Meter groß. Zwei mal drei Meter maß die Pritsche, Holz von Wand zu Wand, vorn abgeschlossen und so hoch, dass einer, saß er darauf, die Füße nicht aufstellen konnte. Es war ein hartes Sitzen, erst nach Wochen hatte sich der Hintern ans Holz gewöhnt… Wenn einer die Augen schloss, krachte der Wärter gegen die Tür: »Penn Se nich!« Also marschierte der Häftling im Dreieck. In der Ecke war das Klosett, das von außen gespült wurde. Glasziegel vor dem Fenster in doppelter Reihe, dazwischen eine Luftklappe. Hinaussehen war unmöglich. Über der Tür eine schwache Glühbirne hinter Glas und Draht. Duschen und Wäschewechsel jede Woche. Ein sauberer Knast immerhin.

Nun war er schon so lange hier, dass er den Verpflegungsablauf kannte. Früh zwei Scheiben Brot mit Marmelade, Malzkaffee. Abends fünf Scheiben Brot, bekratzt mit Margarine und Wurst, Kräutertee. Mittags: Am Montag dünnste Suppe mit Gries oder Haferflocken, dienstags dünnste Suppe mit Nudeln, mittwochs Pellkartoffeln mit Kraut und Soße. Donnerstags Pellkartoffeln mit Hering und guter, schmackhafter Soße mit Zwiebeln und Gurke, freitags Erbsen oder weiße Bohnen, samstags Kartoffelsuppe, dünn. Das hieß: Hunger am Montag und Dienstag, Sättigung an den nächsten drei Tagen, Hunger am Samstag. Am Sonntagmorgen, wahr ist's, zwei Brötchen mit Butter. Mittags eine volle Schüssel mit Salzkartoffeln, Rotkraut und Soße und obendrauf eine schöne Scheibe Schweinefleisch… Aber dann wieder der Montag.

Leutnant Plache setzte zum Schluss-Spurt an. Immer wieder die Zusammenkunft mit dem polnischen Journalisten, immer wieder der »Klub junger Künstler«. Aus L.s Antwort am 16. Dezember: »Wie mir vorgehalten wurde, hat Dr. Ralf SCHRÖDER ausgesagt, Joachim WENZEL hätte davon gesprochen, dass in Berlin eine konterrevolutionäre Gruppe bestünde und dass diese Veränderungen in der Deutschen Demokratischen Republik durchführen wolle und zu diesem Zweck bereits eine Liste mit Namen für das neu zu bildende Zentralkomitee der Sozialistischen Einheitspartei Deutschlands habe. In der gleichen Aussage beschuldigt mich Dr. Ralf SCHRÖDER, dass ich während dieser Zusammenkunft geäußert hätte, den ›Klub junger Künstler‹ für eine gegen den Staat gerichtete Tätigkeit auszunutzen. Diese Aussagen stimmen nicht. Ich möchte damit nicht sagen, dass er lügt, sondern vielmehr, dass er irgendetwas verwechselt, sodass ein vollkommen falsches Bild entsteht.«

Plache bohrte, diese Aussagen seien unvollständig, unglaubhaft und unlogisch. Die anderen Verhafteten hätten übereinstimmend völlig Gegenteiliges geäußert. L. blieb dabei, er könne sich das nicht erklären und habe die volle Wahrheit gesagt. Plache las einige Sätze aus einer Aussage von Annelies Loest vor. Wo war sie befragt worden, hier im Haus oder in Mittweida? Das blieb undeutlich. Von Änderungen in der DDR und der SED sei die Rede gewesen. Von welchen? Auch das blieb dunkel. Wenn, so antwortete L., Änderungen auf kulturellem Gebiet gemeint gewesen seien, so stimme er durchaus zu. Einen konterrevolutionären oder staatsfeindlichen Charakter hätten die Gespräche an diesem Tag jedoch keinesfalls getragen.

Am 17. Dezember 1957 wurde L. in einen weit größeren Raum geführt, ein längerer Tisch mit Stühlen stand quer zum Schreibtisch, das obligate Stalinbild zeigte den Marschall vor dem brennenden Berlin. In der Ecke, an die Wand geschraubt, der Schemel für den Häftling. Am Tisch saß Referatsleiter Wendler, der fähigste Mann dieser Behörde. Studentenpfarrer Georg-Siegfried Schmutzler, von Wendler ein halbes Jahr zuvor für vier Jahre zuchthausreif gemacht, beschrieb ihn so: »Ein junger Hauptmann, mittelgroß, volles, gewelltes, nach hinten gekämmtes dunkles Haar, ebenmäßiges, nicht unsympathisches Gesicht, kluge, aber meist sehr kalte stahlgraue Augen. Ein ausgesprochen ›hübscher‹ Typ.« Annelies erzählte später, sie habe ihn »Gentleman« getauft. Wieder die Zusammenkunft im Oktober 1956 – warum wurde sie nicht in einem Lokal durchgeführt? Auf diese Idee sei niemand gekommen. Was der Pole über das 8. Plenum berichtet habe, Wenzels Schilderung, in Berlin werde über neue Leute im ZK diskutiert. Alles wie gehabt. Ein neuer 17. Juni sollte durch Umbildung der Regierung und des ZK verhindert werden. Da unterlief L. ein Fehler: Einige Tage später habe er mit Naumann vereinbart, es sei besser, nicht mit anderen über diesen Abend zu sprechen. Protokoll: »Es handelte sich hierbei um eine Sicherheitsmaßnahme, da wir uns des partei- und staatsfeindlichen Charakters der Zusammenkunft bewusst waren.«

Wendler hatte seinen ersten Erfolg erzielt.

Den Vernehmern gegenüber gab sich Ralf Schröder aussagebereit und beflissen, seinem Zellenkumpel »Edelweiß« spielte er den weltweit agierenden Strategen vor. Auf und ab pendelte er und breitete aus, das Zentrum der Leipziger Organisation sei Loest gewesen und seine Wohnung praktisch das Parteilokal. Loest und er hätten diese Gruppe geleitet. Er habe Verbindungen nach Halle zu Lucht hergestellt, der anfangs selbständig gearbeitet habe, ebenfalls auf der Harichlinie. Ihr Mann in Potsdam: ein gewisser Drohnsdorf. Hinter diesen Namen setzte »Edelweiß« ein Fragezeichen. Eine weitere Verbindung Loests sei zur »Pfeffermühle« geknüpft worden. Reinhold, deren Leiter, habe illegale Zusammenkünfte mit bis zu vierzig Teilnehmern organisiert, wobei ein besonderes Programm abrollte. Der Verbindungsmann nach Paris: Naumann, der Beziehungen zum liberalen Flügel der KPF aufrechterhalte. Mit Mailand und Rom, mit der KPI, konspiriere ein weiterer Professor. Vom polnischen Netz hätten sie laufend Instruktionen erhalten. Wenn ein Kurier von dort kam, seien illegale Zusammenkünfte in Loests Wohnung einberufen wurden. Da nicht alle auf einmal Platz fanden, habe man in Etappen beraten. Nun fürchte Schröder, all dies könne als Spionage ausgelegt werden. »Eine Frau, die in der Leipziger zentralen Parteileitung tätig sein soll, sei bei jeder Sitzung anwesend gewesen und besonders aktiv. Der Verbindungsmann nach Polen sei Lötzsch.«

3

Am 12. Dezember 1957 folgte Ernst Bloch einer Aufforderung der SED-Parteigruppe des Kulturbund-Präsidialrats, nach Berlin zu kommen. Das wäre nicht zwingend gewesen, keine Parteiorganisation hatte ihm zu befehlen. Aber tief in ihm pochte das Herz des parteibuchlosen Bolschewiken, als der er sich jahrzehntelang gefühlt hatte. Oder er hatte so getan. Das Tribunal eröffnete sein Duzfreund Erich Wendt und begrüßte »insbesondere« die Genossen Kurt Hager, Sekretär des ZK, Alfred Kurella, Leiter der Kommission für Kultur beim ZK, und Siegfried Wagner, Leiter der Kulturabteilung beim ZK. Darüber Zwerenz: »Ein schöner Kulturbund. Mir fallen zu jedem der aufgezählten Namen die Skalps ein, die ihnen an den ZK-Hosenträgern hängen.«

Kurella und Wagner hatten kurz zuvor den Sprung nach Berlin ins Hohe Haus geschafft. Der Kulturbund-Gerichtshof warf Bloch das übliche Arsenal von Abweichungen während der Tauwetterperiode vor. Zwerenz habe im Westen von einem »Bloch-Kreis« gesprochen – den habe es nie gegeben, beharrte der Philosoph, im Übrigen habe Zwerenz den Sozialismus verraten und verbreite Lügen für Geld, beispielsweise im Westberliner »Telegraph«. Für den »Sonntag« habe er, Bloch, in der kritischen Zeit keinen einzigen Artikel geschrieben. Bloch zeigte sich bereit, aus dem Begriff »menschlicher Sozialismus« das Wort »menschlich« zu streichen. Er hatte im Jahr zuvor weit mehr aus dem Hintergrund agiert als sich nach vorn gewagt, hatte Harich und Just bestärkt und war selbst in der Deckung geblieben, das zahlte sich jetzt aus. Er belastete nur Zwerenz, und der war in Sicherheit. Bloch zog seinen Kopf aus der Schlinge. Hätte er sie selbst zuziehen sollen? Zwerenz verlangte das in einer Philippika von 1991: »So fand Bloch in seiner Verteidigung gegen die 1957er Stalinisten zu seinem 1938er

Stalinismus zurück. Das Wort vom ›Aufrechten Gang‹ kam in dieser Rede ehrlicherweise nicht vor.«

Drei Tage später besuchte Hans Mayer die Familie Bloch in ihrer Wohnung. Die Wanze unter der Scheuerleiste meldete die Unterhaltung an die Zentrale in der »Runden Ecke«, dem Stasi-Bezirksquartier. Mayer vermutete, so die Abschrift, Loest habe einen Packen des »Telegraph« mit einem Artikel von Zwerenz darin zugeschickt bekommen. Die heiße Ware habe man ausgeliefert, um sie dann prompt zu beschlagnahmen und Loest festnehmen zu können. »Frau Bloch fragt: ›Wie kommt denn der Zwerenz wieder dazu?‹ Darauf Mayer: ›Das ist ein Freundeskreis. Daher ist Professor Naumann in Jena so bedrückt. Loest, Naumann, die Schröders, der Zwerenz sind ein Kreis gewesen. Naumann ist ein bisschen fern vom Schuss, also hofft er, dass es an ihm vorübergeht.‹« Bloch fragte Mayer, ob er der Meinung sei, dass Zwerenz als Agent des MfS rübergeschickt worden sei. Mayer antwortete, das wisse er nicht, aber allmählich käme ihm die ganze Sache höchst seltsam vor. Mayer: »Eine der widerwärtigsten Henkerfiguren ist Siegfried Wagner. Alle, die er persönlich gehasst hat, möchte er auf dem Schafott sehen, den Rudorf, den Loest usw.« Karola Bloch fügte hinzu, sie urteile bei weitem nicht so optimistisch wie ihr Mann, der überzeugt sei, nicht verhaftet zu werden. Mayer: Wenn morgen eine kritische Situation eintrete, würden sie alle in Schutzhaft genommen. Gegenwärtig würde die DDR-Führung aus taktischen Gründen davon absehen.

Die Verurteilten der Berliner Prozesse hockten noch immer in den Zellen der Staatssicherheit, jetzt nicht mehr im »U-Boot«, sondern in der Zentrale an der Magdalenenstraße. Die Vernehmer hatten ihnen um rascher Geständnisse willen vorgegaukelt: »Wenn Sie erst mal im Strafvollzug sind…« – dort herrschten vergleichsweise paradiesische Zustände: Arbeit und damit Geld für die Familie und eigene Bedürfnisse, zu rauchen nach Herzenslust, Volleyball, Kino. Seit Monaten nichts von alledem.

Gustav Justs Zelle maß drei mal anderthalb Meter, vor der Holzpritsche blieb ein knapper Quadratmeter, auf dem er sich drehen und die Knie beugen konnte. Zum zweiten Mal durfte ihn seine Frau besuchen. Sie sah ihren Mann, »das Liebste, das ich auf der Welt habe«, in einem grauen Drillichanzug mit breiten grünen Streifen, sie fand ihn schmal, schwach, die Hände fast durchsichtig, todernst mit geweiteten traurigen Augen. Sie redeten über die Kinder, die Arbeit. Heide Just behielt ihre Anstellung beim Fernsehen unter der Bedingung, dass ihr Name nicht genannt wurde. Just hatte in der Zeitung gelesen, Molotow, Malenkow und Kaganowitsch seien kaltgestellt worden. Er klammerte sich an jeden Strohhalm und sagte zu seiner Frau, wenn Molotow hätte gehen müssen, müssten das andere auch. Natürlich dachte er an Ulbricht, und so verstand Heide ihn. Beim Abschied, als der Posten schon die Tür öffnete, konnte Just noch flüstern, ob sich jemand bei ihr gemeldet habe, Unterstützung anbietend und zusichernd, Becher, Seghers...

Bald wurde Just klar, warum er noch in Berlin gebraucht wurde: Er sollte gegen die in Leipzig Verhafteten aussagen. Loest – den kannte er aus dem Schriftstellerverband. Die Brüder Schröder? Nie von ihnen gehört, nie gesehen. Wenzel – ein Bekannter Zögers aus dessen Leipziger Zeit, fleißiger, ehrgeiziger Journalist. Der sei doch der Mittelsmann zwischen den beiden konterrevolutionären Zentren gewesen, oder nicht? Wenn Just nicht spurte, fiel die Drohung, wäre ein neuer Prozess durchaus denkbar, und dann ginge es um erheblich höhere Beträge. Und Zwerenz? Also raus mit der Sprache!

Harich schrieb über diese Phase: »Es fanden, zunächst häufig, später in längeren Abständen, diesmal durchweg unergiebige Verhöre statt, zu Personen, die ich zum Teil überhaupt nicht kannte, zum Teil nur dem Namen nach, wie den Schriftsteller Erich Loest. Gefragt wurde ich mit bohrendem Nachdruck ferner nach sämtlichen Bekannten von mir, die den Familiennamen Schroeder oder Schröder trugen, so lange, bis ich auf die Brüder mit den Vornamen Ralf und Winfried zu sprechen kam, die 1948/49 an der Humboldt-Universität als Studenten meine Lehrveranstaltungen besucht hatten und mit denen ich zuletzt 1950 bei einer Demonstration gegen den Koreakrieg der Amerikaner in Westberlin, mit anschließender kurzer Haft auf einem Polizeirevier in Charlottenburg, zusammengetroffen war.«

Seitdem war Harich ihnen nie wieder begegnet, er kannte ihre Wohnorte nicht. Harich wurde nach Wenzel befragt, der wortkarg, im Grunde nichtssagend, in seinem Prozess als Zeuge ausgesagt hatte. Zehm und Zwerenz? »Ihre oppositionelle Einstellung war mir geläufig. Sie hatten sie mir aber, unabhängig voneinander, jeweils nur unter vier Augen anvertraut, sodass ich mich ahnungslos stellen konnte.«

In Leipzig wurde unterdessen das Ehepaar Loest vermisst. Sein Telefon erwies sich als tot. Ein Kollege klingelte an der Wohnungstür, nichts regte sich. Da sah der Mann: Eine Folie war über das Schloss geklebt mit dem Text, die Wohnung sei polizeilich versiegelt. Die einfachste Erklärung: Loests waren unter dem Eindruck von Verhaftungen einiger Freunde und dem Parteiausschluss des Familienvaters nach dem Westen abgehauen. Da verkündete in einer Verbandsversammlung Parteisekretär Houpt: Das Ehepaar Loest wollte mit seinen Kindern die Grenze nach Westberlin überschreiten und wurde dabei festgenommen. Hausdurchsucher entdeckten im Keller ein Waffenarsenal, angelegt für einen Aufstand zum Sturz der Regierung. Allgemeines Entsetzen. Das erste hielten die meisten für möglich, das zweite, die Waffenstory, für absurd.

Die L. hatten beispringen wollen, schauten sich an, Georg Maurer, Ruth Kraft, Wieland Herzfelde – ihnen waren durch diese Lüge die Hände gebunden.

Weihnacht. Am 18. Dezember durfte L. einen Brief an seinen Vater schreiben. »Ich bin gesundheitlich in Form und zuversichtlich. Mein bekannter Optimismus lässt mich nicht im Stich, und mein Berufssinn, nun auf neue Eindrücke orientiert, hat weites Feld. So wird sich auch diese Zeit irgendwie lohnend auswirken. Was mir viel mehr Kummer macht, ist das Los der Kinder. Wie mir hier mitgeteilt wurde, ist Annelies ebenfalls in Haft. Die letzten vier Wochen werden für die Schwiegereltern kein Zuckerlecken gewesen sein. Ich habe schon allerhand versucht, lindernd einzugreifen, bisher ist es aber nur gelungen, 1000 Mark überweisen zu lassen. Meiner Meinung nach müssen die Kinder, vor allem Robert, sofort in ein Heim. Hoffentlich sind die Kinder in der Enge gesund geblieben. Ich bitte Dich, auch hier helfend einzugreifen, Geld ist da. Wenn es mal aus formalen Gründen stocken sollte, wirst Du ja aushelfen. Annelies wird sich hoffentlich bald wieder um die Kinder kümmern können; bis dahin bitte ich Euch, alles zu unternehmen, damit sie keinen Schaden leiden. Ich denke, Ihr werdet schon etwas gefunden haben, um die Zeit unserer Abwesenheit zu überspielen, Studienreise o. ä. Die Wahrheit ist für sie noch nicht das Richtige; sie ist selbst für Erwachsene nicht leicht zu begreifen, nicht wahr?« L. schlug vor, Anwalt Dr. Oskar Kolbe um Rechtsbeistand zu bitten; Hans Mayer zufolge habe dieser seine Sache im Fall des Jazz-Spezialisten Reginald Rudorf gut gemacht. »Kopf hoch, guten Appetit zum Gänsebraten und auf ein gesundes, baldiges Wiedersehen.«

Dieser Brief wurde nicht abgeschickt, so ordnete Hauptmann Wendler an, und kam zu den Akten. 2004 erhielt ihn L. von der Birthlerbehörde als sein Eigentum zurück.

Enge und Angst am Dreiwerdener Weg in Mittweida. Die Großeltern hatten Thomas und Gitta erzählt, ihre Eltern seien urplötzlich zu einer Arbeit in der Mongolei verpflichtet worden, Hals über Kopf sei das mitten in der Nacht geschehen. Aber da hätten sie uns doch wecken können! Ach, die Kinder hätten so fest geschlafen, aber einen lieben Kuss hätten Mutti und Papi ihnen geben! Und sie kämen bald zurück. Morgen? Das wahrscheinlich nicht, aber bald, bald.

Max Richter, seit seinem vierzehnten Lebensjahr in der Gewerkschaft und seit seinem siebzehnten in der SPD, nun in der SED, erhielt die Erlaubnis, die Wohnung Oststraße 5 in Leipzig zu betreten und Winterkleidung für die Enkel zu holen. Thomas wurde in der Pestalozzischule in Mittweida angemeldet. Aber die Eltern müssten doch nun endlich mal aus der Mongolei schreiben! Ja, Thomas, wird schon noch. Brigitta schmiegte sich an ihre Tante Marianne und nannte sie Mutti. Thomas stand manchen Mittag am Gartentor und wartete auf den Briefträger. Wieder nichts. Wo lag die Mongolei? Der Opa erzählte von Kamelen, von Jurten. Dort würden Vati und Mutti arbeiten, noch ein Weilchen, nicht mehr lange.

Heiligabend servierte die Anstaltsleitung allen Häftlingen Würstchen mit Kartoffelsalat. Danach herrschte Hochbetrieb am Guckloch, Weihnacht wie auch Silvester galten als Zeiten höchster Suizidgefahr.

In diesen Wochen bot die Staatssicherheit Leipzigs enorme Energien auf. Sie befragte die »Pfeffermüller« und alle, die mit dem »Klub junger Künstler« zu tun gehabt hatten. Sie schickte ihre Leute zu alten Schulfreunden nach Mittweida. »Sylva«, nicht sonderlich intelligent, wollte von Annelies gehört haben, L.s Klassenkamerad Gruner habe eine gewisse Rolle gespielt. »Bubi« Gruner aber war 1944 gefallen. Das MfS mühte sich, ihn zu finden, auch in Westdeutschland. Es fragte herum in Berliner Redaktionen, im Mitteldeutschen Verlag in Halle, unter Freunden und Bekannten in Halle, Markkleeberg und Rostock. Jemand hörte: L. hatte Liane Wenzel eines Abends nach Halle begleitet, gegen Mitternacht klingelten sie bei einem Freund, warteten bei ihm auf den Morgenzug. Ein Affärchen? Wer erfuhr davon, kombinierte? Hauptmann Wendler setzte Stück um Stück zusammen. Am 27. Dezember 1957 trieb er L. in die Enge.

»Frage: Weshalb fuhr die Liane WENZEL mit nach Halle?

Antwort: Joachim WENZEL, der Ehegatte der Liane WENZEL, hatte ihr von Berlin aus telefonisch mitgeteilt, dass er im Auftrag des SONNTAG nach München fährt und in Halle 30 Minuten Aufenthalt habe. Liane WENZEL und ich sollten zu diesem Zeitpunkt nach Halle kommen, weil er uns etwas wichtiges mitzuteilen habe. Dieses teilte mir die Liane WENZEL mit und ich fuhr deshalb mit ihr nach Halle. WENZEL teilte uns mit, dass in Berlin nach Verbindungen der Harich-Gruppe in das Gebiet der Deutschen Demokratischen Republik gesucht werde, und sagte, dass deshalb mehrere Angestellte des Aufbau-Verlags zur Zentralen Parteikontrollkommission beim Zentralkomitee der Sozialistischen Einheitspartei Deutschlands geladen worden seien. Ferner sagte er, dass unsere Oktoberzusammenkunft damit in Zusammenhang gebracht werden könnte und dass ich deshalb allen Teilnehmern mitteilen sollte, sie sollen nicht darüber sprechen. Ich erklärte mich dazu bereit, da ich mir des feindlichen Charakters der Zusammenkunft bewusst und bestrebt war, dieselbe zu verheimlichen. Weiteres besprach ich mit WENZEL nicht, da der Zug mit Verspätung ankam und daher nur 10 Minuten Aufenthalt hatte. Die Liane WENZEL sprach dann noch mit ihrem Mann über private Dinge. Dabei hörte ich allerdings nicht zu und ging zu Seite.«

Der feindliche Charakter der Zusammenkunft – Wendler hatte einen Erfolg erzielt. So stand es im von L. unterzeichneten Protokoll. Jeder Signatur unter solch einer Formulierung ging zähes Feilschen voraus. L. bestritt weiterhin, staatsfeindlich gedacht und gehandelt zu haben – aber *partei*feindlich? Er war doch aus der SED geworfen worden, oder? *Partei*feindlich war nicht strafbar, beharrte er. Jaaa, aber Walter Ulbricht war ja nicht nur 1. Sekretär der SED, sondern auch Stellvertretender Ministerpräsident der DDR. Wer etwas gegen Ulbricht einzuwenden hatte, griff auch den Staat an, oder etwa nicht? Es war spät am Nachmittag, wenn der Vernehmer seine Tagesbeute ins Trockene bringen wollte. Am Montag und Dienstag zog der Hunger die Därme des Häftlings besonders kneifend zusammen. Druck im Kopf, Schwindelgefühl, bloß raus. Also die Unterschrift.

»Frage: Mit welchen Personen sprachen Sie in Leipzig über Ihre Unterredung mit WENZEL?

Antwort: Vom Verlauf dieser Unterredung setzte ich meine Frau und Manfred NAUMANN in Kenntnis. Es könnte auch sein, dass ich Winfried SCHRÖDER hiervon informierte. Ich hatte mit NAUMANN abgesprochen, dass dieser die anderen Teilnehmer der Oktoberzusammenkunft von dieser Sicherheitsmaßnahme informiert. Ob er das jedoch getan hat, weiß ich nicht.«

Und wieder tagelang: »Welche Fragen stellten Sie dem polnischen Staatsangehörigen?« Vorhalt aus dem Protokoll von Ralf Schröder: »Dabei legte LOEST besonderen Wert auf die Frage, wie die polnischen Veränderungen vorbereitet wurden und welche Rolle die Literatur dabei gespielt hat.« L. wollte sich nicht besinnen können.

Glanzstück:

»Frage: Weshalb stellten Sie Fragen an den Polen?

Antwort: Ich stellte an den polnischen Staatsangehörigen Fragen, weil ich über Verschiedenes, wonach ich auch fragte, Auskunft haben wollte.«

Eines Spätnachmittags Ende Januar 1958 betrat L. seine Zelle. Da stand schon einer, das Gesicht zur Pritsche. Riegel vor. Sein neuer Zellengefährte war etwa einsachtzig groß, kräftig, um die fünfundvierzig, Glatzkopf. Er nannte einen, seinen Namen – der ist dem Erzähler entfallen, er könnte in den Akten gefunden werden. Wozu? Der Mann wäre heute an die fünfundneunzig oder ist wahrscheinlich tot. Einen Abend und noch einen und einen Sonntag dazu hatten die beiden Zeit, sich ihre Geschichten zu erzählen oder zu verschweigen. Der Berliner sei wegen Besitzes einer Pistole in Haft. Der Mann, von dem er sie, übrigens ohne Munition, gekauft habe, sei Leipziger, hier sollte der Prozess stattfinden, deshalb sei er von Berlin überstellt worden. Dummheit aus Sentimentalität, ein paar Monate Knast, nicht der Rede wert. Fast vier Jahre Ostfront mit drei Verwundungen, Obergefreiter, am Schluss in den Trümmern Berlins untergetaucht bei dieser und jener Freundin. Geschieden, allein, gab ja Mösen genug, oder? Im Krankenhaus Friedrichshain als Arzthelfer angestellt, gute Position. Wenn er an einer Theke hinwarf, er sei Mediziner, hieß er gleich »Herr Doktor«. Dann wiegelte er leichthin ab – keine Förmlichkeiten bitte. Überhaupt Kneipen, er sei dabei, in seinem Gedächtnis nachzuforschen, wo es in Berlin Straßenkreuzungen mit vier Eckkneipen gab oder gegeben hatte. Drei seien ihm schon eingefallen. Was kannte L. von Berlin, Ost und West? Besuche in Redaktionen im Ostteil, ein paar Mal zum Fußball im Olympiastadion, Schmutzler und Kollmannsberger bei TeBe, Grenzkinos, »Der dritte Mann«. Der Berliner: Überhaupt Frauen. In seinen paar Knastnächten habe er angefangen, sich an alle zu erinnern, die er gefickt hatte, jetzt sei er bei dreihundert angelangt. Allein in der Slowakei bei der Niederschlagung des Aufstands – ach, du warst auch dort, wann?

»Bericht

Am 27.1.58 wurde ich gegen 17.00 Uhr in die Zelle des L. verlegt. L. begrüßte mich geradezu überschwänglich. Er half mir sofort beim Bettenbau, fragte, wie lange ich in Haft wäre. Als er erfuhr, dass ich erst seit Sonnabend eingesperrt sei, war seine nächste Frage: ›Was macht Wilhelm Pieck?‹ Ich wusste nicht, was ich mit dieser Frage machen sollte, und wurde von ihm aufgeklärt: ›Pieck ist körperlich und geistig fertig und sein restloser Zusammenbruch ist nur eine Frage der Zeit. Sein Tod ist unsere Freiheit, dann gibt es nämlich sofort eine Amnestie. Gott gebe uns bald eine Amnestie‹, fügte er bewusst ironisch hinzu. Dann wollte er über meinen Fall wissen und was ich meinem Vernehmer darüber gesagt hätte. Ich sagte ihm, dass ich ihn belogen hätte. Er meinte, wenn ich stur an dieser Aussage festhielte, könne mir niemand etwas anhaben. Von seinem Fall berichtend erzählte er mir, dass er wegen staatsfeindlicher Gruppierung – ähnlich wie Harich – einsäße. Außer seiner Frau, die ebenfalls hier im Haus wäre, wüsste er bis jetzt von neun Mitgliedern seiner Gruppe, die ebenfalls in Haft wären. Wörtlich sagte er: ›Einer von uns hatte Verbindungen zum englischen Geheimdienst. Wer das ist, werden die wohl nicht rauskriegen.‹ Dabei lächelte er ironisch. Weiter erzählte er, dass das geistige Oberhaupt seiner Gruppe ein Dr. SCHRÖDER sei. ›Der Kerl erzählt dem MfS nicht nur, was er gemacht, sondern auch, was er gedacht hat. Dümmer geht es wirklich nicht.‹ Wenn er gewusst hätte, dass man seine Frau auch verhaften würde, wäre er ohne Weiteres nach dem Westen gegangen. ›Dass die Stasi meine Frau verhaftet hat, war ein riesengroßer Fehler von denen. Die sind doch sonst nicht so dumm.‹

gez.: Stahl«

7. Kapitel: Zermürbungstaktik

I

Anfang Februar 1958 tagte das Zentralkomitee der SED. Scharf wurde der für Sicherheitsfragen zuständige ZK-Sekretär Karl Schirdewan kritisiert, lasch gegenüber Konterrevolutionären reagiert zu haben. Anfangs versuchte ihm Otto Grotewohl beizuspringen, indem er argumentierte, man müsse in manchen Situationen biegen und nicht brechen. Ulbricht wendete sich erbittert gegen Wollweber, den MfS-Minister. Versöhnlerisch, kapitulantenhaft habe er gehandelt – am Ende wurden Wollweber, Schirdewan und der stellvertretende Generalstaatsanwalt Bruno Haid von ihren Posten entfernt. Im Fall Schirdewan stimmten dagegen er selbst, Fred Oelßner und sogar der oft so schlappe Grotewohl. Aber zehn brettharte Ulbrichtleute votierten dafür. Zweifelhaft bleibt, ob die angeführten Gründe die hauptsächlichen waren. Ulbricht wollte Schirdewan ausschalten, weil der ihm im Kampf um die Macht hätte gefährlich werden können. Honecker räumte Schirdewan liebend gern aus dem Weg, weil der ihn hinderte, »der Zweite« zu werden, und Mielke bekam den Ministerposten der Staatssicherheit nur, wenn Wollweber nicht mehr dort saß.

Die verurteilten Berliner, nach Ulbrichts Meinung zu billig davongekommen, hatten unterdessen über die verhafteten Leipziger ausgesagt. Das Ergebnis war dürftig. Also ab in den Strafvollzug, ab nach Bautzen II.

Am 5. Februar 1958 kletterten Janka, Just, Zöger und Wolf in eine als Bäckereiauto getarnte »Grüne Minna«, die durch

Blechwände in Käfterchen aufgeteilt war. Die Strafgefangenen trugen noch die dünnen Drillichanzüge, die ihnen im Sommer verpasst worden waren. Während der Zehnstundenfahrt mit mehreren Zwischenstationen in Haftanstalten froren sie bis ins Knochenmark. Andere Häftlinge wurden aus- oder zugeladen, Frauenstimmen waren zu hören. Die vier konnten kaum noch die Knie strecken, als sie in einem von Scheinwerfern erhellten Hof ausstiegen, kreuzlahm und halb ohnmächtig vor Hunger. Von Licht und Schnee geblendet, die Finger durch die Handschellen gefühllos, stolperten sie durch das Spalier der Posten. Janka wurde als erster zum Anstaltsleiter, genannt »der Uhu«, gebracht, der gab dem Frisörkalfaktor einen Wink: Kürzer! Nach der Prozedur blieb eine putzige Bürste. Danach wurde Janka die Haupttreppe hinaufdirigiert, die heute noch zu besichtigen ist, vom Erdgeschoss bis in den fünften Stock führend, die »Himmelsleiter«. Die Zelle war schmutzig, das Fenster undurchsichtig vor Dreck. Spinnweben überall. Nach einer Weile wurde die Tür aufgerissen. In ihr stand der Direktor neben Staatsanwalt Jahnke, der verkündete, dieser Strafgefangene habe die Partei verraten und den sozialistischen Staat bekämpft. Er habe die fortschrittlichen Errungenschaften rückgängig machen und kapitalistische Verhältnisse einführen wollen. Also Einzelhaft und Entzug aller Vergünstigungen.

Ebenso erging es Just, Wolf und Zöger. An die Zellenwand geschraubt waren Tisch und Bank, darüber ein Regal für Blechschüssel, Napf, Löffel, Zahnputzbecher und Zahnbürste. Das Fenster konnte gekippt werden und gab ein Stück Himmel frei. Wenige Geräusche im Haus, Klopfsignale der Wärter mit dem Schlüssel gegen das Geländer, selten Stimmen. Zöger und Wolf klammerten sich an die Vorstellung, nach der Hälfte der Strafzeit entlassen zu werden, also bald, sehr bald. Freistunde allein in einem kleinen Hof. Alle hatten ständig Hunger. Auf den Dachfirsten stritten sich Dohlen. Die Häftlinge lasen

»Neues Deutschland«, gierig nach Meldungen, die auf eine Entspannung der politischen Großwetterlage hindeuteten, der eine umfassende Amnestie folgen würde, müsse.

Die Zellen in einem oberen Seitenflügel waren nicht geheizt. Janka entdeckte, dass mit seinem Stück Kernseife am Ölsockel der Zelle geschrieben und gezeichnet werden konnte. Er suchte Mathematikkenntnisse hervor, löste Gleichungen mit zwei und drei Unbekannten und zog Wurzeln. Er erinnerte sich an den Frontverlauf im Spanischen Bürgerkrieg. Im toten Winkel nahe der Tür blieb sein Treiben unbemerkt. Vor der Freistunde oder der Hereingabe des Essens wischte er seine geheime Wandtafel mit dem Taschentuch mühelos sauber.

Nach einigen Wochen erhielt Just Arbeit: Er sollte Eierlöffel aus Bakelit entgraten. Die Norm war nur zu erfüllen, wenn er es mit der Sorgfalt nicht so genau nahm. Er schmirgelte, umwickelte jeweils ein Dutzend Löffel mit einer Banderole. Die anderen drei ruinierten sich die Fingerkuppen, indem sie Lochkarten mit Druckknöpfen bestückten. Wenn der Kalfaktor das Material in die Zelle gab oder abholte, fielen ein paar Worte über den Arbeitsablauf. Ein Wachtmeister stand immer dabei.

Ein Buch pro Woche. Jeder las es mehrere Male. Je dicker, desto besser. Die Ausgabe erfolgte willkürlich, Bestellungen waren nicht möglich. Der dritte Band von »Krieg und Frieden« war dabei, »Salka Valka« von Laxness, aber auch der Bericht eines gewissen Bengsch über den Bau einer Großdrehanlage in einem Berliner VEB, neunzig Seiten dünn. Heldenbücher von Partisanenkämpfen, Übersetzungen aus Bulgarien, Jugoslawien, der Sowjetunion. Jungen leisteten Übermenschliches, ein alter Schäfer pfiffelte die Internationale.

Am 5. März 1958 durfte Heide Just ihren Mann zum ersten Mal in Bautzen besuchen. Sie fand den Eingang nicht gleich, er lag versteckt auf der Rückseite. Eine Polizistin öffnete,

Heide Just zeigte ihren Schein und wurde über einen Hof voller Schneematsch geführt. In einem kleinen Zimmer musste sie warten, dann erschien »der Uhu« und belehrte sie, sie dürfe ihren Mann nur mit Handschlag begrüßen, Umarmung und Kuss seien verboten. Gespräche über Prozess und Belange der Anstalt – verboten. Sie hatte Obst und Psychologiebücher mitgebracht – Übergabe verboten. Heide Just schrieb über diese Begegnung: »Dort saßest du, ruhig, lächelnd, das Haar kurz, aber leicht gewellt, gestrafft in Haltung und den Gesichtszügen. Du standest auf, wir hielten uns an der Hand. Der Strom des Glücks, dich aufrecht, ungebrochen wiederzusehen, ergoss sich über mich. ›Erzähl mir was von euch.‹ Ich erzählte stockend. Dein größter Kummer trat zutage, als du von Vater sprachst, voller Sorge und Verzweiflung, ihn nicht wiederzusehen. ›Ich hätte ihm so viel zu sagen! Nichts trennt mich von ihm, ich bin ihm ganz nah.‹ Dabei fiel dein Kopf auf den Tisch und du weintest. Ich konnte dir nicht meine Hand auf den Kopf legen. Du fragtest immer wieder nach den Kindern, was wir tun und wie wir leben. Vierzig Minuten konnten wir miteinander sprechen. Dann durften wir uns wieder die Hand geben, da hielt ich deine rechte an meinen Mund, lange… Mir schien es lange, ich sog alle Kraft aus ihr in mein Herz und ließ all meine Liebe in sie hineinströmen, sie war so kühl, deine Hand, die immer so warm gewesen war.«

2

Tag für Tag setzte Hauptmann Wendler sein Puzzle zusammen. Inzwischen stand auf die Viertelstunde genau fest, wer an jenem Oktoberabend wann gekommen und gegangen war.

»Frage: Wurde im Verlauf der Oktoberzusammenkunft der Name HARICH erwähnt?

Antwort: Ich kann mich nicht erinnern, dass im Verlauf der Zusammenkunft in meiner Wohnung der Name HARICH erwähnt wurde.

Frage: Dem Untersuchungsorgan ist bekannt, dass WENZEL darlegte, die Redakteure des SONNTAG würden ihre Inhaftierung befürchten. Sagen Sie dazu aus!

Antwort: An derartige Ausführungen des WENZEL kann ich mich nicht erinnern.«

Zwei Wochen lang stocherte Wendler in diesem Komplex herum, immer bemüht, Hoffnungen L.s auf *Veränderungen* in der DDR herauszufinden und ihn festzulegen, zu diesen Veränderungen habe er durch Gespräche, die andere beeinflussten, beitragen wollen. *Einen* Vortrag sollte Ralf Schröder im »Klub junger Künstler« über zu Unrecht verfolgte und unterdessen rehabilitierte sowjetische Schriftsteller halten – seien nicht mehrere Vorträge vorgesehen gewesen? Wendler ließ nicht davon ab. Der Hauptmann unterschritt sein Niveau. Die erste Fassung des Protokolls stellte er handschriftlich her. Der Häftling unterschrieb jede einzelne Seite. Später wurden die Protokolle in eine Schreibmaschinenfassung gebracht und wieder seitenweise bestätigt. Diesmal ließ Wendler an die zehn Abschriften ansammeln und wollte sie am späten Abend unterzeichnen lassen. »Vortrag« war durch »Vorträge« ersetzt. L. war auf der Hut und verlangte eine Berichtigung. Wendler zeigte sich verlegen, L. feixte. Also neue Kopie. Dabei hatte Wendler vergessen, das vorherige Protokoll, das bereits von ihm unterschrieben war, herauszunehmen, und so las L. seinen Namen. Ein ungewöhnlicher Fall von Dekonspiration. L. gab die Papiere ohne Bemerkung zurück.

Bereits am 17. November 1957 hatte Ralf Schröder zugegeben, er habe den »Klub junger Künstler« in Leipzig zu einem Petöfi-Kreis ausbauen wollen, zur legalen Plattform für illegale Tätigkeit. Mit Loest habe er nicht wörtlich in diesem Sinne gesprochen, aber die Umstände hätten ihn erkennen lassen, dass auch Loest diese Absicht gehabt habe. Nun musste L. sich auch gegen eine Aussage von Lötzsch wehren, der bereits in seiner ersten Haftnacht geplaudert hatte, L. habe in diesem Klub eine Atmosphäre wie in Polen schaffen wollen. Und Joachim Wenzel habe am 13.12.56 ausgesagt, der Klub habe antistalinistischer Propaganda dienen sollen. L. gab immerhin zu, die damalige politische Lage falsch eingeschätzt zu haben. Erfolg für Wendler. Der legte ihm ein Buch von Ruth Fischer vor: »Stalin und der deutsche Kommunismus«. Das hatte L. gelesen, wahrscheinlich von Naumann bekommen und an Ralf Schröder weitergegeben, möglicherweise, oder an Winfried, dem es vermutlich gehörte. L. hatte mit Ralf Schröder über den »Pfeffermühlen«-Eklat gesprochen, Schröder war gegen den gewaltsamen Abbruch gewesen, warum? Keine Ahnung. Einmal habe L. gehört, Janka sei gar nicht verhaftet, sondern werde in einer Art Hausarrest gehalten, wer hatte das erzählt? Strittmatter. Gerüchte, Klatsch. Der Übersetzer Vapenik aus Prag habe L. erzählt, eine Neujahrskarte von Janka erhalten zu haben. Also sollte wohl erreicht werden, dass die Verhaftung von Janka im Ausland nicht bekannt werde? Aus dem Bibliographischen Institut erfuhr L., dass dort ein Artikel, Walter Ulbricht sei Spanienkämpfer gewesen, geschrieben worden sei. Einmal wollten Naumann und er mit Winfried Schröder Skat spielen, der war aber nicht zu Hause. Also gingen sie zu Ralf, der im gleichen Haus wohnte. Ralf berichtete, er habe in einer Bar gegenüber Unbekannten im Suff auf Ulbricht geschimpft. L. warf ihm vor, damit sich und andere in Gefahr gebracht zu haben. Wer waren »andere«? Ach, diese Erzählung »Die schwere Stunde des Robert Stolte«. Das Manuskript lag in einer Schublade in L.s Wohnung. Niemand hatte sie bisher erwähnt. Die Vorgeschichte: Unmittelbar nach Bekanntwerden von Chruschtschows Rede diskutierten im April 1956 im Literaturinstitut einige Schriftsteller über die Möglichkeit, Probleme, die der XX. Parteitag aufwarf, literarisch darzustellen. Müsste man probieren, meinte L. und entsann sich seiner Jahre bei der »Leipziger Volkszeitung«. Da passierte eines Abends einem Setzer der Irrsinnsfehler »Sozialdemokratische Einheitspartei« statt »Sozialistische Einheitspartei Deutschlands«, der rutschte durch sämtliche Kontrollen. Und siehe, alle Beteiligten, Metteur, Nachtredakteur und Schlusskontrolleur, waren Mitglieder der SPD gewesen. L. gehörte der Parteileitung an und ergriff sofort die Initiative. Er trommelte die verstörten Sünder zusammen und beschwor sie: Keiner von euch hatte eine böse Absicht. Auge und Hirn nehmen *Wortblöcke* auf. Ihr müsst den schlimmen Fehler einsehen und erhöhte Wachsamkeit geloben, das ist sonnenklar. Parteileitung und Redaktion unterstützen euch. Oberpeinlich jetzt beim Kampf gegen den Sozialdemokratismus! Das war fast so schlimm, als wenn einer ZK mit KZ verwechselt hätte. Wenn einer von euch, impfte L. allen ein, die Nerven verliert und nach dem Westen abhaut, sind die anderen geliefert.

Nicht lange, und zwei Genossen mit harschen Mienen tauchten auf – trugen sie wirklich Ledermäntel, wie L. jahrzehntelang meinte? Sie gehörten zur K 5 der Kriminalpolizei, dem Vorläufer des MfS, und waren von Sabotage überzeugt. L. sprach zu ihnen von der gedanklichen Mechanik jedes Autors, Lektors, Setzers und Kontrolleurs, nach dem kleinsten Tippfehler zu fahnden und dabei scheinbar logische, dennoch teuflisch falsche Konstruktionen zu übersehen. Sabotage? Nie und nimmer, die Parteileitung habe das Problem im Griff, die Genossen möchten bitte nichts überstürzen. Da zogen sie ab, forderten Bericht und äußerste Strenge, aber sie zogen ab.

Über diesen Vorfall schrieb L. eine Erzählung von fünf Seiten. Er schickte sie an den »Sonntag«, Heinz Zöger gab sie ihm zurück. Auch die Redaktionen von »Sinn und Form« und

»Neue deutsche Literatur« lehnten ab: künstlerisch misslungen. L. legte das Manuskript in eine Schublade zu anderem Ausschuss. Als ihm Ralf Schröder einmal riet, antistalinistische Geschichten zu schreiben, erinnerte er sich. Sie redeten darüber. War »Die schwere Stunde des Robert Stolte« wirklich das, was sich Schröder vorstellte? Man musste diesem Problem sicherlich auf andere Weise beikommen.

Schröder gab zu Protokoll: »Entsprechend seinen Angaben über den Inhalt dieser Erzählung charakterisierte LOEST in verleumderischer Weise die Arbeitsmethoden des Ministeriums für Staatssicherheit als sogenannten psychologischen Terror.«

Die Schnüffler des MfS suchten in L.s Wohnung, bis sie fanden, und Hauptmann Wendler hatte für die nächste Woche sein Thema.

Um diese Zeit streckten Ronald Lötzsch und Winfried Schröder alle Waffen. Sie bestätigten nicht nur Fakten, die nicht zu bestreiten waren wie die Geldsammlung für Luchts Familie, sondern kehrten reuevoll und ohne Abstriche auf die Linie der Partei zurück. Sie hätten sich, als in Ungarn der Sozialismus wie der Weltfriede gefährdet waren, kapitulantenhaft und damit konterrevolutionär gebärdet – das luden sie sich auf die Seele und fanden das alte, festgefügte Lenin'sche Fundament wieder, eine Entscheidung, die bei beiden lebenslang halten sollte.

»Bericht

LOEST erzählte mir, dass ein sehr unangenehmer Punkt auf dem Vernehmungsprogramm stünde, der Bund junger Künstler. Diese Sache mache ihm sehr zu schaffen und er wisse noch nicht, wie er diese kitzlige Angelegenheit zu einem einigermaßen guten Ende bringen solle. Ganz besonders unangenehm sei ihm gewesen, dass ein neuer Mann aufgetaucht sei, der ihn schon durch sein Äußeres stark beeindruckt hätte. Er beschrieb ihn als einen starken, energiegeladenen Mann, eine typische Kämpfernatur, dem auf längere Zeit standzuhalten er bezweifle. L. meinte weiter, dass man anscheinend versuche, ihn in strafrechtlicher Hinsicht auf das Niveau des Dr. SCHRÖDER zu stellen. In den nächsten Tagen würde es wohl so weit sein, dass man von ihm eine Einschätzung erwarte, Gruppe oder Gruppierung. Er meinte, er müsse dann den Kampf seines Lebens kämpfen und keinesfalls zugeben, dass es sich um eine Gruppe gehandelt hätte. Das würde sehr teuer werden. Auf meine Frage, mit welcher Strafe er dann rechne, meinte er: Das kann man sich nicht ausrechnen, das bestimmt nicht die Stasi, auch nicht der Staatsanwalt, sondern ganz allein die Partei. Bei einer Unterhaltung über die Vernehmer und das Aufsichtspersonal meinte er: Auf allen Gesichtern steht die Angst vor dem Laternenpfahl. Meinen Einwurf, dass man mit solch einer Situation doch wohl kaum zu rechnen habe, beantwortete er: Damit hat man vor dem 17. Juni und in Ungarn auch nicht gerechnet.

L. glaubt, dass seine Frau in der Zwischenzeit schon aus der Haft entlassen worden ist. Morgens ist L.s erste Frage und abends seine letzte: Was meinst du, ob der Alte nun endlich tot ist?

gez. Stahl«

»In Sachen SCHRÖDER

Es habe den Anschein, dass nun mit Gewalt dem Ende zugestrebt würde. Da bereits die Abschlussprotokolle geschrieben würden. Es habe nun den Anschein, dass sein Bruder sowie NAUMANN nicht mehr zur Gruppe gezählt würden. Scheinbar hätten mehrere verstanden, das U.-Organ davon zu überzeugen, dass sie nur bis Ende 1956 aktiv gewesen seien, sodass nur er und LÖTZSCH als diejenigen gelten, die nach dieser Zeit noch aktiv waren. Er stünde demnach noch auf den Schultern LOESTs, da er als Ideologe gelte, während LOEST nur Organisator war. Durch sein Verhalten, welches er zu Beginn der Untersuchung für nötig hielt, habe er sich viele Möglichkeiten verscherzt. Er würde heute grundsätzlich anders handeln. Es sei so, dass ihm kein Wort mehr geglaubt würde. Für ihn erstaunlich sei es, wie sich NAUMANN, der auch eine große Aktie an der Gruppierung besitze, aus der Affäre gezogen habe. Durch diesen sei er doch erst mit LOEST bekannt geworden. Sein Bruder sei auch grundsätzlich Trotzkist und habe sich mit Trotzkis Theorie eingehend befasst, während LOEST nicht so viel davon verstünde. Sein Einsatz, sich aufs Schwerste zu belasten, müsse doch wenigstens den Erfolg haben, dass die anderen dadurch stark entlastet werden und im Strafmaß besser abschneiden. Er glaubt, dass nach Lage der Dinge mehrere Prozesse geführt werden sollen. Dass er, LOEST, LÖTZSCH einen extra Prozess bekommen, dem sich ein weiterer mit seinem Bruder, NAUMANN, SILKA, WIEPRICH anschließt.

gez. Edelweiß«

3

Am 24. Februar 1958 zeigte Hauptmann Wendler seinem störrischsten Häftling einen Brief von wenigen Zeilen: Annelies gratulierte ihrem Mann zum Geburtstag und wünschte Gesundheit und Glück. L. begriff sofort und sprach es aus: Also ist meine Frau noch in Haft. Wendler fragte, wieso L. das annehme. Der Brief sei mit Anstaltstinte und einem Federhalter geschrieben worden, daheim würde sie einen Kugelschreiber benutzen. Wendler schenkte sich diesmal die Litanei, daran sei L. selbst schuld, warum sagte er nicht endlich die Wahrheit wie alle anderen.

Allmählich zeigte die Haft Wirkung. Nur einmal in der Woche wurde L. satt, am Sonntagmittag. Bisweilen kam er nur einmal wöchentlich für einige Minuten in die sogenannte Freistunde. Die schwarz gestrichenen Wände. Allmählich ging ihm sein Mitgefangener mit seinen Weibergeschichten auf die Nerven. Kneipen, Biersorten, Titten! L. war über das Zentrum von Berlin nur wenig hinausgekommen, dort lagen die Redaktionen des »Eulenspiegel« und des Verlags Neues Leben. Mit seinem Freund Andrießen ins Olympiastadion, das schon. Der Kumpel: Wie waren die Bienen in den Verlagen, mussten doch scharfe Luderchen drunter sein, oder? Fick auf der Schreibtischecke, könnte er sich vorstellen. Erzähl doch mal! L. blieb im Allgemeinen, schwindelte ein bisschen, dies, das, na ja.

Immer stärker setzte ihm die Sorge um Annelies und die Kinder zu. Robbi war ein halbes Jahr alt gewesen, als Annelies eingesperrt wurde, jetzt waren fast vier Monate vergangen, die Arbeit mit dem Kerlchen würde über die Kraft auch der treusorgendsten Großmutter gehen. Einmal musste L. eine Aussage von Annelies wegen einer Lappalie während des Oktobertreffens abwehren, es sei fast kein Alkohol getrunken worden. Er hatte angegeben, vor allem Naumann sei am Ende ziemlich blau gewesen. Äußern Sie sich! Leicht war zu entgegnen gewesen, Annelies sei ja lange vorher ins Bett gegangen. Dieser Vorhalt war um Weihnachten erhoben worden, inzwischen war es März. Annelies musste das bisschen, was sie wusste, längst ausgesagt haben. Saß vermutlich tatenlos in der Zelle. Er versuchte sich vorzustellen, wo sie in diesem Augenblick war, schräg über, direkt unter ihm. Er hoffte, seine Liebesstrahlen durchdrängen Wände und Decken. Er musste mehrere Male nachsuchen, ehe ihm Wendler Papier und Tinte gab, um einen Brief an die Staatsanwaltschaft zu schreiben, in dem er auf die Lage seiner Kinder hinwies und um Abhilfe bat. Er meinte, auf diesen Brief müsse er eine Antwort erhalten, er habe ein Recht darauf. Noch war er blutiger Anfänger im sozialistischen Justizgefüge.

Die gelegentlich auftretenden Magenschmerzen schob er auf den Hunger und das miserable Brot. Sein Zellenkumpel, der Arzthelfer, diagnostizierte, nervliche Gründe könnten eine Rolle spielen. Der Sanitäter spendierte Tropfen gegen überhöhte Magensäure, manchmal halfen sie. L. krümmte sich, wenn er weiße Bohnen oder Hering gegessen hatte, und war sich schon vorher über die Folgen klar, aber der Hunger ließ ihn immer wieder kapitulieren.

Im »Riss«: *Eine Treppe wurde er hinuntergeführt, vor einer Tür stand ein Wachtmeister. »Zeigen Se mal her!« Zum ersten Mal hielt L. die Hände so hin, dass ihm Handschellen angelegt werden konnten, ungeschickt stellte er sich dabei an; er sollte es noch lernen. Gedemütigt fühlte er sich, Jahre später regte sich in ihm dabei keine Faser mehr. Ein Sanitätsauto stand im Hof, ein Wärter legte eine Maschinenpistole neben den Fahrersitz. L. wurde auf die Bahre geschnallt; so fuhr er mit drei Mann Bedeckung durch die Stadt zum Haftkrankenhaus in Meusdorf. Durch schmale Sichtstreifen sah er Dachrinnen, Fenster, auch mal die Nummer einer Straßenbahn. Das Auto musste an Haltestellen warten, einen Meter von ihm entfernt stiegen Menschen ein und aus, gewiss hatten sie ihre Gedanken dabei, ihre Probleme, gleichgültige Blicke streiften ein Krankenauto. Ein Mensch lag gefesselt, in den Zeitungen hieß es »wie ein Schwerverbrecher«. Er galt als Schwerverbrecher; es war mühselig, das zu begreifen.*

L. wurde geröntgt, ein Magengeschwür festgestellt. Die Schonkost mit Weißbrot und dünnen Kartoffel- und Griessuppen war noch jämmerlicher als das normale Knastessen.

Hauptmann Wendler kündigte an, es werde bald zu einer Gegenüberstellung mit Ralf Schröder kommen. Er wolle doch mal sehen, ob L. dann weiterhin bei seinen Lügen bleiben werde! Er ist mit seinem Latein am Ende, redete sich L. ein, aber er fürchtete sich auch. Bisweilen saß jetzt ein zweiter Vernehmer dabei, L. versuchte vergeblich, herauszuspüren, ob der Wendlers Vorgesetzter war. Der Ton wurde rauher.

»Bericht

LOEST hat beschlossen, wahrscheinlich schon am Montag in einen Hungerstreik zu treten und gleichzeitig keine Aussagen mehr zu machen. Zweck dieses Hungerstreiks ist es, die Haftentlassung seiner Frau zu erzwingen. Er hofft, dass er bis zum Montag auf sein Schreiben hin dem Staatsanwalt vorgestellt wird, um diesem offiziell den Beginn des Streiks zu verkünden. Er erklärt mir immer wieder, dass es sich bei der Festnahme seiner Frau um eine ausgesprochen ›nazistische Sippenhaft‹ handele, die zu beenden er jedenfalls entschlossen sei. Wie ich LOEST kenne, hängt er viel zu sehr am Essen und mangelt es ihm an der moralischen Kraft, um diese Aktion überhaupt zu beginnen, geschweige sie durchzuführen.

    gez. Stahl«

Am Montagmittag wurde die Zelle aufgeschlossen, das Essen sollte hereingegeben werden. L. sagte über die Schulter: »Für mich bitte nicht. Hungerstreik.« Kurze Verwirrung, die Schüsseln wurden trotzdem abgestellt, gleich darauf wieder herausgenommen. Eine knappe Stunde später: Bouletten mit Bratkartoffeln für beide! Welch ein Duft! Der Kumpel vertilgte seine Portion mit Behagen. In der Folge Schnitzel, Kartoffelpuffer mit Apfelmus, Makkaroni mit Gulasch. Stundenlang lockten die Gottesgaben. L. legte sich auf die Pritsche, niemand scheuchte ihn hoch. Der Anstaltsleiter trat auf und mahnte L. milde, sich nicht kaputt zu machen, damit würde er seinen Kindern am wenigsten nutzen. Wie lange er denn schon diesen Anzug trage – seit der Verhaftung. Da könne man ihn mal wechseln, oder? Beim Zähneputzen am Morgen schluckte L. den halben Becher leer, dabei wurde er durch den Spion beäugt; er drehte dem Späher den Rücken zu. Der Sanitäter fühlte ihm den Puls, schwieg.

Am fünften Tag belehrte ihn der Anstaltsleiter über die Rechtslage. Wenn L. so weitermache, werde er ins Haftkrankenhaus verlegt und künstlich ernährt. Aber dazu wolle es L. doch wohl nicht kommen lassen. Am sechsten Tag wurde er sorgfältig rasiert und in eine Vernehmerzelle gebracht. Ein Zivilist, den er noch nicht gesehen hatte, sagte, er sei Staatsanwalt; einen Namen nannte er nicht. Er könne L. beruhigen, seine Kinder seien gesund und kämen mit den Großeltern gut zurecht, er habe auszurichten, L. solle sich keine Sorgen machen. Die Situation werde ständig überprüft und auch künftig überprüft werden. Jahre später erfuhr L., dass bis dahin und auch später niemand je bei seinen Schwiegereltern nachgefragt hatte. »Ich hoffe, dass Sie Ihre sinnlose Haltung nun aufgeben.«

L. wurde in seine Zelle zurückgebracht; er musste sich am Geländer festhalten, der Posten brüllte nicht. Oben stand der Sanitäter lächelnd mit Milchsuppe und versicherte, L. kriege das Mittagessen natürlich extra. Jetzt nicht hastig schlingen, bloß nicht! L. wusste nicht genau, ob er kapituliert hatte.

Unterdessen schrieb Zelleninformant »Stahl« alle zwei oder drei Tage einen Bericht, im Mittelpunkt standen Frauengeschichten. Er gab abends und an den langen Sonntagen reichlich Stoff vor und fragte dann: Na, und du, he? Als Schriftsteller musste doch Schlag bei den Miezen gehabt ham, oder? L. gab sich wenig auskunftsfreudig, flunkerte schließlich: In Berlin kenne er eine Journalistin, mit ihr habe er sich in Bars getroffen, der letzte Abend endete gewöhnlich in einem Hotel. Sie sei verheiratet. »Stahl« unterstrich seine Meldung: »<u>Sie heißt Ingrid</u>!« Es ist nicht anders denkbar, als dass die Untersuchungsbehörde »Stahl« zu diesen Berichten aufforderte. Wollte sie die Ergebnisse Annelies auftischen, um sie zur Wut gegen ihren Mann und zu Aussagen gegen ihn anzustacheln? »Stahl« fragte: Wie stehst du zum Jazz, welche Rolle spielte der in Leipzig? Auf Reginald Rudorf kam die Rede, L. habe von ihm gehört, ihn aber nie getroffen. »Stahl« muss ein weitherum eingesetzter Spitzel gewesen sein, denn er merkte an, Rudorf in einem Haftarbeitslager getroffen zu haben. Auch habe er im Haftkrankenhaus Meusdorf eine Zeit lang die Krankenakte des Joachim Wenzel geführt. Er berichtete, L. habe ihn haarklein ausgefragt, wie man eine Blinddarmentzündung simuliere. Eines Tages, wenn es hart auf hart gehe, wenn er dringend eine Pause benötige, wolle er zu diesem Mittel greifen. In Ostberlin wisse Loest Bescheid, habe hier und dort bei Bekannten gewohnt. In Westberlin besitze er Ortskenntnisse um den Savignyplatz. Wenn er heraus und nach Westberlin komme, werde er dort einem gewissen Salter sein erstes Interview geben. Damit könne nur der berüchtigte CIA-Agent Salter vom »Monat« gemeint sein. Langsam scheine L. zu ihm Vertrauen zu fassen. Am Wochenende wolle L. zusammenfassend über den Slanskyprozess in der ČSR berichten. »Damit du mal einen Begriff vom Sinn <u>unseres Kampfes</u> erhältst. Gegen diese Dinge wollte unsere Gruppe angehen.« Zur II. Deutschen Kunstausstellung in Dresden 1953 hätten Fachleute ausgezeichnetes Material zusammengestellt, doch einige Parteigenossen aus Berlin – »Kulturbonzen« – hätten das ganze Programm umgeworfen und »läppische Schinken« vom sozialistischen Aufbau dazwischen gehängt. Hier wieder der Satz: »Dagegen richtet sich unser Kampf.« In Cottbus sei L. mit einer Schauspielschülerin in einem Hotel gewesen. »Auf meine Frage, was er denn ausgerechnet in Cottbus gewollt hätte, meinte er sichtlich ausweichend: Ach, nur so.«

Am 1. April 1958 starb Joachim Wenzel im Haftkrankenhaus Meusdorf an Leberkrebs. Der zuständige Arzt, Oberst der Volkspolizei Ahnert, hatte ihm schon Wochen zuvor nicht mehr lange zu leben gegeben. Ein »rigoroser zehntägiger Untersuchungsplan« war aufgestellt worden, um aus ihm herauszuquetschen, was nur irgend möglich war. Er sollte als Verbindungsmann zwischen Berlin und Leipzig festgelegt werden, als Spinne im Netz von Bloch, Harich, Janka und Loest. Wenzel bestritt, wiegelte ab; er wusste nichts von seinem bevorstehenden Ende. Seine Frau Liane bemühte sich verzweifelt um Joachims Entlassung, Staatsanwalt Kramer, der Vernehmungen auf dem Totenbett billigte, lehnte ab. In der NS-Zeit galt Liane als Halbjüdin, ihre Mutter und eine jüngere Schwester hatten das KZ Theresienstadt überlebt. Auch Joachims Familie in Karl-Marx-Stadt mit vielfältiger KP-Vergangenheit setzte sich ein und blieb ohne Erfolg. Liane war Mitte Zwanzig und hatte zwei Kinder, das jüngste war ein Jahr alt. Am Begräbnis nahm außer wenigen Verwandten auch Manfred Naumann teil.

Am 3. April wurde Annelies Loest gefragt, ob sie zum Geburtstag ihres Sohnes Thomas daheim sein wolle. Als sie auf diesen vermeintlichen Hohn nicht antwortete, fügte ein heiterer Offizier hinzu, sie werde noch an diesem Tag entlassen, denn sie habe sich in der Haft grundlegend gewandelt. Annelies erwiderte, dann müsste sie jetzt Faschistin sein, denn vorher sei sie Kommunistin gewesen. Sie erhielt die Kleidung, die ihr fünf Monate zuvor abgenommen worden war, und durfte hinaus auf die sonnige Straße. Eine freundliche Zivilistin begleitete sie zum Frisör, wo sie angemeldet war, dort sah sie sich seit der Festnahme zum ersten Mal im Spiegel und erinnerte sich, wie ein Haarwaschmittel roch. Draußen wartete ein Auto, das brachte sie nach Mittweida. Vor dem Haus ihrer Eltern stieg sie aus, das Auto fuhr rasch davon.

Thomas und Gitta stürzten auf ihre Mutti zu. In der Küche stand Robbi auf wackligen Beinen und hielt sich an einem Stuhl fest. Freudentränen. Und wo ist Papi? Fünf Monate Haft endeten ohne Prozess, ohne Entschädigung, ohne einen Fetzen Papier. Nie wieder kam eine Behörde des Staates DDR auf diese Zeit zurück. Vor ihrer Verhaftung war Annelies von einer Ärztin unterrichtet worden, Robbi sei rachitisgefährdet; nach dem Geburtstagsbesuch in Mittweida sollte er Spritzen bekommen. In der Haft drang Annelies darauf, dies ihrer Mutter mitteilen zu dürfen. Sie schrieb einen Brief, der die U-Haftanstalt nie verließ. Das war nicht neu – »Kinder von Staatsfeinden verdienen unser Mitleid nicht.«

Nach ein paar Tagen fuhren Annelies und die Kinder zurück nach Leipzig. In der braunen Brühe des Aquariums, in das Max Richter bei zweimaligem Besuch ein wenig Futter hatte streuen können, war nur ein Fisch am Leben geblieben, der robusteste, offenbar hatte er vom Fleisch seiner Brüder gelebt. Fortan nannte Annelies ihn »J. W. Stalin«.

4

Der Vernehmungston wurde härter, Wendler sprach es wie eine Drohung aus: Jetzt werde L. Ralf Schröder gegenübergestellt. Kreuzverhör. Geht an die Nerven!

Als L. einen großen Raum betrat, saßen Ralf Schröder, zwei Vernehmer und eine Protokollantin schon drin. Schröder grüßte freundlich: »Guten Morgen, Erich«, L. fauchte zurück. Der erste Punkt: L. hatte behauptet, Wolfgang Leonhards Buch »Die Revolution entlässt ihre Kinder« nie gelesen zu haben, und war bei etlichen Vorhalten stur dabei geblieben. Schröder hatte ausgesagt, es L. geliehen zu haben. Erneuter Vorhalt, Schröder blieb bei seiner Meinung, L. auch, selbstsicher, frech, und Schröder ging in die Knie – da müsse er sich wohl geirrt haben. »Haste, und in anderen Punkten auch!« L. begann sich wohler zu fühlen.

Breit wurde die Oktoberzusammenkunft durchgehechelt, eine Aussage von L.: »Ralf Schröder nahm in gleicher Weise wie die anderen Anwesenden an den Gesprächen teil und befürwortete Veränderungen im Gebiet der DDR. Er erklärte sich, wie bereits angeführt, zu einem Vortrag über rehabilitierte sowjetische Schriftsteller im ›Klub junger Künstler‹ bereit. Im Verlauf des Gesprächs versuchten wir uns darüber schlüssig zu werden, wie wir uns im Falle des Ausbruchs einer Konterrevolution im Gebiet der DDR verhalten sollten. Winfried SCHRÖDER, NAUMANN und ich vertraten die Auffassung, dass wir trotz allem auf der Seite der Partei stehen und notfalls auf irregeleitete Arbeiter schießen müssten. Dem widersprach Joachim WENZEL, der die Anwendung von Gewalt ablehnte und diskutieren wollte. Im Verlauf des Gesprächs revidierte er seine Auffassung. Ralf SCHRÖDER war der Meinung, dass wir nicht schießen dürften, sondern den Versuch unternehmen müssten, die Missstimmung gegen die Parteiführung – gegen sogenannte Stalinisten – und somit die Konterrevolution in eine andere Richtung zu lenken.

SCHRÖDER: Die Aussagen des Erich LOEST entsprechen der Wahrheit.«

Nun wurde es albern. Die Erzählung von der schweren Stunde des Journalisten Stolte hatte Schröder nicht gelesen, L. hatte lediglich von ihr erzählt. Die Vernehmer brachten Schröder zu der Aussage, darin werde eine unberechtigte Verhaftung durch Angehörige des MfS geschildert, was L. zurückwies. Er schlug vor, jemand solle die Geschichte vorlesen. Könnte Ihnen so

passen, das Machwerk noch weiter zu verbreiten! Die Vernehmer schüttelten sich vor Abscheu. Schröder nahm die Aussage zurück, es sei von einer Verhaftung die Rede gewesen. Von allen seinen beschissenen Aussagen ist diese die allermieseste:
»Die Art der Schilderung lässt jedoch die Schlussfolgerung zu, dass voreilige und ungerechtfertigte Verhaftungen des Ministeriums für Staatssicherheit möglich seien. Heute weiß ich, dass dieses in keiner Weise den Arbeitsmethoden dieses Ministeriums entspricht. Bereits lange vor meiner Verhaftung war dem Ministerium im Wesentlichen meine feindliche Tätigkeit bekannt, verhaftet wurde ich jedoch erst, nachdem mehrere Beweise vorlagen. Auch während meiner Inhaftierung wurde ich nie unter psychologischen Druck gesetzt. Aufgrund dieser Erfahrung halte ich die Erzählung für eine Verleumdung des Ministeriums für Staatssicherheit. Dass die Verbreitung des Inhalts dieser Erzählung Misstrauen und Hass gegen dieses Organ säen konnte, entnahm ich zum anderen daraus, dass in dieser Richtung die Wiedergabe des Inhalts dieser Erzählung auch auf andere Personen wirkte, die ich mit diesen bekannt machte.«

Von der Absetzung des »Pfeffermühlen«-Programms habe L. erzählt, von einer Broschüre Harichs mit dem Titel »Der Stalinismus in der DDR«, was L. bestritt. Schröder habe über einen Besuch der Sowjetunion einseitig und verleumderisch berichtet. Und wieder der Vortrag im »Klub junger Künstler«, und wieder... Gegen Ende diese Mahnung Schröders an den Widerspenstigen:

»Ich bin der Ansicht, dass wir uns selbst gegenüber verpflichtet sind, die einzelnen Fakten unserer Tätigkeit so zu benennen, wie es ihrem Inhalt entspricht, um in der Lage zu sein, mit dieser Vergangenheit in uns selbst zu brechen, diese zu überwinden und andere vor der Wiederholung ähnlicher Fehler bewahren zu helfen. Aus diesem Grund halte ich es für notwendig, dass man ungeachtet des besonderen Charakters des Zusammenfindens der hier beschuldigten Personen von einer Gruppe sprechen muss.«

Das Protokoll ist achtzehn Seiten lang und unterzeichnet von Referatsleiter Hauptmann Wendler, Hauptsachbearbeiter Oberleutnant Wünsch und Ralf Schröder. Nicht von Loest. Gründe dafür wollen dem Erzähler nicht einfallen.

»Bericht

Im Gegensatz zu seinen früher geäußerten Befürchtungen ist LOEST über die augenblicklich stattfindenden Gegenüberstellungen mit SCHRÖDER erfreut. SCHR. sei ein sehr ängstlicher Mensch, der dem allergeringsten Druck nachgebe, der nicht wisse, dass man Angriffe auch abwehren könne. L. wolle nun durch besonders forsches Auftreten dem SCHR. zeigen, wie man es machen müsse und ihm damit den Rücken steifen. ›Ich habe eine einmalige Gelegenheit‹, meinte L. ›Entweder wird er dadurch stark und kämpft mit, oder er ahnt, dass wir alle vor Gericht in dieser Form kämpfen werden, indem wir uns geschlossen gegen ihn wenden, und er zieht dadurch den Schwanz ein. Es gibt für mich jetzt nur eines: Die Gegenüberstellungen so weit wie möglich in die Länge zu ziehen.‹ L. meint, er hätte leider am ersten Tag einen Fehler gemacht, indem er SCHR. gegenüber eine drohende Geste tat, die bemerkt worden wäre. Da ich L. ja sehr gut kenne, erlaube ich mir dazu eine Schlussfolgerung. Wenn L. kurz und energischer in seine Schranken verwiesen wird, vergeht ihm die Lust zu dieser Taktik und zeigt zugleich dem SCHR., dass dessen Verhalten richtig ist.

gez. Stahl«

Wieder Normalität. Vernehmung am Vormittag, Protokollgezerre am Nachmittag. Wenn L. angab, er habe Magenschmerzen und könne sich nicht mehr konzentrieren, drückte Wendler mit dem Oberschenkel an den Klingelknopf am Tischbein, dann wurde L. zu seiner Zelle hinaufgeführt. Er warf sich auf seine Matratze.

An einem trüben Tag das lange Befürchtete. Zwei Vernehmer am Werk: Sie sind der Letzte, es liegt nur noch an Ihnen, wir haben Zeit, denken Sie auch mal an die anderen, alle sind einsichtig, bloß Sie nicht. Da sagte es aus L. heraus, er konnte sich selbst zuhören und hatte keine Kraft, diesen Satz zu verhindern: Ja, wir waren eine Gruppe. Im Protokoll: »Es ist eindeutig erwiesen, dass wir seit dem 30. Oktober 1956 eine staatsfeindliche Gruppe waren mit dem Ziel, Veränderungen in der Deutschen Demokratischen Republik durchzuführen.«

Bei der nächsten Vernehmung lag vor L. eine Schachtel Zigaretten. Wendler fasste die Hauptpunkte zusammen. L. fragte, wann er mit dem Prozess rechnen könne – jetzt sei Mitte Mai, nach aller Erfahrung Anfang Juli.

In einer Leipziger Vernehmerzelle ging etwas zu Ende, in einem Ostberliner Verlagsbüro ebenfalls: Fritz J. Raddatz begriff, dass seine Zeit abgelaufen war. Überall wurden Redakteure, Professoren, Kritiker vor Partei- und Betriebsgremien geladen, ein Freund wurde von der FDJ-Zeitung beschuldigt, seine Vorlesungen hätten »bestenfalls« die Linie von Hans Mayer. Keine Kulturbeilage von »Neues Deutschland«, in der nicht prinzipienharte Kämpfe ausgefochten wurden. Wenn er, Raddatz, sich mäuschenstill verhielt, dann, hoffte er, würde er noch das Erscheinen des fünften und abschließenden Bandes seiner Tucholsky-Ausgabe erleben. Im benachbarten Verlag Neues Leben wurden sechs Bücher zurückgezogen, der Cheflektor und vier Lektoren entlassen, unter ihnen Walter Püschel, Freund von L. aus ihren Tagen am Literaturinstitut und Mitdiskutierer im »Donnerstagskreis«. Sollte Raddatz kündigen, nach einer Weile verschwinden und so dem Chefredakteur keine Schwierigkeiten bereiten, denn dann wäre er ja nicht mehr dessen Mann? Aber würde er womöglich aus Rücksicht den richtigen Zeitpunkt verpassen und dann zehn Jahre oder auch nur zehn Monate im Zuchthaus sitzen, während der Geschonte schlimmstenfalls seinen Posten verlor? Unter normalen Umständen könnte er für ein Jahr im Ausland untertauchen, aber das würde ja gegenwärtig als Verrat gewertet. Drüben wartete eine gierige Presse nur darauf, dass wieder einer die Hemisphäre wechselte. Raddatz schrieb später: »Der Kampf um die Tucholsky-Ausgabe – so rührend wie töricht wie verbissen – markiert meine DDR-Endzeit. Er mutet, von heute aus gesehen, leicht lächerlich wie peinlich soldatisch an: Mit der Hand an der Mütze auf der Brücke des sinkenden Schiffs. Aber ich hatte mir halt in den Kopf gesetzt, dass dieser fünfte Band meiner Edition noch erscheinen muss.«

Um diese Ausgabe wurde wochenlang und in zahllosen Sitzungen gefeilscht, die Druckgenehmigung versprochen, aber als der Bote sie holen wollte, steckte ein leerer Zettel im Umschlag. Als Raddatz schließlich die Druckfahnen las, stellte er erstaunt fest, wie viel Tucholsky er immerhin gerettet hatte.

8. Kapitel: Sommerloch und vierzig Jahre Zuchthaus

I

Am 17. Juni 1958 lagen die Verhaftungen von Dr. Lucht, Harreß, Schmittke und Charlotte Kossuth ein Jahr zurück. Ihre Angehörigen fragten immerzu nach, bohrten. Der Bezirksstaatsanwalt von Halle fühlte sich unbehaglich, weil alle Fristen überschritten waren. Leonhard Kossuth wurde wöchentlich bei ihm vorstellig und wandte sich mit Eingaben und Beschwerden an sämtliche Stellen, die er für zuständig oder einflussreich hielt: das Zentralkomitee der SED, den Generalstaatsanwalt, Justizministerin Benjamin, Staatssicherheitsminister Mielke, der inzwischen Wollweber beerbt hatte, und schließlich Walter Ulbricht. Das war kühn für einen Genossen und gefährlich auch; manche Formulierung hätte als Verleumdung ausgelegt werden können. Er bat, Fristverletzungen der Staatssicherheit in Halle, in deren Gewahrsam sich seine Frau befand, durch Beauftragte des ZK untersuchen zu lassen, »die weder den Weisungen des Ministeriums für Staatssicherheit unterliegen noch den Weisungen der Obersten Staatsanwaltschaft, die dem Ministerium für Staatssicherheit gegenüber offensichtlich keine ausreichenden Vollmachten besitzt«. Am 4. Juli 1958 suchte der Hallenser Staatsanwalt beim Justizministerium um die Erlaubnis nach, nun endlich Anklage erheben zu dürfen – vergeblich. Die vier Beschuldigten blieben weiterhin in durch keine Prozessordnung gedeckter Haft im primitiven »Roten Ochsen« mit seinen stinkenden

Kübeln, dem Dreck, der seelischen Belastung. Draußen die Ehepartner, die kleinen Kinder, keine Klärung abzusehen.

In diesem Sommer heirateten Irene Giersch und Wolfgang Harich, wie bereits vor der Verhaftung geplant. Irene Giersch zeigte sich bitter enttäuscht, dass Harich ihr privates Glück rücksichtslos aufs Spiel gesetzt hatte. »Ich will«, so seine Worte ihr gegenüber, »etwas tun im Leben, um mich unsterblich zu machen. Die Vorstellung, dass ich eines Tages abtreten soll und niemand weiß, wer Wolfgang Harich war und was er gedacht hat, ist mir unerträglich.« Zu einer »Spiegel«-Titelgeschichte hatte es ja immerhin gereicht.

Alle Welt warnte Irene Giersch vor diesem Schritt, auch Harichs Mutter, aber sie setzte ihren Willen gegenüber der Staatsbürokratie mit fortgesetzten Eingaben durch. Sie meinte, den trotz seines Vabanquespiels geliebten und bewunderten Mann durch diesen Schritt unterstützen zu müssen, ihm dadurch Kraft zu geben.

Die Zeremonie fand im U-Knast Hohenschönhausen statt und dauerte eine halbe Stunde. Die Braut durfte Kaffee in einer Thermoskanne und Kuchen mitbringen. Dabei waren als Trauzeugen zwei Stasi-Leute in Zivil, eine Standesbeamtin, die die ganze Zeit weinte, und ein Posten in Uniform. Die Formalitäten wurden vollzogen, Unterschriften geleistet, es kam zu keinem Kuss und keiner Umarmung. Ein paar Worte, ein Schluck Kaffee, der Posten sagte: »Gomm Se zum Schluss.«

In diesem Sommer saßen vier U-Häftlinge in Halle und sechs in Leipzig in ihren Löchern, alle allein. Die Zelleninformanten hatten ihr Werk getan und wurden anderweitig gebraucht. Endlich erhielt L. Post von Annelies. Er möge sich keine Sorgen machen, die Kinder hätten sich wieder in Leipzig eingewöhnt, seien gesund und spielten. Ihr selbst gehe es besser, ein Hautausschlag sei am Abklingen – von Ausschlag war vor der Haft nie die Rede gewesen.

Die Außenwand ging nach Süden, die Sonne heizte die Zelle auf, der Luftschlitz in den Glasziegeln blieb wirkungslos. An Freiübungen war nicht zu denken. L. hatte fünf Kilo verloren. Einmal reichte ihm ein Wärter einen Band »Liebesgeschichten« herein. Er sagte: »Danke, hab ich selber geschrieben.« Der Wärter glotzte. Im »Riss«: *Und wieder Magenschmerzen. Er saß auf der Pritsche, den Rücken an der Wand. Manche Wärter donnerten nicht mehr gegen die Tür, wenn er die Augen schloss. Die Haare gingen ihm aus, nach dem Duschen kämmte er sie büschelweise aus. Ein paarmal träumte er, morgens lägen alle seine Haare auf dem Kopfkissen. Glatze mit dreiunddreißig.*

Endlich tauchte Dr. Kolbe auf, der Verteidiger. L. hatte ihn sich als Hünen vorgestellt wie Heinrich George in dem UFA-Film »Sensationsprozess Casilla«. Kolbe war klein und fett und erlesen gekleidet mit Schlipsnadel und Siegelring. Er verströmte den Geruch edler Seife und redete ungehemmt sächsisch. Gerade sei ihm Sprecherlaubnis eingeräumt worden, von Akteneinsicht sei nicht die Rede, und über den Prozessbeginn könne er nichts vermuten. Er klappte ein schweres Zigarettenetui auf und blickte betrübt hinein: »Hab grad noch zwee.« Eine für den Häftling, eine für sich. Diesen Streich ausgeklügelten Geizes, sein Markenzeichen, hatte sich Kolbe auch geleistet, als er Reginald Rudorf in Waldheim besuchte. »Was wärfn se Ihn denn vur?« Nachdem L. geschildert hatte: »Nischd midn Wesdn? Dann werds ooch nich schlimm.« Was könne er tun für seinen Mandanten? L.s Frau habe nächste Woche Geburtstag, er möge gratulieren mit dem größten Blumenstrauß. »Machsch gerne. Se hern vun mir bei ärschter Geleschnheid.«

L. versuchte sich zu trösten: Vielleicht steckte in dem biederen Männchen sächsische Schläue? Immerhin hatte Kolbe von Rudorf das Schlimmste abgewendet.

Aus diesen Monaten sind Briefe in beide Richtungen erhalten, sie zeugen von Rücksicht auf die Zensur und dem Bemühen, die Sorgen des geliebten Ehepartners zu zerstreuen. Schwierig war es, die Vollmacht für L.s Bankkonto auf Annelies zu übertragen. Ein Brief verschwand. In einem anderen: »Nach 77 Tagen wieder eine Nachricht, ich war schon ganz verzweifelt. Die schönen Fotos von den Kindern, ich durfte sie mit nach oben nehmen und schaue sie jeden Tag stundenlang an.«

Wenn ein Brief eintraf, der dann zu den Effekten genommen wurde, wenn er antworten durfte, wurde er zum Hauptmann Wendler geführt. Der spendierte eine Zigarette und las ihm ein paar Fußballergebnisse vor. Über den Prozessbeginn wusste er nichts. Dann stieg L. wieder in seine Einsamkeit hinauf.

»Mein lieber, guter Erich, wie ich mich um Dich sorge. Seit vorigen Mittwoch bin ich gar nicht mehr vernünftig, sondern fuchsteufelswild! Du bist krank und liegst nicht im Krankenhaus. Unsere Partei hat gesagt, dass der Kranke im Mittelpunkt steht, aber seit wann ist ein U. kein Mensch mehr, wo steht das?! Ich bin doch auch ins Krankenhaus gekommen, ob es ein Versehen war? Wahr ist, dass man auch im H.Kr. gesund werden kann. Ich war bei Dr. Kolbe und habe ihn von Deiner Krankheit in Kenntnis gesetzt. Er war bei der Stasi und hat darum gebeten, Dich ins Krankenhaus überführen zu lassen. Ich bin überzeugt, dass die dafür zuständigen Stellen mit Menschen besetzt sind. – Liane arbeitet im Fachbuchverlag als Hilfsredakteurin. Robbi ist kerngesund, isst viel, lacht, schreit, tobt mit den anderen rum, will alles haben, kriegt aber nicht alles, steckt vorm Einschlafen den Daumen in den Mund, spricht nicht, macht die Windeln noch ganz voll. Thomas meint, er würde mal ein berühmter Clown. Gitta ist artig, fleißig und erzieht mit mir die beiden Jungen. Ach, mein Liebster, ich hätte noch so viel zu schreiben! Ich wünsche Dir…«

Dieser Brief wurde nicht ausgehändigt.

Täglich erhielt der Häftling zwei Blatt Klopapier. L. ging so sparsam damit um, dass er Kegelchen formen konnte. Damit spielte er, mit dem Rücken zum Spion, Mühle auf der karierten Bettdecke. Wenn er samstags zum Duschen geführt wurde, filzten die Wachtmeister Zelle und Klamotten. Oft wurden sie fündig.

2

Walter Janka hatte seine Zelle in Bautzen II unterdessen gesäubert, so gut es ging. Er verlor fast das Gehör; die wenigen Sätze, die er morgens und abends bei der Meldung zu sprechen hatte, quälten Zunge und Gaumen. Ohren- und Halsschmerzen wurden von Zahnschmerzen abgelöst. Galle und Leber schwollen an. Der Arzt, zu dem er geführt wurde, las seine Akte; danach ordnete er Liegeerlaubnis an, Weißbrot. Eine Woche darauf wurde Janka mit einer »Grünen Minna« ins »Gelbe Elend« gefahren und im Haftkrankenhaus geröntgt. Ein Arzt fragte, wie es Janka gewohnt war, was er denn da in der Lunge habe, Geschosse? Ja, aus dem Spanischen Bürgerkrieg, verwundet vor Madrid und am Ebro. Nach einigen weiteren Tagen saß er vier Ärzten gegenüber, die ihm mitteilten, die Aufnahmen zeigten Zysten in der Leber, Echinokokkus-Blasen, die sich schnell vermehren und zum Tod führen könnten. Sie rieten zur Operation. Janka bat, sich mit seiner Frau beraten zu dürfen, sie sollte sich an ihr bekannte Ärzte wenden. Ein Brief dieses Inhalts wurde ebenso verweigert wie ein Besuch außer der Reihe. Es kam zu heftigen Auseinandersetzungen zwischen Janka und dem Anstaltsleiter. Janka weigerte sich, die Operation Ärzten zu überlassen, die er nicht kannte. Damit nehme er, so »der Uhu«, jede Verantwortung auf sich. Der Anstaltsleiter forderte Vertrauen ein, Janka verweigerte es ihm.

Beim regulären Besuch, zu dem Charlotte, wie Walter empfand, in elegantem Kostüm und mit sportlicher Frisur erschien, bat er sie, Professor Brugsch um Rat zu bitten und beim Generalstaatsanwalt Haftaussetzung zu beantragen. Er lehne es ab, sich in der Haft operieren zu lassen, die Umstände hier seien selbst nach einem gelungenen Eingriff so miserabel, dass... Sofort blaffte »der Uhu« dazwischen, Äußerungen über den Vollzug seien nicht erlaubt. Der Besuch sei deshalb sofort beendet. Charlotte versicherte noch, alles Nötige zu tun; er solle sich keine Sorgen machen, ihr und den Kindern gehe es gut.

Das war alles andere als die Wahrheit. Sie selbst war monatelang im Krankenhaus gewesen, ihre Tochter bei der Rechtsanwältin Gentz, ihr Junge in einem schlecht geleiteten Heim für milieugeschädigte Kinder. Beim nächsten Besuch ein Vierteljahr darauf berichtete Charlotte, sie habe in Berlin und Leipzig mehrere Fachärzte konsultiert. Professor Brugsch hielt eine Operation im Haftkrankenhaus durchaus für möglich und fiel damit Janka in den Rücken. Spezialisten in Leipzig wollten die Behandlung sofort übernehmen, aber nur in ihrer Klinik. Das hätte Strafaussetzung zur Bedingung gehabt, die jedoch lehnte der Generalstaatsanwalt ab.

»Der Uhu« zeigte sich rabiat: Keine Liegeerlaubnis, kein Weißbrot mehr! Wenn sich Janka zum Arzt melden wollte, überhörten es die Wärter. Nicht einmal Tabletten gegen Zahnschmerzen erhielt er. Ein Häftling unterwarf sich der Macht nicht, die Macht ließ ihn ihre Allmacht spüren.

Abermals fuhr Heide Just nach Bautzen zum Quartalsbesuch. Sie berichtete, Kathrinchen sei im Ferienlager, und Martin, erstaunlich für einen Elfjährigen, zeige viel mehr Lust zum Üben, seit ihn die Klavierlehrerin an Bach und Haydn herangeführt habe. Martin sei ein dickes, pralles Kerlchen. Neulich habe er gesagt, wenn der Vati wieder draußen sei, sollten sie für tausend Mark zu essen kaufen, denn die beiden Justs müssten sich ähnlich bleiben. Just fragte, wie lange »es« noch dauern würde. Unsicher antwortete seine Frau, das liege letzten Endes bei ihm, wie er sich führe, wie er sich zu allem stelle. Ob sie sich bei Erich Wendt, dem Leiter des Aufbau-Verlags, Rat geholt habe? Heide Just begriff: Ihr geliebter Mann hoffte auf einflussreiche Freunde, auf ein schnelles Ende der Haft. Die Einsamkeit, die Eintönigkeit setzte ihm zu, er klammerte sich an unsinnige Träumereien. Er war in einer Phase, in der Geringfügigkeiten, die »draußen« innerhalb weniger Minuten von anderen Ereignissen überlagert wurden, eminentes Gewicht erlangten und tagelang wirkten. Er bat einen Wachtmeister um eine zusätzliche Kanne Wasser, der sagte: Ja, in paar Minuten, und vergaß es. Er wurde nicht zur Freistunde geführt, niemand sagte ihm, warum. Seine Mutter hatte Geburtstag, er beantragte, einen Brief schreiben zu dürfen, keine Reaktion. Zahnschmerzen am Donnerstag – müssen Se immer montags melden! In der Blutgrütze ein Batzen Schweinegurgel. Sin Se denn zu blöd, ne Decke zu falten?

Nach dem Besuch wurde Heide Just zu einem Offizier geführt, den sie als freundlich und gutmütig empfand. Tja, Frau Just – neulich habe ihr Mann zu ihm geäußert, sowohl hier als auch in Westdeutschland säßen viele Sozialisten im Gefängnis – sehe so Einsicht in das Verwerfliche seiner Taten aus? Vor Gericht habe er sich als nicht schuldig bekannt, würde es nicht Zeit zur Umkehr? Er habe mit einem Häftling in der Nebenzelle geklopft. Paketerlaubnis – ausgeschlossen.

In diesem Sommer tauchte Ex-Zelleninformant »Stahl« in der Oststraße zu Leipzig auf. Danach verschwand er in den Kliniken, Kneipen und konspirativen Wohnungen von Ostberlin. Dies sein letzter

»Bericht

Am 27. August 1958 gegen 19.45 suchte ich Frau LOEST in ihrer Wohnung auf. Sie öffnete selbst. Ich nannte meinen Namen und sagte ihr, dass ich aus der Haft käme, mit ihrem Mann zusammen gesessen hätte und von diesem beauftragt sei, ihr seine Grüße zu übermitteln. War sie im ersten Augenblick erschrocken, so wurde sie plötzlich freundlich und bat mich fast überschwänglich, näher zu treten. Wir gingen ins Wohnzimmer, in dem ihre drei Kinder waren, die ich bei der Begrüßung natürlich sofort mit Namen nannte, die mir durch L. bekannt waren, und das Vertrauen stieg merklich. In den nächsten zehn Minuten rannte Frau LOEST aufgeregt hin und her, entschuldigte sich in einem fort, dass sie sich mir noch nicht richtig widmen könne, sie wolle aber erst die Kinder ins Bett bringen. Nun fragte Frau L.: ›Was möchten Sie haben?‹ Als ich um einen Schnaps bat, sagte sie, Schnaps habe sie augenblicklich nicht, aber wenn ich ein Glas Rotwein möchte? Sie brachte wirklich eine neue Flasche Wein und erzählte beim Öffnen, dass sie diese für einen Besuch bei einer Freundin, der für heute Abend geplant war, besorgt hätte. Für ihre Absicht auszugehen sprach auch ein weinrotes, elegantes Taftkleid, das sie schon bei meinem Erscheinen anhatte. Auf ihre Frage nach meinem Beruf gab ich an: Journalist, was ihr anscheinend sehr sympathisch war.

Die nächste Frage galt ihrem Mann. Er hätte ihr im letzten Brief mitgeteilt, dass er an einer Magensache erkrankt sei. Ich erklärte ihr, dass an dieser Krankheit nichts dran sei, sondern dass er diese seinen Sachbearbeitern nur vorspiele, damit er im Falle einer Gefahr immer eine Ausweichmöglichkeit habe. Nun wollte sie Einzelheiten über die Vernehmung wissen, vor allem, was ihr Mann zugegeben hätte. Ich sagte, dass er sich sehr tapfer verhalten habe und nur das zugegeben habe, was man ihm habe beweisen können. Sie fragte zwischendurch in ihrer lebhaften Art, mit welcher Strafe ihr Mann denn rechne. Als ich ihr sagte, dass er höchstens achtzehn Monate erwarte, schlug sie entsetzt die Hände zusammen und fragte: ›Ja, ist denn diese Sache mit den Engländern nicht bekannt?‹ Ich sagte ihr, dass das ja gerade sein größter Kampf gewesen sei, den er bis jetzt jedenfalls siegreich bestanden habe. Frau L. warf sich in den Sessel zurück, hielt einen Augenblick beide Hände vors Gesicht, dann strahlte sie mich an und rief geradezu überschäumend: ›Gott sei Dank, dann kann er recht haben. Im anderen Fall hätte ich mit nicht unter sechs bis acht Jahren gerechnet!‹

Für ihre Sachbearbeiter hatte sie pausenlos die saftigsten Beleidigungen im Munde, die Schweine, die Verbrecher. Dann sprach sie von ihrem Mann selbst. Als alter Dickschädel habe er auch in diesem Fall – die strafbare Handlung – viel Fanatismus gezeigt. Wenn er einmal von einer Idee besessen sei, entwickle er außerordentlich starke Energien. Auf eine Art sei er aber sehr dumm gewesen. Das Schwerste und Gefährlichste habe er immer auf sich genommen. Dann sprach sie noch davon, dass sie genau wisse, dass man ihr einen Spitzel auf ihre Zelle gelegt habe. Sie hätte diese Frau sehr bald als Spitzel erkannt und ihr gegenüber keinen Hehl daraus gemacht, was dieser angeblich sehr peinlich gewesen sei. Ich sagte ihr, dass man nicht den klaren Blick verlieren dürfe. Diese Spitzelfurcht habe erst einmal jeder Häftling. Ich selbst sei überzeugt, dass man mit diesen Methoden nicht mehr arbeite und diese streng verpönt seien. Trotz aller Schwere seien wir doch korrekt behandelt worden.

Frau L.: ›Das schon, aber Schweine bleiben sie doch!‹

Als ich mich gegen 21.45 verabschiedete, musste ich fest versprechen, wenn ich zur Messe nach Leipzig komme, sie wieder aufzusuchen. Ich weiß, dass sie darauf brennt, sich weiter mit mir zu unterhalten.

gez. Stahl«

3

In diesem Herbst klappte L. zusammen. Er musste heulen wie seit Kindertagen nicht mehr. Der Sanitäter brachte Beruhigungstabletten. »Legen Se sich hin, schlafen Se mal.« Er dämmerte ein, wurde wach, als das Essen gebracht wurde, aß und heulte erneut. Er ließ sich in eine Willenlosigkeit fallen, die nicht quälte. Er musste nicht mehr widersprechen, widerstehen und spürte einen kleinen hämischen Triumph: Diesen Zustand habt ihr erreicht und müsst ihn verantworten.

Tabletten, liegen, schlafen. Nach einer Woche versiegten die Tränen, ein Zucken in der Oberlippe und ein Pochen über den Schläfen blieben. Dort fühlte, spürte er eine Ader, sie führte vom Herzen zum Hirn. Wenn sie platzte. Alle Empfindungen, Freude oder Angst, waren reduziert. Stundenlang stand er unbeweglich und starrte auf einen Punkt der Mauer, wobei er versuchte, an nichts zu denken. Ein eigenartiges Experiment. Was, wenn es gelang? Der große Stillstand. Eine Form des Todes. Die Welt drehte sich weit weg, lachhaft. Gütiger Nebel über allem. Nicht einmal mehr Hunger. Zeit war ausgelöscht.

Dies unterdessen in Ostberlin: Die Staatssicherheit meldete sich bei Fritz J. Raddatz im Verlag an; Major Kienberg wollte seinen Genossen Schentke schicken. Raddatz notierte: 18. November, 16 Uhr. Diesen Termin hielt er nicht ein, das Spiel war aus. Er fuhr nach Westberlin und weiter nach Rottach-Egern, dort wohnte Mary Tucholsky, Kurts Witwe. Er besaß einen Anzug, ein Paar Schuhe, einen Wintermantel mit breitem Gürtel und großer Hornschnalle, zwei Hemden und 300 Westmark. In München traf er auf der Straße Erich Kästner, der sagte: »Da sind Sie ja.« Sie kannten sich vom gescheiterten Versuch her, in der DDR eine Kästner-Ausgabe herauszubringen. Kästner schickte Raddatz zum steinreichen Illustrierten-Verleger Helmut Kindler, der wollte einen Buchverlag aufbauen. Raddatz schien dafür der richtige Mann.

Zurück zum U-Häftling L. nach Leipzig. In »Durch die Erde ein Riss«: *In den ersten Dezembertagen wurde er in die Effektenkammer geführt, dort lag seine Kleidung, er zog sich um. Jetzt, da fühlte er sich absolut sicher, würde ein Staatsanwalt sagen: Wir haben alles noch einmal überprüft und sind zu dem Entschluss gekommen, dass kein Prozess nötig ist, Sie können nach Hause gehen. Wir hoffen, dass Ihnen die dreizehn Monate eine Lehre waren.*

»*Gehn Se runter.*«

Vor der Tür zum Hof wartete ein Posten mit Handschellen, L. bot ihm die Gelenke an. Auf dem Hof stand eine »Grüne Minna« mit offenem Heck, L. zwängte sich in ein Käfterchen. Posten überall. Husten hinter der Blechwand. Gebrüll: Lassen Sie das Husten!

Nacheinander, keiner sah den anderen, stiegen sie nach einstündiger Fahrt aus. Sie waren in Halle, im »Roten Ochsen«. Am nächsten Morgen saß L. ein Vernehmer aus Leipzig gegenüber, den er nur einige Male gesehen hatte. »Da wollen wir mal Ihr Gedächtnis auffrischen.« An zwei Vormittagen stoppelten sie L.s Aussagen durch. Am nächsten Tag las der Vernehmer die Anklageschrift vor und reichte sie über den Tisch.

L. las: Dr. Ralf Schröder, Dr. Harro Lucht, er selbst, Harry Schmittke, den Namen hatte er nie gehört, und Ronald Lötzsch. L. fragte nach Winfried Schröder – gegen ihn werde in einem zweiten Prozess verhandelt. Folglich waren die Beschuldigten aus Halle und Leipzig zusammengefasst und nach der Schwere ihres Vergehens aufgeteilt worden. Er an dritter Stelle. L. sah die Liste der Zeugen und erlebte eine hirnlähmende Überraschung: Prof. Dr. Manfred Naumann stand an erster Stelle. Was, er, der immer dabei gewesen war, nicht in Haft? Im »Riss«: *So edel ist keiner, dass nicht auch L. erbittert verglichen hätte: Der ist draußen, isst und trinkt und liebt, reist und arbeitet nach seinem Sinn, und ich schmore seit dreizehn Monaten. Und L. dachte – und regte sich dabei nicht eine kleine böse Befriedigung? – den <u>muss</u> der Staatsanwalt ja aus dem Zeugenstand heraus verhaften! Vermutlich hatte die Prozessregie das so vorgesehen. L. las weiter: Er war angeklagt wegen Verbrechens gemäß Paragraf 13 des Strafrechtsergänzungsgesetzes.*

»*Was ist das?*«

Und er hörte, am 11. Dezember 1957 sei dieses Gesetz verabschiedet worden, in dem alte Strafbestimmungen präzisiert und neuen Bedingungen angepasst worden seien. L.s juristischer Verstand reichte so weit, dass er einwenden konnte: Wie war es denn aber möglich, ein Gesetz auf ihn anzuwenden, das <u>nach</u> seinen sogenannten Straftaten erlassen worden sei, zu einer Zeit, da er schon im Knast saß? Es sei eben <u>kein neues</u> Gesetz, erfuhr er, sondern die Ergänzung eines alten, daher der Name.

»*Und was besagt der Paragraf dreizehn?*«

»*Ich les es Ihnen beim nächsten Mal vor. Die Anklageschrift können Sie mit auf Zelle nehmen.*«

Der Prozessbeginn war auf den 19. Dezember gelegt, bis dahin blieben sechs Tage. »*Wann kommt mein Verteidiger?*«

»*Er ist benachrichtigt. Ich weiß natürlich nicht, wann er Zeit hat.*«

Da bat L. darum, man möge ihm Papier und Bleistift und die Gelegenheit geben, in einem hellen Raum die Anklageschrift durchzusehen und sich Notizen zu machen, in der Zelle sei es zu dunkel zum Lesen. Das wurde ihm zugesichert und nicht gehalten.

Sechs Tage bis zum Prozess. Der erste Tag verging, der zweite. In den Mittagsstunden hielt L. die Anklageschrift an die Glasziegel und buchstabierte: Staatsfeindliche Gruppenbildung mit dem Ziel… Der Staatsanwalt, der das verfasst hatte, hieß Mach.

Sein Zellenkumpel war jung, schmächtig, ein Informant selbstverständlich. Er dürfte nicht mehr berichtet haben, als dass L. hochnervös war, ausgehungert und frierend. Er lehrte L., wie mit dem Kübel umzugehen sei, nicht zu viel, nicht zu wenig Chlor! Der dritte Tag, nichts. Beim Aufschluss grüßte der Häftling mit einem Guten Morgen, der Gruß wurde in gleicher Weise erwidert. Wer abends bei der Brotausgabe fragte: »Kann ich *bitte* noch einen Kanten haben«, wurde bedient, wobei die Wärterin huldvoll nickte.

Freitag und Sonnabend vergingen, L. wurde in keinen Raum geführt, in dem Licht brannte und er Papier und Stift vorfand. Keine Nachricht vom Anwalt. L. fand dafür nur eine Erklärung: Der Prozess war verschoben worden, er würde noch ein Weihnachten ohne Klärung zubringen müssen.

Sonntag – nichts. Am Montag morgen Freistunde, nichts am Nachmittag. Gegen fünf, es war schon dunkel: »Gomm Se!« Kalte Flure, Gänge, Treppen. In einem Zimmer Dr. Kolbe: »Na, da gehd's morschen frieh los!« Er klappte sein Etui auf: »Hab grad noch zwee.« Am Freitag früh habe er die Nachricht über den Prozessbeginn und die Erlaubnis zur Akteneinsicht vorgefunden. Am Freitagnachmittag hätte er eine Verhandlung und am Sonnabend etliche Termine im Büro gehabt. Eben konnte er in die Akten schauen und mit Oberrichter Kaulfersch, dem Leiter des Prozesses, sprechen. »Der had gesachd: Lassn Se mir scha nich mein Brozess blatzn.«

»Könnten Sie das denn?«

»Eichndlich stehn mir vierzn Dache zu.«

»Und wenn wir platzen lassen?«

»Das dädch Ihn nich radn. Da griechn die Wud.«

»Aber wenn Sie die Akten gar nicht kennen?«

»So schlimm is das ooch wieder nich.«

Kolbe ließ sich noch einmal erklären, weswegen L. angeklagt war. Währenddessen fragte er, warum L. so zittere. Wegen der

Kälte, der Aufregung und des Hungers. Kolbe zog die Augenbrauen erstaunt hoch: »Wärn Se denn nich sadd?« So was hatte er ja noch nie gehört! Am Ende versicherte er: »Lässd sich scheen verdeidchn.« Am dritten Tag des Prozesses könne er leider nicht teilnehmen, da habe er einen Termin und dürfe seinen Mandanten unmöglich im Stich lassen. Einer seiner Kollegen würde gern einspringen, L. brauche nur diese Vollmacht da zu unterschreiben. Die Unterschrift, der nicht die mindeste Leistung folgte, kostete Annelies dreihundert Mark.

Eine Welle schlug über L. zusammen, gegen die sich zu stemmen er keine Kraft besaß. Den Termin platzen lassen, Kolbe dazu bringen, dass er sich in die Akten verbiss, eine Strategie aufbauen – aber da war das Zucken in der Oberlippe, der angstmachende Schmerz über den Schläfen, das Zittern der Glieder. »Ich bin gee Gämpfer«, hörte er, »ich bin ä Dinnbreddbohrer. Damit gommd mer weider, glom Se's.«

L. fragte nach Paragraf 13 des Strafrechtsergänzungsgesetzes. Dr. Kolbe schlug ein Büchlein auf und las vor:
»Wer

1. Den Faschismus oder Militarismus verherrlicht oder propagiert oder gegen andere Völker und Rassen hetzt,

2. gegen die Arbeiter- und Bauernmacht hetzt, gegen ihre Organe, gegen gesellschaftliche Organisationen oder gegen einen Bürger wegen seiner staatlichen oder gesellschaftlichen Tätigkeit oder seiner Zugehörigkeit zu einer staatlichen Einrichtung oder gesellschaftlichen Organisation hetzt, Tätlichkeiten begeht oder sie mit Gewalttätigkeiten bedroht, wird mit Gefängnis nicht unter drei Monaten bestraft. Der Versuch ist strafbar.«

Der erste Punkt schied aus. Zum zweiten vermochte ein Ankläger, meinte L., allerlei in den Vernehmungsprotokollen finden.

»Mid drei Monadn gomm Se nadierlich nich weg.«

»Was vermuten Sie?«

»Zwee Jahre oder anderthalb. 's meiste ham Se chedenfalls hinder sisch.«

Am nächsten Morgen zog L. seine Zivilsachen an. Die Hose war zu weit, Schnallen an den Seiten ließen sich festziehen. Der Posten stand mit Handschellen bereit. Auf einem Hof begegnete er Lucht und Schmittke zum ersten Mal, sah Ralf Schröder und Ronald Lötzsch, sie nickten sich zu, nicht freundlich. Aus dem »Riss«: *Im Gänsemarsch im Abstand die Treppen hinauf, hinein in einen Saal, sie wurden auf Bänke dirigiert. Der Prozess galt als öffentlich, aber die Kontrollen waren straff an der Tür. Die Ehefrauen wurden mit den Verteidigern eingelassen, da sah er Annelies zum ersten Mal seit dreizehn Monaten, blass war sie vor Aufregung, aber lächelnd kam sie auf ihn zu und wünschte ihm Glück und Erfolg, und sofort mahnte der Posten: »Es darf nicht gesprochen werden!« Ein junger unbeholfener Bursche war das. »Wird schon alles gut werden«, sagten L. und seine Frau wie aus einem Mund. Dann marschierte Besucherschaft auf, dieser und jener Vernehmer, Parteisekretäre der Universitäten Leipzig und Halle, der Vorsitzende des Schriftstellerverbandes in Leipzig, Männer und Frauen.*

»Die gennsch fasd alle«, murmelte Kolbe, »die sin alle von der Stasi.« Nebenrichter, Schöffen, Staatsanwalt und Verteidiger nahmen ihre Plätze ein. Staatsanwalt Mach verlas seine Anklageschrift. Dabei wetterte er gegen einen gewissen Pasternak, von dem L. nie gehört hatte, der habe ein schändliches Buch geschrieben, »Doktor Schiwago«. Mach zog Parallelen von Pasternak zu den Angeklagten, die Aufweichungen betrieben hätten an der Kulturfront. *Auch in Halle, so hörte L., sei über den XX. Parteitag zersetzend debattiert worden, Leonhards Hetzbuch und Orwells »1984« seien ausgetauscht worden, die Angeklagten hätten Stalin einen Verbrecher genannt. L. blickte hinüber zu Annelies, halb im Profil sah er sie, die Nase, das Kinn, das*

Haar. Wie von fern her hörte er den Staatsanwalt, dessen Stimme erstarb fast: Ein Angeklagter hatte doch die Stirn gehabt zu äußern, falls in der DDR die Gesetzlichkeit verletzt worden sei, müssten die Verantwortlichen – Mach stockte der Atem – bestraft werden. Dabei hätten die Angeklagten dem Staat der Arbeiter und Bauern dankbar zu sein, der sie hatte studieren lassen, und nun Aufweichung, Verräterei! Der Angeklagte L. habe sich Funktionen im Verband erschlichen, seine Bücher habe er geschrieben, um dahinter verbrecherische Absichten zu tarnen. Da äugte L. zu seinem Verteidiger, ob der sich wohl Notizen machte, wie er das Mach-Werk zu zerpflücken gedachte.

Aber Kolbe saß friedlich und behäbig. Jahrzehntelang hat sich L. in immer kühneren Phantasiebildern ausgemalt, wie Heinrich George aufgesprungen wäre und beantragt hätte, Angeklagte und Verteidiger sollten nebeneinander an Tischen Platz finden, um sich verständigen zu können. Papier und Stift für die Beschuldigten! Listig hätte er angefügt, anderenfalls auf penible Akteneinsicht bestehen zu müssen – auf Wiedersehen also in zehn Tagen! Das hätte Umbau im Saal erfordert, die Anklage in Verwirrung gestürzt.

Annelies hatte Hackepeterbrötchen und Zigaretten mitgebracht, Kolbe durfte sie übergeben. L. schlang und rauchte in einer Pause. Fortgefahren wurde mit Fragen zur Person. Ralf Schröder war der Erste, gefolgt von Harro Lucht. Am Nachmittag war L. an der Reihe. Er hatte beobachtet, wie Schröder vor Verlegenheit nicht gewusst hatte, wohin mit seinen Händen, und sie einmal sogar in die Taschen steckte. So hielt er sie auf dem Rücken zusammen. Elternhaus, Schule, Hitlerjugend, Krieg ohne Werwolf-Eskapade. Wandlung zum SED-Mitglied, die Zeit bei der »Leipziger Volkszeitung«, seine Bücher. Immerzu hackte Oberrichter Kaulfersch mit Suggestivfragen dazwischen: Aber Sie haben doch die volle Förderung des Staates erfahren! Ihrer Bücher wegen haben Sie doch nie Schwierigkeiten gehabt! Aber Sie hatten doch ein blendendes Einkommen! Aber Sie fanden doch Anerkennung durch die Kritik! Kaulfersch schüttelte verständnislos den Kopf.

Ein Schöffe schimpfte hocherregt zehn Minuten lang mit L. und den anderen Angeklagten. Er war Mansfelder Bergarbeiter, um die sechzig, unzweifelhaft ein bewährter und redlicher Antifaschist. Jede Förderung hätten diese Verbrecher erfahren, hätten auf Kosten der Arbeiterklasse studieren dürfen, nun hätten sie die Partei und den Sozialismus verraten.

In L.s Tagträumen sprang an dieser Stelle Heinrich George auf und forderte mit messerscharfer Stimme, diesen Schöffen von seinem Amt zu entbinden, denn eben habe er unmissverständlich bewiesen, dass er befangen sei in höchstem Maß und nicht in der Lage, unparteiisch und damit gerecht zu urteilen. Kaulfersch musste unter Heinrich Georges Donnerworten die Verhandlung unterbrechen und sich mit seinen Kollegen zur Beratung zurückziehen. Kleinlaut kehrten sie wieder. Der Mansfelder Hitzkopf verschwand, ein neuer Schöffe...

Natürlich behielt Kaulfersch das Heft in der Hand. Um achtzehn Uhr, der Tag war anstrengend gewesen, verkündete er, nun werde noch gegen den Angeklagten Lötzsch zur Sache verhandelt. Die Genossen im Zuschauerraum murrten, sie wollten nach Hause, aber ihre Pflicht war ja, alle Stühle besetzt zu halten. In einer knappen Stunde wurde Lötzsch überrollt. Diese Äußerung gegen Ulbricht, die Weitergabe eines Hetzbuches von Ruth Fischer an einen Kollegen, den polnischen Journalisten Kupis hatte er zu L. gebracht und sich an Debatten über den konterrevolutionären Weg Polens beteiligt. Gespräche mit Ralf Schröder über Trotzki, Einschmuggeln von oppositioneller Literatur. Lötzsch versuchte sich zu verteidigen: Das Gericht müsse die *subjektive Seite* betrachten, er habe immer den Nutzen und die Weiterentwicklung des Sozialismus beabsichtigt, habe sich auf der progressiven Seite im Sinne des XX.

Parteitags gefühlt. Da biss er bei Kaulfersch und Mach auf Granit, ihre Stimmen nahmen höhnischen Klang an: Die Konterrevolution vorbereiten und dann noch behaupten, er habe das im Sinne des Sozialismus getan! *Objektiv* sei alles eindeutig, was wolle er da mit einer windelweichen subjektiven Seite? »Das läuft doch auf dasselbe hinaus!« Verwunderung auf ihren Gesichtern, dass dieser Angeklagte *seine Beweggründe* gewertet wissen wollte – was spielten denn die für eine Rolle? Ihr Staunen wirkte überzeugend, kopfschüttelnd blickten sie sich an. Ob der Angeklagte nun *erwartet* und abscheulicherweise sogar *gehofft* hatte, der verdiente Genosse Walter Ulbricht werde abgelöst, oder ob er ihn hatte *stürzen* wollen nach Art ungarischer Konterrevolutionäre: »Das läuft doch auf dasselbe hinaus!« Lötzschs Widerstand lief ins Leere. Sein Verteidiger sprang ihm mit keinem Wort bei. Totenbleich ging Lötzsch auf seinen Platz zurück. Erschrocken blickte Annelies ihren Mann an. Nicken: Bis morgen.

Am zweiten Tag Ralf Schröder. Gruppenbildung an jenem Abend in Loests Wohnung, die konterrevolutionäre Absicht, an der Universität eine feindliche Plattform zu verbreiten, Verbindungen zu Lucht nach Halle, Lektüre und Weitergabe antisozialistischer Literatur, Schmähungen des Genossen Walter Ulbricht – Schröder kehrte keine subjektiv positive Absicht heraus, sondern geißelte die objektiv schlimme Wirkung. Zu einem beinahe akademischen Disput kam es über die Rolle Trotzkis in einer bestimmten Phase, die Geduld des Genossen Stalin damals – gemeinsam wurden Begriffe haarfein definiert. Tief sei Schröder in ideologischen Sümpfen versunken gewesen, andere habe er mit sich hinabgerissen. Er gab einen Angeklagten wie aus dem Moskauer Bilderbuch von 1938, ein kleiner Karl Radek. Am Ende dankte er gar wie vor ihm Wolfgang Harich den Genossen der Staatssicherheit, ihn beizeiten festgenommen und danach in monatelangen geduldigen Gesprächen auf den rechten Weg zurückgeführt zu haben. Da verschlossen sich die Mienen der Gerichtsmannen ein wenig, sie fanden den Reuesermon reichlich dick aufgetragen.

Lucht und Schmittke wurden vernommen, L. war in seinen Gedanken nicht dabei. Ein Karren rollte den Berg hinab, unaufhaltbar. An diese Hoffnung klammerte er sich: Die Verteidiger würden nach den Vernehmungen durch Mach und Kaulfersch ihre Argumente gebündelt vorbringen. Aber wie sollten noch Zeugen der Verteidigung benannt werden, war die Zeit dazu nicht schon zu knapp? *Nur* Zeugen der Anklage – das war doch nicht möglich. Zucken der Oberlippe bis in die Wange hinein, Pochen der Schläfenader. Durchhalten.

Wie nebenher nahm L. wahr, wie Schmittke versuchte, eine Aussage während der U-Haft zu korrigieren. Das brachte Kaulfersch auf die Palme: Also was denn nun, was solle er dem Angeklagten denn nun glauben, so oder so, habe der Angeklagte denn jeden Tag eine andere Ansicht oder was? Schmittke ging in die Knie.

Als Letzter wurde L. nach vorn gerufen, Kaulfersch blätterte in seiner Akte. Miene und Stimme des Richters waren so, als liege alles sonnenklar zu Tage, was brauchte er noch groß zu fragen. Hetzartikel »Elfenbeinturm und rote Fahne«, Parteiverfahren, Parteistrafe. Ja, sagte L. und wusste nicht, dass inkriminierte Inhalte von Presseartikeln nach einem Jahr als verjährt galten, kein Kolbe wies das Gericht darauf hin. Die nicht veröffentlichte Erzählung über den Druckfehler »Sozialdemokratische Einheitspartei Deutschlands«, warum denn *so was*? Diese Geschichte, antwortete L., habe er nach dem XX. Parteitag der KPdSU geschrieben. »Ich wollte probieren, ob und wie man derartige Stoffe behandeln kann.«

»Die Konterrevolution ausprobieren! Außerdem waren diese Probleme damals längst geklärt.« Kaulfersch schüttelte den Kopf über so viel Unverstand. L. wollte bestreiten, dass dieser Versuch in irgendeiner Weise strafbar sei, aber der Richter war schon beim nächsten Komplex: L. und seine Auffassung, führende Genossen müssten gestürzt werden.

»Ich wollte niemanden stürzen.«

Da belferte der zweite Richter, mit solchen Debatten habe es in Ungarn auch angefangen, und Mach ergänzte, L. habe, wo er ging und stand, ins Horn der Feinde des Sozialismus geblasen. Ulbricht, Hager, Matern, Fröhlich und Wagner – untadelige Genossen, der Partei ergeben, hätten beseitigt werden sollen! Empörung über so viel Feindseligkeit und Niedertracht erfasste das Präsidium und am meisten den Mansfelder Veteran, den kein Heinrich George hatte heimschicken können. Still, feist, vornehm saß Kolbe, der Dünnbrettbohrer.

Der Abend mit dem Polen – L. habe ihn also organisiert. Das habe im Wesentlichen Naumann getan. Aber L. habe seine Wohnung zur Verfügung gestellt – na also! Dort seien sich alle Beteiligten über personelle Ablösungen einig gewesen – na also! Eine Plattform wie Harich habe man geschaffen, schriftlich oder mündlich, das laufe auf dasselbe hinaus. »Aber«, so der Angeklagte, »wir waren uns einig: Wenn es wie in Ungarn zum Kampf kommen sollte, würden wir auf der Seite der Partei, also auch auf der Seite Walter Ulbrichts kämpfen.«

»Erst wollten Sie die Arbeiter aufhetzen, dann auf sie schießen!«

»Wir wollten keine Arbeiter aufhetzen.«

»Was wollten Sie denn dann?«

»Wir wollten eine Diskussion über Demokratisierung…« L. merkte, wie sinnlos es war, zu erläutern, zu argumentieren. Der »Klub junger Künstler« – schwarz auf weiß war im »Sonntag« zu lesen, er habe die Werke von Kafka und Proust propagieren wollen. Es juckte ihn zu probieren, was er diesem Gerichtsgespann zumuten konnte – war das Sarkasmus? »Die Werke von Joyce auch.«

Kaulfersch wendete sich zur Protokollantin: »Die Werke von Joyce auch.« In L.s Schrank sei ein faschistisches Buch gefunden worden, antisozialistische Witze habe er erzählt. Der Mansfelder Schöffe verlangte noch einmal, L. sollte sich schämen, der Staatsanwalt hatte keine Fragen mehr, der Verteidiger schon gar nicht.

Das war in späteren Träumen, in öden Bautzner Tagen und jahrzehntelang die große Stunde des Heinrich George. Und wenn L. tausendfach »Mein Kampf« im Schrank gehabt hätte, so wäre das nicht strafbar gewesen, solange er nichts davon weitergab. Der subjektive Faktor, den Kaulfersch gegenüber Lötzsch runtergemacht hatte und auf den L. sich nicht mehr zu berufen wagte, sei keinesfalls zu negieren, sondern spiele eine gewaltige Rolle. So sei sich sein Mandant keineswegs bewusst gewesen, einer staatsfeindlichen Gruppe oder Gruppierung angehört zu haben, und wenn er in der U-Haft Derartiges objektiv eingeräumt habe, so stehe das auf einem völlig anderen Blatt. Subjektiv unschuldig, hohes Gericht! Der mächtige Schädel Heinrich Georges glühte, seine Faust stieß in die Luft. Der Angeklagte habe seine durch die Verfassung garantierte Meinungsfreiheit genutzt und nichts weiter. Freispruch, was sonst! Die Stasi-Füllsel auf den Zuschauerbänken erstarrten, Annelies spendete spontan Beifall. Da sah Kaulfersch aber alt aus!

Am dritten Tag wurden die Zeugen der Anklage vernommen. An der Spitze der Liste stand Prof. Dr. Naumann. Kaulfersch teilte mit, Naumann sei nicht geladen worden, seine Aussagen hätten sich erübrigt. Lötzsch und L. blickten fassungslos. Ein ehemaliger Schulfreund aus Mittweida sagte aus, L. habe im Oktober 1956 von spannenden Debatten in Berlin berichtet, bei denen Harich das Wort geführt habe. L. sei ein Meister im Erzählen von Witzen. Von politischen auch? Ja. Von staatsfeindlichen? Ja, auch. Der Leiter des Mitteldeutschen

Verlags wurde über den Charakter seines Autors befragt. Manchmal zeige sich L. ziemlich halsstarrig, aber wenn man geduldig mit ihm rede, sei er Argumenten nicht unzugänglich.

Kein Verteidiger klärte einen Mandanten auf, dass und nach welchem Schema auch sie Fragen an die Zeugen stellen dürften. Die Verteidigerin Harry Schmittkes wagte die Bitte, einen Entlastungszeugen zu einer bestimmten wichtigen Frage zuzulassen. Kaulfersch bedauerte, dazu bleibe keine Zeit: Ehe der Zeuge geladen sei, ehe er herkommen könne – für den übernächsten Tag sei ja schon die Urteilsverkündung angesetzt. Da zog die Verteidigerin ihren Antrag einsichtsvoll zurück.

Nach einem Tag qualvoller Pause stellte Staatsanwalt Mach die Urteilsanträge: Wegen Verbrechens gemäß Paragraf 13 des Strafrechtsergänzungsgesetzes für Ralf Schröder zehn, für Lucht achteinhalb, für Loest siebeneinhalb Jahre Zuchthaus und Entzug des Vermögens, für Schmittke dreieinhalb und für Lötzsch drei Jahre wegen Beihilfe zum gleichen Delikt. Keiner der Angeklagten und keine ihrer Frauen hatten mit Urteilen in derartiger Höhe gerechnet. In der Pause danach tappte Schröder mit offenstehendem Mund, die Augen vorquellend, rot geädert, einige Schritte. »Da isses schiefgegang«, murmelte Kolbe, »awr s gibd scha Amnesdien.« L. lehnte sich an Annelies, jetzt drängte sie kein Posten auseinander. Siebeneinhalb Jahre, eine nicht zu begreifende Zeit.

Was noch? Die Verteidiger plädierten für gelinde Milderung. Beratung, Verkündung. Das Gericht folgte den Anträgen des Staatsanwalts. Danach entstand einiger Tumult. Schmittkes Anwältin hatte ihm geraten, das Urteil als Erster anzunehmen, das mache einen reuebewussten Eindruck und lasse sich verwerten, wenn sie einen Antrag auf vorzeitige Entlassung stellte. Aber auch Ralf Schröder wollte sich sofort als botmäßig erweisen, und so drängelten, schubsten sich die beiden vor dem Richtertisch. Kaulfersch blickte angewidert.

Nur L. nahm das Urteil nicht an. Er hatte gehört, dazu blieben vierzehn Tage Zeit. Eine Chance zur Berufung wollte er sich nicht verbauen, wollte nachdenken. Kolbe gab Ratschläge, wie der Beschlagnahme des Vermögens vorzubeugen sei: Mietvorauszahlungen beispielsweise. Sehr schnell wollte er an sein Geld kommen und verabredete, wann er sich mit Frau Loest in der Sparkasse treffen könnte. Für sein Zuhören, die lahme Verteidigungsrede und das Belügen seines Mandanten hinsichtlich des Gesetzestextes – darüber wird noch zu schreiben sein – kassierte er etwas mehr als 2 500,– Mark.

Aus dem »Riss«: *Es war der 23. Dezember, ein Tag vor Heiligabend. Annelies würde nach Mittweida fahren, die Kinder waren schon dort. Wie ihnen und den Verwandten dieses Urteil erklären? Sie umarmten sich, der Posten mahnte nachsichtig, das sei nicht gestattet. Diese jungen Sicherheitsmänner hatten den Prozess von Anfang an miterlebt – waren sie beeindruckt? Was begriffen, was ahnten sie? Ihre Stimmen waren leiser geworden. Aus Stein waren diese Arbeiterjungen nicht, und wenn ihnen hundertmal vorgesagt worden war, sie seien das scharfe Schwert der Partei, und diese da seien Konterrevolutionäre, Feinde.*

Die Anklageschrift musste L. abgeben. Die Urteilsbegründung bekam er nie zu lesen, er hat sie nur einmal aus Kaulferschs Munde gehört. Anklageschrift und Urteilsbegründung verschwanden in den Schränken des Bezirksgerichts und wurden zur Geheimsache.

Sofort rächte sich die Stasi dafür, dass L. das Urteil nicht angenommen hatte: Sie sperrte ihn in die engste Zelle des »Roten Ochsen«. Vor der Pritsche blieb ein Raum von anderthalb Metern mal einem Meter inklusive Heizkörper und Kübel. Dort konnte einer nicht gehen, sondern sich nur auf der Stelle drehen, rechtsrum, linksrum. Lesen beim trüben Licht einer schwachen Birne hinter Drahtglas war nicht möglich. Zweimal schloss am späten Nachmittag ein älterer Posten L.s Zelle leise auf, sicherte nach rechts und links und gab ihm ein Stullenpäckchen hinein. L. flüsterte ein Danke, Blicke trafen sich. L. kaute, schmeckte Butter, Blutwurst, Knackwurst. Unvergessen.

Zwischen Weihnacht und Neujahr fand der zweite Prozess statt. Winfried Schröder wurde zu drei Jahren Zuchthaus verurteilt und später nach Bautzen II transportiert. Harreß, Charlotte Kossuth, Silka Ruzicka und Ruth Wieprich kamen mit zwei Jahren oder ein wenig darunter davon. Es lohnte nicht, sie noch in den regulären Strafvollzug zu verlegen. Die Frauen schälten nun Kartoffeln beim MfS bis zum letzten Tag.

Dr. Kolbe wurde wenig später dabei ertappt, als er Briefmarkenalben nach Westdeutschland schmuggeln wollte, er landete im Knast. Dort hätte L. ihn gern getroffen.

»Neues Deutschland« meldete in wenigen Zeilen, in Halle sei eine konterrevolutionäre Gruppe mit »Schröder, Lucht, Loest und anderen« mit Zuchthaus bis zu zehn Jahren bestraft worden. Keine Vornamen, keine Berufe. Die Zeit der Schauprozesse und öffentlichen Beschimpfungen war vorbei. Vorwärts zu neuen Erfolgen bei der Planerfüllung und im Friedenskampf.

Victor Klemperer schrieb ins Tagebuch, sein Curriculum: »Am 23. XII. Urteil im Hallenser-Leipziger Prozess – Harreß, die beiden Schröder – zwei bis zehn Jahre Zuchthaus. Das würde ein ganzes Kapitel meines Curr. ergeben. Wie die Frau Harreß zu mir kam, wie seine Dissertation bei mir liegt – auf Gottfried übergreifend, den man verhört, der jetzt Zeuge war – die Angst der Eltern Kirchner... Bisher weiß man nur Andeutungen durch Telefonat mit Gottfried, durch summarische Äußerungen des RIAS; unsere Zeitungen schweigen. Doppelte Wirkung auf unser Weihnachtsfest. Einerseits verdüsternd. Andrerseits: Gottfried scheint sozusagen gerettet.«

9. Kapitel: Kosmos Bautzen II

I

Anfang Januar 1959 wurde Wolfgang Harich ins Zuchthaus Bautzen II verlegt, dabei zitterte er vor Kälte wie Janka und die anderen vor ihm. Auch er lädierte sich die Fingerkuppen beim Aufkarten von Druckknöpfen. Von der knappen Entlohnung konnte er »Neues Deutschland« und »Sowjetliteratur« abonnieren. Seine Stimmung wechselte zwischen Euphorie und Depression. Nach einer Weile durfte er sich von einer Sonderliste Fachliteratur bestellen. Für einige Zeit blieb er sogar von Magenbeschwerden verschont. Er trug die Häftlingsnummer 5/59.

Am 15. Januar schrieb L. aus Halle in seinem neunten Brief nach Hause: »Zu meiner und Deiner Verwunderung bin ich immer noch hier. Ich habe ein sehr ruhiges Weihnachten verlebt, auch sonst ist absolut nichts geschehen. Im Übrigen habe ich reichlich geschlafen, jeden Tag zwölf Stunden – unsereins darf das jetzt. Zum ersten Mal seit 14 Monaten habe ich keinen Haarausfall, ein Zeichen, dass sich meine Nerven beruhigen. Immer weniger denke ich an das Zurückliegende und hüte mich, mit mir eine Fehlerdiskussion zu beginnen. Wir wissen ja jetzt, wie schädlich das sein kann.«

Am 4. März brachte eine »Grüne Minna« die Brüder Schröder, Lötzsch, Schmittke und L. nach Bautzen II und Lucht nach Bautzen I, genannt das »Gelbe Elend«. Dort arbeitete Lucht in den nächsten Jahren als Technischer Zeichner, Besseres war in der DDR-Haft nicht möglich. L. hockte während der Fahrt im hintersten Abteil der »Minna«, eine Ritze gab den Blick auf die Fahrbahn frei. Die Sonne warf Schatten, drei oder vier Stunden ging es nach Osten. In einem Gefängnishof stieg er aus und wurde zu einem Offizier geführt. Der fragte, was er vermute, wo er sei, und L. sagte, in Bautzen.

Im »Riss«: »*Ihr Gefühl täuscht Sie nicht.*« *Der Hauptmann war klein, drahtig, er hatte eine Hakennase wie Friedrich II. von Preußen und eine scharfe Stimme. Sein Spitzname, L. sollte ihn noch erfahren:* »*der Uhu*«*. Es hieß, er habe bei den Nazis im KZ gesessen. Er verlas die Anstaltsordnung; Verbote, Verbote.* »*Sie haben niemandem Ihren Namen zu nennen oder über Ihre Straftat zu sprechen.*« Von jetzt an trage L. die Nummer 23/59. Damit habe er sich zu melden. 23/59 wurde eine lange Treppe hinaufgewiesen, still lag das Haus, grabesstill. Hinein in eine geräumige Zelle. Nach einer Stunde wurde Schmittke hereingeführt. Wenigstens keine Einzelhaft, für den Hallenser zum ersten Mal seit anderthalb Jahren.

Sie erzählten sich ihre Lebensläufe. Schmittke stammte aus Lodz, sein Vater war dort Meister in einer Textilfabrik gewesen. Nach der Flucht waren sie an der Saale hängengeblieben. Um Lehrer werden zu können, hatte sich Schmittke ein Jahr älter gemacht, was leichtfiel in einer Zeit verlorener Dokumente. Eines Tages würde er deshalb ein Jahr früher in Rente gehen, auch nicht schlecht. Zu Beginn seiner Lehrertätigkeit büffelte Schmittke Russisch, dabei lag er gewöhnlich im Stoff zwei Lektionen vor dem, was er lehrte. Durch Fleiß und Begabung gelang ihm ein Vollstudium, als Dozent geriet er ins Umfeld von Lucht und damit ins Zuchthaus. L. fand, wenn Schmittke für sein bisschen aufmüpfige Debatte mit dreieinhalb Jahren bestraft worden war, hätte er selber sechzig verdient.

Ein Kalfaktor wies sie in die Rituale ein, wie sie ihre Decken zu legen hatten, wie das Wachpersonal zu grüßen sei, er lehrte sie die Rangabzeichen und flüsterte Spitznamen: »Trompeter«, »Blumenfreund«, »Schwarzer Peter«. Den bloß nicht reizen! Er brachte ihnen die anstaltsüblichen Freiübungen in sechzehn Zeiten bei. Bloß nicht auffallen!

Morgens streckte jeder Häftling dem Kalfaktor zwei Schüsseln hin, eine für sogenannten Kaffee, die andere für eine dünne, bittere Hafermehlsuppe. Mittags ein Schlag Eintopf oder ein Löffel Quark und vier, fünf Pellkartoffeln. Abends ein Pfund Brot, ein Klecks-chen Margarine oder Schmalz und eine Scheibe Wurst, alle drei Tage einen Löffel Marmelade. Sie sehnten sich nach den Hallenser Brotkanten zurück, erzählten sich von den Gerichten, die ihre Mütter und Frauen gekocht hatten. Schweineschlachten, ein endloses Thema. Sie legten die Decken akkurat wie in Rekrutenzeiten, meldeten und wendeten die Köpfe, in der Freistunde hampelten sie die sechzehn Bewegungen durch. Sie erzählten sich, was sie in den letzten Monaten erlebt hatten, kamen dabei auf den Paragrafen 13 zu sprechen, und L. erfuhr, er wollte nicht glauben und glaubte dann doch und wurde weiß vor Wut, als ihm sein Kumpel versicherte und wieder versicherte, wie dieser Paragraph wirklich lautete. Nicht auswendig kannte er ihn, doch dem Sinne nach.

Jahre später, in der Deutschen Bücherei zu Leipzig, schlug L. nach und las:

»Wer es unternimmt

1. die verfassungsmäßige Staats- oder Gesellschaftsordnung der DDR durch gewaltsamen Umsturz oder planmäßige Untergrabung zu beseitigen,

2. mit Gewalt oder durch Drohung mit Gewalt die verfassungsmäßige Tätigkeit des Präsidenten der Republik, der Volkskammer oder der Länderkammer oder des Ministerrats oder ihrer Präsidien oder eines ihrer Mitglieder unmöglich zu machen oder zu behindern,

3. das Gebiet der DDR einem anderen Staat einzuverleiben oder einen Teil desselben von ihr loszulösen,

wird wegen Staatsverrats mit Zuchthaus nicht unter fünf Jahren und Vermögensentzug bestraft.«

Das war ja nun ein gänzlich anderer Text als der, den Dr. Kolbe seinem Mandanten vorgelesen hatte. Auf Kaulferschs Bitten hin? L. schäumte, tagelang vermochte er an nichts anderes zu denken, als wie er betrogen worden war und wie womöglich zu reagieren sei. Schmittke ergänzte: Der Paragraf 13 bezeichnete ein Unternehmensdelikt, schon der Versuch galt als strafbar. Schmittke war wegen Beihilfe verurteilt, die gab es aber gar nicht. Juristische Unmöglichkeiten zuhauf.

Gehen wir in Berufung?, fragte L. Aber Schmittke hatte fast zwei Jahre abgesessen von dreieinhalb und hoffte auf Entlassung noch in diesem Jahr; die wollte er durch einen Kraftakt nicht gefährden.

Das Gras grünte im Freistundenhof, die Kastanien hinter der Mauer blühten, 23/59 und 24/59 drehten ihre Runden. Einmal sahen sie für Sekunden am Ende eines Korridors Winfried Schröder und Ronald Lötzsch – die beiden lagen folglich zusammen. Ralf Schröder allein?

In diesen Tagen verließ Heinz Zöger Bautzen als freier Mann. In Berlin führte er Gespräche über Arbeit und Wohnung. Nach einigen Wochen machte er sich nach Westberlin davon, verhielt sich still im Flüchtlingslager und wurde ausgeflogen an den Rhein. Im Dorf Kasbach bei Koblenz traf er auf eine kleine Kolonie von DDR-Flüchtlingen, darunter Gerhard Zwerenz mit Frau und Kind. Zwerenz schrieb bienenfleißig für den Westdeutschen Rundfunk und das SBZ-Archiv und wälzte Buchprojekte. Die meisten, die ihn beschäftigten und förderten, gehörten zur SPD. Zöger fand seine Situation warm vom ersten Tag an.

Am 2. April 1959 druckte die »Frankfurter Allgemeine Zeitung« einen Artikel von Zwerenz: »Der ‹freie Atem› in Leipzig.« Ulbricht hatte auf der Leipziger Frühjahrsmesse behauptet, hier könne man frei atmen und sprechen. Zwerenz benannte das wenige, was er über die Prozesse in Halle vor Weihnacht 1958 wusste, er schilderte das Leben des Schriftstellers Erich Loest, das Sterben des Journalisten Joachim Wenzel. Es sei der DDR gelungen, diese Prozesse ohne Aufsehen im Westen über die Bühne zu bringen, keine Hand rühre sich zur Solidarität. Zum ersten Mal erfuhr der westliche Leser, so er es denn wissen wollte, was im Osten geschehen war. Zwerenz schrieb, redete, fand Gehör bei wenigen, das waren Heinrich Böll, Ilse Spittmann, Redakteurin des SBZ-Archivs, und Carola Stern, aus Vorpommern stammend und vor Jahren schon geflohen, sie arbeitete beim WDR. Es war ein holpriger Pfad, den Zwerenz einschlug, zäh und fintenreich über Jahre hinweg.

Nach einigen Wochen wurde ein dritter Mann zu Schmittke und L. in die Zelle gelegt, Heinz E. aus Westberlin, etwa gleichaltrig mit ihnen, der sich als ehemalige Hilfskraft in einer Anwaltskanzlei ausgab. Über seine Straftat schwieg er. Sieben Jahre. Durch ihn erfuhren die Neulinge, in welches Haus sie geraten waren. Ein abgesonderter Block im Zuchthaus Brandenburg war 1956 im Westen ins Gerede geraten, ein Schweigehaus sollte es sein, dessen Insassen mit Kapuzen über den Hof geführt würden. Abgeordnete der britischen Labour-Partei hatten vor, die DDR zu besuchen. Bei der Vorbereitung fragten sie nach diesem Haus 5 in Brandenburg. Wie bitte, sie wollten es besichtigen? Aber gern!

Und so wurden im August 1956 in einer konzertierten Aktion an die 130 Strafgefangene nach Bautzen verlegt. Ins berüchtigte Haus 5 in Brandenburg zogen nette Schwarzbrenner und Wilddiebe, die friedlich grinsten, als die Labour-Genossen sie befragten. Zum Justizblock an der Mättigstraße in Bautzen gehörte ein ehemaliges Untersuchungsgefängnis mit vielen Einzelzellen, erbaut in den Gründerjahren. Nach

1945 nutzten es die Sowjets, hier und da waren im Keller kyrillische Kritzeleien geblieben.

In diesem Haus, erzählte Heinz E., saßen der ehemalige Außenminister der DDR, Dertinger, einer seiner Staatssekretäre, Dr. Dr. Helmut Brandt, westliche Geheimdienstler, in Schauprozessen zu lebenslangem Zuchthaus verurteilt, so mancher, der mit Gewalt aus Westberlin herübergeholt worden war, dazwischengestreut Gauner aus dem MfS, die ihrem Hauptmann das Radio geklaut oder ihre Braut mit perfekt erlerntem Handkantenschlag umgebracht hatten. Normalerweise hätte E. ein Zelleninformator gewesen sein müssen, aber das soll ihm nicht nachgesagt werden, ausnahmsweise mal nicht.

Eines Tages wurden die drei in den Hof geführt. Da lagen Haufen minderwertiger Braunkohle, die mittels Schubkarre über schwankende Bohlen aufgetürmt werden sollten. Endlich Luft, Bewegung! Sonne! Sie machten sich wild ans Werk, schaufelten, rannten, kippten, schwitzten, spürten die Muskeln. Danach durften sie duschen und Nachschlag fassen. Erich, sagten die beiden anderen, es geht um dich, vielleicht gegen oder auch für dich, sie wollen probieren, wie sich ein Schriftsteller verhält, wenn er mal richtige Arbeit anfassen muss. Die feixen sich eins. Oder wollen dir Gutes?

Eines Tages wurden die Kohleschaufler nach getanem Werk auf anderem Weg als gewöhnlich zurückgeführt, vielleicht wollte sich der Posten das Auf- und Zuschließen einiger Türen ersparen. Im Arresttrakt stießen sie auf einen Wachtmeister, der hochroten Gesichts aus kürzester Entfernung mit einem Feuerwehrschlauch durch die Gittertür in eine Zelle hineinspritzte. Drin schrie gellend ein Häftling. Befehl: Sofort zurück! Flüsternd berieten hinterher die drei, ob sie das, was sie gesehen hatten, Folter nennen dürften.

Am 30. Januar 1960 schrieb 23/59 nach Hause: »Meine liebe, liebe Annelies, noch immer denke ich oft an Deinen Besuch.

Ich finde, Deine Augen sind schöner geworden, klarer und fester. Bei mir ging es mit Kohlenschippen weiter. Ich habe mich recht gut an die anstrengende Arbeit gewöhnt. Ich las u. a. Renn ›Morelia‹, Seghers ›Transit‹, Bräker: ›Toggenburg‹. Ich wurde satt, musste nicht frieren und habe sogar $^{1}/_{2}$ kg zugenommen. Leider konnte ich die Neue Deutsche Literatur nicht kaufen, da der Verdienst nicht reichte. Aber für $^{1}/_{4}$ kg Margarine und ein paar Kekse langte es immerhin.«

Die drei begegneten nun anderen in der Freistunde. In gehörigem Abstand umkreisten sie mit einem Dutzend den Hof, Sprechen war natürlich verboten. Sie verkrachten sich aus nichtigen Gründen, vertrugen sich wieder. Eines Morgens musste 23/59 – die beiden andern wurden unterdessen in eine leere Zelle gesperrt, sodass keine Verabschiedung möglich war – seine Klamotten packen. Einzelzelle. Abschalten, die Gedanken sortieren, nicht quatschen müssen über Zeug, das dich nicht interessiert, auch nicht schlecht.

Wie viele Monate blieb er allein? Irgendwann sah er zum ersten Mal einen Film. *Im Dachgeschoss hatte ein großer Raum früher als Kirche gedient. Als L. eintrat, saßen an die fünfzig Häftlinge auf Bänken ohne Lehne darin, jeweils im Abstand von zwei Metern, unbeweglich. Keiner wendete den Kopf, keiner flüsterte ein Wort. Vorn stand wachsam »der Uhu«, von rechts und links beobachteten Wachtmeister. Wer einem andern auch nur zugezwinkert hätte, wäre sofort auf Zelle geschickt worden. L. wurde auf eine der hintersten Bänke verwiesen, dort saß er stumm und reglos wie die anderen. In der Dunkelheit wurden noch einige hereingeführt, und noch ehe wieder das Licht eingeschaltet wurde, dirigierten die Wachtmeister sie hinaus.*

Das waren unter anderem Karl Wilhelm Fricke, Journalist, Menschenraub, später als Redakteur des Deutschlandfunks einer von L.s Wohltätern, und Heinz Brandt, Gewerkschafter, Menschenraub, der als Jude Auschwitz überlebt hatte, später

ein treuer Gefährte von Zwerenz und L. durch viele Jahre. Das war Wolfgang Veith, mit siebzehn in Leipzig verhaftet, acht Jahre Workuta, durch Adenauer freigekommen, Geheimdienstmann in Westberlin, Menschenraub, verurteilt zu zwölf. Einmal liefen sie nacheinander »auf Zelle ab«, da fragte ein Wachtmeister, wo denn die anderen blieben, und Veith antwortete: »Die Herrn kommen noch.«
»Das sind keine Herrn, das sind Strafgefangne.«
»Für mich sind's Herrn.«
Der Häftling 23/59 steckte verschiedenfarbige Drähte und Spulen auf Plastikstreifen. Er war umgeschulter Linkshänder, schrieb rechts und rasierte sich links, längst war der Löffel wieder in die Linke gerutscht. So waren beide Hände gleichermaßen fähig, zu fassen, zu drehen, zu stecken. Er saß vom frühen Morgen an vor seinen Kartons und Platten, pfiff Volks- und Wanderlieder, Schlager und Jazz. Am Mittag hatte er die Norm erfüllt. Nachmittags erhöhte er auf 150 Prozent und bereitete Material für den kommenden Tag vor. Sein Monatsentgelt stieg bis auf achtzehn Mark. Nach dem Bezahlen von »Neues Deutschland« blieb einiges für Zigaretten – drei am Tag –, Kunsthonig, Marmelade und wunderbar würzige grobe Braunschweiger Wurst.

Und dann dieses Husarenstück: Einen Besuch hatte Annelies auf den 10. Hochzeitstag legen lassen. Gleich nach der Begrüßung, diesmal saß »der Uhu« daneben, packte sie in Windeseile aus: Eine Decke breitete sie über den Tisch, stellte Tassen und Teller darauf, Kaffee goss sie aus einer Thermosflasche ein und legte Torte auf die Teller, sogar eine Vase mit Blumen hatte sie bereit. »So«, sagte sie, »und nun feiern wir unseren Hochzeitstag!« Sprachlos war »der Uhu« ob dieser Hexerei, 23/59 trank Kaffee und löffelte Torte, es wurde ein fröhliches halbes Stündchen. Danach allerdings knöpfte sich »der Uhu« die flinke Besucherin vor: Wenn sie sich noch einmal etwas Derartiges leisten würde, könnte sie sicher sein, dass er ihr die Besuchserlaubnis entzöge! Und sie sagte, das werde nicht wieder vorkommen, so was mache sie nur an einem runden Hochzeitstag, und am 20. sei ihr Mann ja zu Hause.

2

Um herauszufinden, wie sich Walter Janka nach seiner Entlassung verhalten würde, ordnete Minister Mielke Zelleninformation an. Zu Janka wurde ein Binnenschiffer aus den Gewässern um Potsdam gelegt, der sich mit amerikanischen Geheimdienstleuten darüber unterhalten hatte, auf welchen Routen nach einer etwaigen Abriegelung Westberlins Froschmänner durchschlüpfen könnten. Karten wurden zu Rate gezogen, der Ortskundige berichtete gegen kleines Geld über Schilf und Schlamm. Die Gespräche wurden verraten – zwölf Jahre Zuchthaus. Seiner Wut machte Janka täglich Luft. All seine Hoffnungen auf eine bessere sozialistische Welt waren zertrümmert, er saß bei den eigenen Genossen in kalter Zelle und zürnte, er werde schlechter behandelt als bei den Nazis. Deshalb, und nur das war fürs MfS interessant, würde er aber nicht zum Klassenfeind überlaufen, in der DDR wollte er mit seiner Familie bleiben. Irgendetwas ließe sich für ihn finden, seine großartige Charlotte…

Der Bootsmann erstattete Bericht. Bei der nächsten Amnestie wurde seine Strafe von zwölf auf neun Jahre herabgesetzt.

Eine Zeit lang teilte ein Lehrer aus Thüringen mit 23/59 die Zelle. Lebenslänglich. Er hing in leidenschaftlichem Schmerz an seiner kleinen Tochter, weinte. Klagte über Kreislaufstörungen. Seine Frau schrieb, was er denn meine, ob sie sich scheiden lassen sollten, er antwortete, unter den gegebenen Umständen würde er das verstehen. Im nächsten Brief beklagte sie sich, leichtfertig wollte er sie ziehen lassen ... Hauptthema für zwei Wochen. Der Lehrer erzählte, er habe mit einem Mann zusammengelegen, dessen Frau ihm mitteilte, sie bekomme ein Kind von einem anderen, bereue den Seitensprung aus schrecklicher Einsamkeit heraus, liebe ihn weiterhin, und nun würde er sich natürlich trennen wollen. Nach quälenden schlaflosen Nächten habe der Mann geantwortet, er liebe sie auch, sie sollten versuchen, mit dem Schock fertig zu werden, dann seien sie eben nach seiner Entlassung zu dritt. Der Schriftsteller Loest nutzte diesen Stoff später für seinen Roman »Schattenboxen«.

Andere Zusammenstellung während der Freistunde, der Lehrer berichtete: Der Große, Schwarzhaarige da, der so steif ging, sei Verleger in Berlin gewesen. Janka! Einmal konnte es 23/59 einrichten, indem er auf der Treppe drei andere, an den Schnürsenkeln nestelnd, an sich vorüber ließ, hinter Janka zu kommen. In einer Kurve, entfernt vom Posten, rückte er auf und flüsterte: »Ich bin Erich Loest!« Janka reagierte nicht. Später erfuhr L., er habe in Richtung von Walters linkem Ohr gesprochen, aber das war seit der Ebroschlacht beinahe taub. Der Posten brüllte: »Halten Se Abstand!«

Sein erstes Weihnachten in Bautzen. Kalfaktoren stellten eine mickrige Fichte in die Mitte des Freistundenhofs und beschmissen sie mit Kalk. An Heiligabend: Kartoffelsalat mit Würstchen.

Gustav Just steckte in einer Zwickmühle. Jeder Häftling hofft auf Amnestie wegen einer bevorstehenden Außenministerkonferenz, eines Jahrestages, des Todes des Präsidenten, dieses und jenes Wunders. Just wollte noch immer nicht zugeben, was er überzeugt war, nicht getan zu haben. Seine Frau schrieb Gesuche – jaaa, wurde erwidert, wenn Ihr Mann endlich seine Verbrechen eingestehen würde!

Just sammelte am Ende des Arbeitstages Material aus einigen Zellen ein, Ex-Außenminister Georg Dertinger trug Kartons aus dem Nachbarflügel zum Fahrstuhl. Dort warteten sie manchmal ein paar Minuten und flüsterten. Endlich war Just nicht mehr allein: Benno, ein Pole, wurde zu ihm gelegt, im Auftrag der CIA hatte er spionieren und dazu die Oder durchschwimmen sollen, einen Froschmann-Anzug trug er bei seiner Verhaftung im Rucksack. Pressesensation in der DDR! Lebenslänglich. In ihren politischen Anschauungen waren sie diametral entgegengesetzt, stritten, krachten sich. Vertrugen sich als Kumpel. Just zählte die Tage, Benno nicht.

Irgendwann nach zwei Jahren wurde 23/59 einer Brigade zugeteilt. Zu zwölft saßen sie um einen Arbeitstisch. Wie viel haste mitgebracht? Er hörte: fünf, lebenslänglich, zwölf, fünfzehn, acht, auch drei, vier, das waren die Strolche von der Stasi. Staatsverrat, das ließ sich hören, er war kein Hühnerdieb und kein Kinderschänder. *Als er merkte, in welcher Weise über welche Themen gesprochen wurde, ging er auf Distanz. Kein obszönes Wort, nahm er sich vor, keine schweinische Geschichte, wie schnell sackst du sonst ab.*

Von einem Kalfaktor hörte 23/59, Harry Schmittke sei entlassen worden, drei Monate vor der Zeit. Ronald Lötzsch und Winfried Schröder rissen ihre Strafen ab. Als Lötzsch nach seiner Entlassung den mit ihm befreundeten Lyriker Reiner Kunze traf, war sein erstes Wort: »Wir haben uns geirrt!« Ralf Schröder blieb weiterhin allein, sein Vater hatte es mit vielen Anträgen erreicht, ihm Fachbücher schicken zu dürfen. Auch Papier und Stifte. An Feierabenden und Sonntagen streunten seine Gedanken in die gewohnte Berufswelt, Gorki, Tolstoi, das Faust-Motiv in der russischen Literatur.

Ein besonders guter Arbeiter war 23/59 zu dieser Zeit nicht, zu gern unterhielt er sich. War Prien, der Seeheld, in einem KZ umgebracht und sein U-Boot nicht von den Briten versenkt worden? Die Tonnage der »Bismarck«. War Brecht Jude?

Zum Herbstbeginn ein frisches Magengeschwür. Jeder Häftling durfte pro Monat neunzig Zigaretten kaufen. Feuer gaben die Kalfaktoren dreimal täglich, an Zellenhäftlinge manchmal, wenn die gerade ihre Suppe löffelten. Das Thema Eins war nicht, wie vermutet, die Sexualität, sondern die Raucherei. 23/59 beschloss: Das Zeug schadet dir bloß, neun Mark im Monat legst du besser in Kunsthonig und Wurst an. Die letzte Lulle in Bautzen II war die letzte seines Lebens.

Neben ihm saß Winfried Esch, Westberliner Fotograf, von lebenslänglich auf fünfzehn runtergesetzt. Menschenraub. Sein Panzer an der Ostfront sieben Mal abgeschossen. Gelegentlich war er nach Ostberlin vorgedrungen und hatte an der Stalinallee und am 17. Juni 1953 am Alex fotografiert. Jemand aus Karlshorst bot ihm ein Foto des alten, kranken Stalin auf dessen letztem Parteitag an, es ging um die Welt. Wem hatte er es abgekauft? Mit Winne war wunderbar reden. Als Loest später seinen Roman »Nikolaikirche« schrieb, griff er in der Person des Linus Bornowski auf Esch zurück. Lebst du noch, Winne?

3

Vor Weihnacht 1960 wurde Janka zum Anstaltsleiter gerufen. Geplänkel über Schuld und Sühne, Janka blieb uneinsichtig. Ein General kam hinzu und verkündete, Walter Janka sei auf Anordnung des Staatsratsvorsitzenden Walter Ulbricht mit Wirkung vom 21. Dezember 1960 aus der Haft zu entlassen. Fünf Jahre schnurrten auf vier zusammen. Am nächsten Morgen brachte der Anstaltsleiter den nun freien Bürger zur Pforte und murmelte, beide seien doch alte Genossen. Janka ging ohne ein Wort davon.

Schon Heiligabend tauchten bei ihm in Kleinmachnow zwei Emissäre des Kulturministeriums auf und fragten, ob sie bei der Arbeitssuche helfen sollten. Janka schickte sie weg. Erst mal Luft holen, mit der Familie zusammenfinden, reden, reden. Von Katia und Erika Mann trafen Brief und Päckchen ein, Leonhard Frank versprach einen Besuch, Halldór Laxness lud nach Hamburg ein. Abendessen bei Hanns Eisler. Jeanne und Kurt Stern baten zum Mahl, zugegen war Anna Seghers. Bis in die Nacht redeten sie über alles Mögliche, nur nicht über Jankas Prozess und Haft. Vor der Verabschiedung sagte »die Anna« etwas irrsinnig Überraschendes: »Walter, du solltest jetzt auf Parteischule gehen.«

Willi Bredel und seine Frau hatten den Tisch üppig wie für einen Staatsempfang gedeckt; auch sie fragten nicht, wie der Gast die vier elenden Jahre überstanden habe. Bredels schenkten zwei Langspielplatten mit Lesungen von Thomas Mann. Als die Jankas sie zu Hause auspackten, entdeckten sie dazwischen tausend Mark. Helene Weigel meldete sich, auch sie tat so, als sei nichts gewesen. Brecht käme nun endlich zu Weltruhm und werde überall gedruckt und gespielt. Spanienkamerad Ludwig Renn führte sein neues Haus vor, als Kinderbuchautor war er erfolgreich und aller Sorgen ledig. Was es im Osten nicht gebe, besorgten seine Helfer aus dem Westen. Dass Geldumtausch verboten war, scherte ihn offensichtlich nicht. Jankas sahen ihn nicht wieder. Paul Merker wich jeder Begegnung aus.

Das Zentralkomitee der SED schickte einen Emissär, der mitteilte, Janka dürfe nicht mehr in leitender Position tätig sein. Er offerierte ihm eine Anstellung als Buchhändler oder Filmvorführer. Es war dies der ehemalige Scharfmacher und Scharfrichter von Leipzig, Siegfried Wagner, unterdessen in zentraler Ideologiefunktion. Das Gespräch war sehr kurz.

Als Gustav Just vor seiner ein wenig vorzeitigen Entlassung vom Anstaltsleiter gefragt wurde, was er »draußen« machen wolle, antwortete er: »Mich mal richtig satt fressen.« Wie Janka wurde er von seiner Familie aufgefangen. Ein Nierenstein musste entfernt werden, nervöse Herz- und Kreislaufstörungen legten sich nach und nach. Just hatte schon im Zuchthaus beschlossen, sich als Übersetzer aus dem Tschechischen zu versuchen, Grundkenntnisse waren vorhanden. Er besorgte sich Wörterbücher; Verbindungen zu Verlagen wurden geknüpft, er begann seine neue Arbeit mit Freude und Umsicht.

Als Just nach Hause gekommen war, hatte er seiner Frau gestanden, er sei völlig von Hass zerfressen. Allmählich atmete er freier. Er rang sich zur Überzeugung durch, er werde seinen Peinigern nicht die Freude machen, seine eigene Galle zu fressen, sondern fröhlich leben, dem Dasein alle schönen Seiten abzugewinnen suchen. Als L. vier Jahre später in Freiheit kam, konnte er von dieser Philosophie profitieren. Beim Fernsehfunk blieben die Türen für Just verschlossen, aber die Stasi, immer im Bild, ließ anderwärts bescheidene Spielräume. Zunächst sollten Spitzel beobachten, ob Just mit seiner Familie die DDR zu verlassen gedenke, nach dem Mauerbau war das überflüssig. Am fleißigsten berichtete der Übersetzerkollege Alfred Antkowiak, ein geradezu manischer Zuträger. Als IM Roiber taucht er in Dutzenden von Akten auf, auch in denen von L. sofort nach dessen Entlassung.

Günter Zehm kam im Dezember 1960 frei. Die Behörden meinten, er sollte sich in der Produktion bewähren, aber im Januar des folgenden Jahres machte er sich über Westberlin nach Frankfurt am Main davon. Dort studierte er bei Adorno und Carlo Schmid. Endlich konnte er sich auf geistigen Gefilden tummeln, von denen er immer geträumt hatte. Zehm promovierte über Sartre.

Übel erging es weiterhin Wolfgang Harich. Seine Frau Irene spürte, dass sie sich bei ihren Besuchen immer weniger zu sagen hatten. Sollte sie erzählen, dass sie in Bulgarien am Strand gelegen hatte? Sie registrierte den körperlichen Verfall des ehemals so bewunderten Mannes. Sie arbeitete als Tschechisch-Dolmetscherin. Hin und wieder erkundigte sich die Stasi, wie es ihr ergehe und ob Schwierigkeiten aus dem Weg zu räumen seien. Sie ließ sich scheiden, begegnete einem französischen Chansonsänger, der in der DDR auftrat, und heiratete ihn. Mit ihm zog sie nach Kanada und später nach Südfrankreich. Nach all den Turbulenzen war ihr noch ein langes erfülltes unpolitisches Leben vergönnt.

Die einzige Informationsquelle für Harich blieb das Zentralorgan der SED. Er versuchte, zwischen den Zeilen zu lesen und sich Reime zu machen. Als Chruschtschow die USA besuchte, geriet er in einen Freudentaumel, als Herbert Wehner im Bonner Bundestag das Umschwenken der SPD in der Deutschlandfrage auf den Kurs Adenauers vollzog, fiel er in Verzweiflung. Herzattacken waren die Folge, Schmerz zog sich in den linken Arm hinein, ihn schwindelte, die Füße schwollen an. Nach seiner Haftentlassung stellten Ärzte fest, dass er damals einen Herzinfarkt mit knapper Not überlebt hatte.

Harich schreibt in seinem Buch »Keine Schwierigkeiten mit der Wahrheit«, er sei, da Haftentlassung nicht infrage kam, das MfS ihn aber auch nicht habe zugrunde gehen lassen wollen, einer hilfreichen Manipulation unterzogen worden. Keine andere Quelle über diese Phase außer Harichs Bericht ist zugänglich: Er sei von einem Stasileutnant im offenen Cabriolet und ohne Handschellen bei herrlicher Sonne nach Berlin-Hohenschönhausen kutschiert worden. Dort habe man ihn tagelang, wochenlang ärztlich untersucht. Anfangs habe er gemeint, er werde bald entlassen. Freundliche Behandlung, erträgliches Essen. Keine Aufregung, nicht einmal »Neues

Deutschland«. Einer seiner früheren Vernehmer beauftragte ihn, eine Studie über einen Mann zu verfassen, dem er zehn Jahre vorher begegnet und der längst tot war. Beschäftigungsplacebo. Von Gnadenerweis war die Rede, von Strafmilderung. Das alles war therapeutischer Humbug, urteilte Harich später, und in dem Maße, in dem er sich erholte, wurde der Ton rauer. Schließlich schnappten die Handschellen wieder zu und es ging, nun per »Minna«, zurück nach Bautzen II.

Der immer perfekter werdende Häftling 23/59 erfuhr vom Verschwinden Harichs und der Rückkehr. So geheim alles auch bleiben sollte, die Kalfaktoren flüsterten manches weiter, weil die sich wichtig machen wollten. Du, Erich, ich weiß was!

Vom Verwahrhaus veränderte sich Bautzen II schrittweise zum effektiven, gnadenlos ausbeuterischen Produktionsbetrieb. Ein Doktoringenieur, früher Kombinatsdirektor, zu fünfzehn Jahren verurteilt, leitete das Unternehmen. Viele Häftlinge stürzten sich in die neuen Aufgaben, da sie die Zeit schneller vergehen ließen und mehr Einkauf brachten. Die später so genannte »Bücklingszeit« brach an: Dreimal wöchentlich pro Mann einen prachtvollen fetten Räucherfisch am Abend. Einmal pro Woche Duschen und Wäschetausch und nicht nur alle vierzehn Tage. Jeden Sonnabend Kino.

Herbert wurde zu 23/59 in die Zelle gelegt, ein dürrer Bursche von knapp dreißig. Er galt als renitent und hochnervös. Acht Jahre wegen Grenzverletzung und Schusswaffengebrauch. In einem Wald im thüringischen Sperrgebiet, in dem er gestellt worden war, hatte es geknallt. Eine Pistole war gefunden worden. »Aber doch nicht von mir, *ich* weiß doch nicht, wer geschossen hat, ich doch nicht.«

Zwei, drei Wochen lang gab Herbert Ruhe, dann legte er sich mit der Polizei an. Während er und L. in der Freistunde waren, stieg ein Wachtmeister in ihrer Zelle auf den Tisch und filzte das Regal. Auf der Tischplatte blieb ein Abdruck des

Schuhs zurück. Sofort beschwerte sich Herbert: Nur *Schweine* würden mit Schuhen auf einen Tisch steigen. Geschrei. L. krümmte sich mit schmerzendem Magen. Herbert beharrte: *Nur Schweine!* Vierzehn Tage Arrest.

Wieder allein, wieder zu zweit, wieder Brigade. Die Anstaltsleitung ordnete an, im Freistundenhof einen Volleyballplatz zu bauen, das schafften Häftlinge vor oder nach ihrer Schicht. Vom Keller aus sollte ein Arbeitsraum vorgetrieben werden, beim Ausschachten stieß »Lederohr« auf eine Leiche. Er rief andere Häftlinge heran. Sie sahen: Volles schwarzes Haar, eingetrocknete Haut über den Beckenknochen. Sofort war die Kripo da. Jahrelang wurde diskutiert: Wie alt war eine Leiche dieses Zustands, war sie vor oder nach 1945 verscharrt worden?

Am Tisch mit den Holzböcken, auf denen sie »träufelten«, so der Ausdruck für das Einlegen von Spulen in die Motorgehäuse, saß ihm Heinz Schmidt gegenüber, lebenslänglich, ein kräftiger, ausgeglichener Mann, in Haft seit neun Jahren. Er war Feinmechaniker und schaffte, ohne sich zu verausgaben, 120 Prozent. Für ihn wäre weit mehr drin gewesen, aber er wollte die Norm nicht gefährden und sah keinen Grund, sich für die Kommunisten ein Bein auszureißen. Er stammte aus Luckenwalde südlich von Berlin. Der US-Geheimdienst hatte ihn angeworben. Auf seinem Dachboden wurde ein Funkgerät versteckt. Im Krisen- oder Kriegsfall sollte er melden, was in den nahegelegenen sowjetischen Kasernen geschah, und zwischendurch einmal im Monat seine Bereitschaft durch einen Piepton signalisieren. Er war überzeugt, nicht lange hin, und er würde nach Westdeutschland entlassen werden und dort mithilfe einer enormen Haftentschädigung eine Hühnerfarm kaufen. Die leitete dann seine Frau, er schaute zu, klarer Fall. Während er so daherredete, spielten seine Finger höchst produktiv mit den Drähten. Als Loest den Roman »Sommergewitter« schrieb, hatte er es einfach mit seinem Amifunker Hemsberger. Hin und wieder sagte Schmidt: »Wir haben Warten gelernt.« Also sprach Loest einmal zu Eberhard Günther, dem Verleger, als sie sich wegen des Romans »Es geht seinen Gang« in die Haare gerieten. Der wurde bleich vor Wut.

Dann der 13. August 1961, der Tag des Mauerbaus. Im »Riss«: *Dieses Datum, das Schulkinder noch lange werden auswendig lernen müssen, hatte er herbeigesehnt: An diesem Tag würde die Hälfte seiner Strafe vorbei sein; dann konnte rückwärts gerechnet werden. Schon nach einem Tag war die zurückgelegte Strecke um zwei Tage länger als die zu bewältigende. Das nannte man die chinesische Knastrechnung. Dieser 13. August war ein Sonntag. Mit wem lag er auf Zelle? Vielleicht mit einem guten Schachpartner, vielleicht hatte es mittags Wiegebraten gegeben und nicht Gulasch, bei dem die Kalfaktoren dem eigenen Wanst das Fleisch und den gewöhnlichen Häftlingen die Soße zumaßen. War es das Jahr 1961, als die Häftlinge zweimal ein Stück* richtiges *Fleisch zwischen die Zähne schoben, einmal an einem beliebigen Sonntag im Juli und dann am Republiktag, dem 7. Oktober?*

Alle meinten, nun werde es nicht mehr lange dauern bis zur umfassenden Amnestie. Denn die DDR würde sich festigen hinter ihrer Mauer. Spione hätten es nicht mehr so leicht, also könne der Staat sich als großmütig erweisen. Es wurde nichts daraus, wir wissen es.

Drei der gescheiterten Reformer von 1956 saßen nun noch in Bautzen II. Ralf Schröder sollte allein bleiben bis zum Schluss. Sein Regal war voller Bücher, jede freie Stunde konnte er nutzen. Der Anstaltsarzt verschrieb Harich Vitamintabletten. Der Sani-Kalfaktor, der Harich wohlwollte, schob ihm drei Tabletten durch den Spion und sagte laut: »Ich gebe Ihnen *eine* Tablette.« Harich verpfiff ihn – dieser Mann missbrauche sein Amt. Der Kalfaktor wurde abgelöst. Ein andermal: Ein Kalfaktor hatte gehört, dass ein Wachtmeister, genannt »Gartenzwerg«, zu einem Kollegen sagte, er werde dann die Wasserkannen kontrollieren. Der Kalfaktor huschte von Zelle zu Zelle und flüsterte seine Botschaft. Als »Gartenzwerg« sich die Kannen zeigen ließ, fand er sie blitzblank. Harich aber meldete, dieser Mann da habe überall gewarnt. Kalfaktor zu sein sei doch eine Vertrauensstellung, die habe er missbraucht... »Gartenzwerg« schloss ohne ein Wort die Zellentür, diese Denunziation war ihm nun doch zu dreckig. 23/59 versuchte, das Motiv des Philosophen zu erläutern: Für ihn gelte das »Prinzip Kalfaktor«, das reinzuhalten sei. Keineswegs habe sich Harich anschmieren wollen, Sauberkeit des Denkens habe bei ihm Vorrang. Die Kumpels tippten sich an die Stirn.

Der Anstaltsleiter bestellte einen etwa sechzigjährigen Lebenslänglichen zu sich, der hatte als Stenograf der Volkskammer immer mal einen Durchschlag an den britischen Geheimdienst verkauft. Es gebe einen Problemfall, ein Häftling sei krankhaft nervös, er wolle ihn aus der Einzelhaft erlösen. Wenn er, der Stenograf, es mit Harich nicht mehr aushalte, möge er Bescheid geben, dann sei er in der nächsten Minute wieder aus dessen Zelle raus. Ein paar Monate lang hatte Harich nun einen Partner für seine Zornesausbrüche, Verzweiflungstiraden und Hoffnungsspiralen, dann warf der Stenograf, ein besonnener, ruhiger Mann, das Handtuch. So erzählte er es 23/59 während gemeinsamer Freistunde. Harich schreibt, *er* habe den depressiven Mann zeitweilig aufrichten können, dann aber seien sie sich gegenseitig so auf den Geist gegangen, dass sie einvernehmlich um Scheidung baten. Ansichtssachen.

4

Nach dem Mauerbau blieben Karola und Ernst Bloch im Westen. Hans Mayer schien ausharren zu wollen. Blochs ehemaliger Assistent Jürgen Teller arbeitete beim Reclam-Verlag. Hans Pfeiffer schrieb erfolgreiche Stücke. Zwerenz organisierte Appelle für die Freilassung von Harich und Loest, es unterzeichneten immer dieselben. Amnesty International konnte auf die Lage von Annelies Loest mit ihren drei Kindern aufmerksam gemacht werden. Eine Gruppe in Hamburg übernahm in aller Stille die Betreuung. Eine Frau fragte nach der Konfektionsgröße von Annelies, Pakete schickte sie mit Kaffee und Kinderschuhen, Schokolade und Maggisuppen. Als Annelies ihren Mann in Bautzen besuchte, staunte der über den hochschicken Mohairmantel, den Schlager der Saison. In der Tasche hatte Annelies außer der Rückfahrkarte drei Mark fünfzig.

Bautzen II, bessere Verpflegung, während der Freistunde spielten die Häftlinge aus den Brigaden Volleyball, nach einer besonders hohen Normerfüllung auch mal an einem Sonntagnachmittag, wenn die diensthabenden Wachtmeister das viele Ein- und Aufschließen nicht scheuen. Musik aus den Lautsprechern in allen Gängen: »Sag mir, wo die Blumen sind?« Wunschsendungen: merkwürdig oft der Gefangenenchor aus »Nabucco«. Im September meldete 23/59 vorsorglich beim Sani Magenschmerzen an, damit er im Oktober, wenn sich das neue Geschwür erfahrungsgemäß meldete, auf Weißbrot gesetzt wurde.

Marianne Zöller, die Schwester von Annelies Loest, schrieb an den Staatsanwalt des Bezirks Halle, wies auf die schwierige Lage der Familie hin und bat um Strafaussetzung. Staatsanwalt Mach antwortete, seit einem Jahr sei es nicht nur zu ungenügenden Arbeitsleistungen ihres Schwagers gekommen, sondern es sei auch ein merkliches Abrücken von der Einsicht in das Strafbare seiner Handlungen zu erkennen und keine Bereitschaft mehr vorhanden, daraus die nötigen Lehren zu ziehen. Mach schloss konziliant: »Für das mir entgegengebrachte Vertrauen möchte ich Ihnen danken und die Bitte an

Sie richten, dies auch weiterhin beizubehalten, wenn ich auch gegenwärtig Ihrem mir begreiflichen Wunsch nicht entsprechen kann.«

Annelies Loest wendete sich an den Schriftstellerverband. Der erste Sekretär, Otto Braun, antwortete: »Leider sind unsere Bemühungen um eine Schreiberlaubnis für Ihren Mann vergeblich gewesen. Von der Obersten Staatsanwaltschaft wurde uns mitgeteilt, dass eine Erlaubnis zur schriftstellerischen Betätigung nicht gegeben werden kann. Das wäre eine besondere Vergünstigung im Strafvollzug, die sich nicht rechtfertigen ließe. Wir hoffen, Sie und Ihr Mann, so schwer es Ihnen fallen mag, werden Verständnis für diese Angelegenheit aufbringen.«

Zwerenz ließ nicht locker. Der Verleger und Buchautor Günter Hofé aus Ostberlin war während des Besuchs der Frankfurter Buchmesse festgenommen worden. Er wollte Verbindungen zu ehemaligen Offizieren der Wehrmacht knüpfen, um sie für das zu gewinnen, was im Osten Friedenskampf hieß; im Westen nannten Staatsschützer das Unterminierung. Zwerenz verfasste die »Kölner Initiative«, in der Regierungsorgane in beiden deutschen Staaten aufgefordert wurden, Harich, Hofé und Loest zu entlassen. »Mögen Recht und Gesetz sich unterscheiden, das Leid der Gefangenen und ihrer Angehörigen ist das gleiche.« Zwerenz schrieb und telefonierte. Einzelne Formulierungen wurden bekrittelt, Einschübe erbeten, Streichungen gefordert. Zwerenz brachte es fertig, durch Diplomatie und Hartnäckigkeit zwanzig Frauen und Männer des Worts auf einen Nenner zu bringen: Jürgen Becker, Hans Bender, Heinrich Böll, Walter Fabian, Albrecht Fabri, Gerhard Fauth, Nina Grunenberg, Werner Koch, Erich Kock, René König, Hans Hermann Köper, Wolfgang Leonhard, Hans Lipinski-Gottersdorf, Jürgen Rühle, Paul Schallück, Carola Stern, Vilma Sturm und Dieter Wellershoff.

Einmal drang Annelies zu einem der Mächtigsten im Staate DDR vor, zu Otto Gotsche. Er war Schriftsteller, seine schematischen Romane spielten im Kampf der Mansfelder Bergarbeiter. Walter Ulbricht hatte ihn zu seinem Sekretär bestellt. Annelies traf ihn in einem Pankower Palais in einem riesigen Raum hinter einem mächtigen Schreibtisch an. Gotsche breitete aus, dass er L. einfach nicht verstehen könne. Alle Fürsorge des Staates habe er genossen und Erfolg gehabt – wie kam er auf derartig unsinnige Gedanken? Trotzdem wolle er seine Lage überprüfen lassen. »Wenn mein Mann wenigstens schreiben dürfte...« Gotsche werde sich kümmern, und er rede das nicht bloß so hin. Da sagte Annelies: »Erich stammt aus dem Kleinbürgertum, da hat er es viel schwerer. Sie und ich, wir sind beide Proletarier, uns können solche Irrtümer nicht passieren.« Die Audienz war bald beendet, Folgen hatte sie nicht.

»Neues Deutschland« berichtete vom erneuten Parteitag in Moskau. Nikita Chruschtschow wetterte abermals gegen den Personenkult und versicherte, niemand dürfe wegen seiner politischen Ansichten gerichtlich belangt werden. Das regte 23/59 auf. Bilder seines Prozesses stiegen vor ihm hoch, das Schwein Kolbe, Kaulfersch mit seinem »das läuft doch auf dasselbe hinaus«, Heinrich George trieb die Zwerge abermals zu Paaren. Ein neues Zeitalter war angebrochen, wann würden die in der DDR das endlich begreifen! Zum »Löwen von Biesdorf« sprach er von seiner Absicht, zu einem Dritten, die beschworen ihn, lass das, Erich, du rennst mit dem Kopf gegen alle Wände, bist du denn verrückt? Doch am nächsten Montag meldete 23/59 beim Aufschluss, er bitte um Papier und Tinte, er wolle ein Gesuch zur Wiederaufnahme seines Prozesses formulieren.

Bis zum Abend geschah nichts. Dann wurde 23/59 in einen Seitenflügel verlegt und in eine Zelle geführt, in der eine primitive Presse stand. Kleine Kontaktbrücken sollten einen

Schlag erhalten, um leicht gebogen zu werden. Die Sache war in einer Minute erklärt. Nachtschicht. Morgens zurück in die Zelle, er warf sich aufs Bett. Keine Freistunde, keine Zeitung. Mittagessen. Wieder Nachtschicht. Das Material brachte ein Wachtmeister, kein Kalfaktor. Einmal sah er: In die Presse war ein Hakenkreuz eingekratzt. Provokation? Er meldete es. Keine Reaktion. Beim Baden allein. Er hörte durch die Mauer: Die anderen wurden in den Kinosaal geführt. Kehrten zurück.

Nach sechs Wochen dirigierte ihn ein Wachtmeister, nachdem schon alle auf den Bänken saßen, als Letzten in den Kinosaal, er begann seine Laufbahn von vorn. Freistunde allein. Der Frisörkalfaktor schnitt ihm die Haare, grinste. Ein Wachtmeister stand daneben. Bautzen II wieder in der alten, kalten Form. Die Macht zeigte, wer Macht besaß.

10. Kapitel: Abschied von den Gittern

I

Ralf Schröder erwies sich als der gefährlichste Psychopath dieser Horrorfarce, der Student Jörg Bilke, geboren 1937, als ihr am innigsten zu bemitleidender Unglücksrabe. Er studierte an der Freien Universität zu Westberlin Literaturwissenschaft und informierte sich in der dortigen Bibliothek über die Schicksale von Harich, Zehm und Loest. Die Zeitschrift »SBZ-Archiv« erschien zweimal im Monat und brachte ausführliche Artikel, unter anderem von Zwerenz. Im Oktober 1959 fuhr Bilke nach Leipzig, besuchte die Deutsche Bücherei und fragte nach Arbeiten von Loest, die waren selbstverständlich weggesperrt. Abends erzählte er seiner Tante, bei der er wohnte, von vergeblicher Müh. Die lachte: Er könne alles viel einfacher haben, denn Frau Loest wohne nur wenige Meter entfernt. Der Neugierige klingelte an einem regnerischen Herbstabend, wurde freundlich eingelassen und borgte sich drei Romane aus; einige Wochen später schickte er sie von Ostberlin aus zurück.

Im Sommer 1961 wurde Bilke Mitarbeiter der Mainzer Studentenzeitschrift »nobis«. Er recherchierte in Köln bei Zwerenz und berichtete dabei vom Besuch in Leipzig. Zwerenz freute sich, von seinem Freund zu hören, und bat Bilke, bei einem etwaigen neuen Besuch Annelies zu grüßen und auszurichten, nach seiner Entlassung könne Erich samt Familie bei ihm wohnen, einen Verlag habe er auch schon für ihn, Kiepenheuer & Witsch.

Wenig später interviewte Jörg Bilke in einem Frankfurter Hotel Hans Mayer. Bilke kam auch auf Loest zu sprechen, Mayer wusste nichts Neues. Er lud Bilke ein, ihn bei einem Messeaufenthalt zu besuchen; der eifrige Student nahm hocherfreut an.

Am 6. September 1961 – inzwischen war die Mauer gebaut worden – fuhr Bilke mit seinem Motorrad über den Grenzdurchlass Herleshausen nach Leipzig, konnte nicht bei seiner Tante übernachten, da sie an Messegäste vermietet hatte, verließ die Stadt, was er nicht durfte, und kam bei Verwandten im nahen Naunhof unter. Alle seine Schritte wurden überwacht, denn er hatte kurz zuvor zwei »nobis«-Hefte mit sieben DDR-kritischen Artikeln an einen Ostberliner Studenten geschickt, den er während seines Studiums 1958–60 kennen gelernt hatte. Der übergab sie prompt der Stasi und verriet Bilkes Namen.

Am nächsten Tag streifte Bilke durchs Messehaus, fragte in der Franz-Mehring-Buchhandlung munter nach Büchern von Loest, was die Verkäuferin erschrecken ließ, und sah abends in der Oper Tschaikowskis »Eugen Onegin«. Am 8. September besuchte er Hans Mayer. Dessen Buch über Thomas Mann hatte er antiquarisch erstanden und bat um eine Widmung. Der Professor las dem Studenten einen Brief von Max Frisch vor, schimpfte gelinde über einige Kulturfunktionäre und ließ wissen, er habe es abgelehnt, Artikel von Alexander Abusch in seine dreibändige Anthologie »Meisterwerke deutscher Literaturkritik« aufzunehmen. Bilke fühlte sich durch so viel Offenheit geschmeichelt und schlich wie betäubt davon.

Den Besuch bei Annelies Loest hatte er bis zum letzten Tag hinausgeschoben. Er klingelte am Vormittag an ihrer Wohnungstür, eine verschlafene Untermieterin, eine ungarische Tänzerin, öffnete und gab die Auskunft, Frau Loest sei fort zur Arbeit. Bilke fuhr ins Stadtzentrum, fragte in einigen Buchhandlungen nach einem Gedichtband von Bobrowski, der angekündigt war, und las am Schwarzen Brett der Universität von einer Pflichtvorlesung für die Studenten aller Fakultäten und Studienjahre: »Die humanistische Funktion des antifaschistischen Schutzwalls«, was er sich amüsiert notierte.

Als er den Zündschlüssel einstecken wollte, wurde er festgenommen. Tags darauf las ihm der Haftrichter vor, er habe einen DDR-Studenten durch die Übersendung hetzerischen Materials gegen seinen Staat aufwiegeln wollen und außerdem in der Universität Nachrichten gesammelt. Und, was habe er bei der Frau des Staatsfeinds Loest gewollt? Bilkes Vernehmer war Leutnant Körner, der es bis 1989 noch zum Major bringen sollte. Vernehmungsmuster wie gehabt, Vorhalt, Protokoll, dem Untersuchungsorgan ist bekannt... Und bei Frau Loest? Bilke erzählte in schier unglaublicher Westnaivität, was ihm Zwerenz aufgetragen hatte, weil er meinte, Grüße dieser Art seien harmlos. Körner freute sich, so leicht war ihm seine Arbeit selten gemacht worden.

Das MfS hielt Bilkes Festnahme geheim. Ende September fragte ein Westberliner Germanistikstudent bei Hans Mayer an: Jörg Bilke sei vom Messebesuch nicht zurückgekehrt, ob der Herr Professor Auskunft geben könne. Mayer bestätigte, Bilke sei bei ihm gewesen, mehr wisse er nicht. Am 6. November fragte ein anderer Student in gleicher Sache an, auch Jörgs Vater, Dr. Wilhelm Bilke, schrieb nach Leipzig. Hans Mayer antwortete am Tag des Erhalts per Einschreiben und Eilbrief. Nach einer ausführlichen Schilderung der bisherigen Begegnungen mit Jörg teilte er mit: »Ich war sehr erschreckt und habe noch am gleichen Tage meine Assistenten beauftragt, Nachforschungen anzustellen. Der erste Bescheid lautete negativ: Es sei nichts über das Verbleiben Ihres Sohnes bekannt. Ich nehme aber inzwischen an, dass man am Telefon keine Auskunft geben wollte. Am 10. November dagegen hatten wir bereits hier ermittelt, dass Ihr Sohn in Untersuchungshaft sitzt. Ich schickte darauf meine beiden Oberassistenten zu dem Staatsanwalt, der den Fall bearbeitet. Er drückte sich sehr zurückhaltend aus, gab aber zu verstehen, dass Ihr Sohn Gegenstand eines Ermittlungsverfahrens sei, da er Aufträge von Republikflüchtlingen hier in Leipzig auszuführen versucht habe.«

Es gelang Mayer schon am 14. November, den Bezirksstaatsanwalt zu sprechen. Der informierte, es handele sich um einen schwerwiegenden Fall und nicht etwa um ein läppisches Devisenvergehen. Auch von Flugblättern war die andeutende Rede. Der Herr Professor dürfe die Akten einsehen, sobald die Untersuchung abgeschlossen sei. Das teilte Mayer dem besorgten Vater mit und versicherte, ihn über den weiteren Verlauf unverzüglich informieren zu wollen.

Der Bezirksstaatsanwalt ließ nicht wieder von sich hören. Am 22. Januar 1962 eröffnete er einen zweitägigen Prozess vor dem Bezirksgericht Leipzig. Am ersten Tag saßen ein paar Stasileute in der ersten Reihe, am zweiten durfte Bilkes Tante teilnehmen. Jörg Bilke wurde verurteilt, gegenüber einem fortschrittlichen DDR-Studenten staatsgefährdende Hetze betrieben zu haben, indem er ihm die beiden »nobis«-Hefte schickte. Der geplante Besuch bei Frau Loest wurde als Verleiten zum Verlassen der DDR gewertet und die Notiz über die Mauer-Vorlesung als Sammlung von Nachrichten. Das wahnwitzige Urteil: dreieinhalb Jahre Zuchthaus.

Nach einigen Zwischenaufenthalten landete Bilke in Waldheim. Einmal Germanist, immer Germanist – er schrieb darüber: »Hier waren schon im 19. Jahrhundert berühmte Leute eingesperrt gewesen, vor allem die Aufständischen von 1848/49 in Dresden, voran der Hofmusikdirektor August Röckel, der später das Buch schrieb: ›Sachsens Erhebung und das Zuchthaus zu Waldheim‹, der nach 13 Jahren freikam, oder der Leipziger Schriftsteller Theodor Oelkers, der zehn Jahre abbüßte und seine Erlebnisse unter dem Titel ›Aus dem Gefängnisleben‹ veröffentlichte, oder der Freiberger Kreisamtmann Leonhard Heubner, der nach zehn Jahren entlassen wurde. Als mir bewusst wurde, auf welchem historischen Boden ich mich befand, wurde ich stolz und konnte das Leben dort leichter ertragen. Auch Karl May, über den Erich Loest später den Roman ›Swallow, mein wackerer Mustang‹ schreiben sollte, der mit dem Waldheim-Kapitel beginnt, hatte die Jahre 1869/73 hier verbracht.«

Hans Mayer stand weiterhin mit Bilkes Eltern in brieflicher Verbindung. Er erwog, ein Gnadengesuch zu stellen, und suchte dafür die Unterstützung von Anna Seghers, die aber darauf nicht einging. Jörgs Mutter bat Walter Ulbricht, Gnade vor Recht ergehen zu lassen. Im August 1964 schließlich, nach fast drei Jahren Haft, wurde Jörg Bilke von der Bundesregierung freigekauft.

2

Von wann an sollte ich Du zu mir sagen? Die Absicht des Erzählers war es bislang, Abstand herzustellen zu diesem L., diesem 23/59 und seinen Taten, Beweggründen, Denkweisen und Torheiten. Ich könnte mit mir zur Deckung kommen, als ich vier, fünf Jahre Haft hinter mich gebracht hatte, unerlaubterweise auf dem Bett lag und gegen die Decke starrte.

Ich war krank am Magen und an der Seele. Die Außenwelt verblasste, jeden Monat ein Brief und alle drei Monate ein Gespräch mit Annelies von einer halben Stunden kamen gegen das Vergessen nicht an. Nach der Entlassung irgendwann, spätestens im Mai 1965 würde alles anders sein, ein Leben könnte beginnen, das nichts mit dem alten zu tun hätte. Alle sieben Jahre, so sagt man, erneuert sich der Mensch.

Ich hörte auf zu arbeiten. Das teilte ich dem »Hauptwachtmeister Produktion« mit, bat nicht etwa, aufhören zu dürfen. Die Anstaltsleitung hätte mich in den Bau stecken können. Ich wartete darauf, dass mir der Einkauf gestrichen würde, das hätte wieder Hunger bedeutet. Aber es blieb bei den siebzehn oder achtzehn Mark. Einmal hörte ich, wie »Seele«, Anstaltsleiter Pokorny, von Zelle zu Zelle ging und mit den Häftlingen kurze Gespräche führte. Mich überging er.

Bautzen II leistete sich unterdessen einen Arzt, er war Häftling, Berliner, natürlich Geheimdienstmann. Er teilte mir mit, bei meinem jetzigen Zustand würden die ihm zur Verfügung stehenden Medikamente nicht helfen. Also keine Rollkur, keine lindernden Tabletten.

Ich lag auf dem Bett mit vor Krämpfen bretthartem Leib und dachte an meinen Besuch der Kreisparteischule, an Lenins »Staat und Revolution«, an Nikitas Rede und den verfluchten Prozess zu Halle, ans SED-Statut und Bebel und Kautsky, an die Diktatur des Proletariats und die vier Eckpunkte meines Weltbilds: Diktatur und Demokratie, freie und gelenkte Wirtschaft. Ich ersehne transparente Wahlen und kontrollierende Presse, rutschte fort vom Lob der Einheitspartei, die immer recht hatte, zum parlamentarischen System mit seinen Mängeln, und begriff, dass ich nie zurückfinden würde zur Rolle eines Schräubchens oder Rasterpunkts im Gefüge einer Despotie, dass ich nichts mehr zu schaffen haben wollte mit der DDR, wie sie war, und sie würde sich zu meinen Lebzeiten nicht ändern. Ein Verfassungsgericht ersehnte ich, bei dem ich mich beschweren könnte über die Willkür, mit der mich SED, Staatssicherheit und Justiz geschlagen hatten und dies täglich fortsetzten. Gewaltenteilung als Grundlage staatlichen Geschehens beanspruchte ich für alle und mich. Ich sehnte mich fort in ein Land bürgerlicher Demokratie, also in die Bundesrepublik, aber dazwischen lagen diese Mauern und Zäune.

Nach Wochen, Monaten wurde ich einem Polizeiarzt vorgeführt, der mich fragte, warum ich nicht arbeite. Ich sagte es ihm und fügte hinzu, nun würde mich die Anstaltsleitung wahrscheinlich in den Bau stecken. Aber er ließ mich ins Haftkrankenhaus bringen, nach Bautzen I, ins Gelbe Elend. Dort genoss ich vier Wochen lang behagliche Stille, sanfte Diät und allerlei Pillen. Ich war völlig abgeschirmt, nur ein höherer Sanitätsdienstgrad, ein älterer, ernster Mann, hatte zu mir Zutritt, man kann durchaus sagen: Er betreute mich. Ich fand zu einer lang entbehrten Ruhe, gar Gelassenheit. Wenn ich einmal in der Woche zum Baden geführt wurde, konnte ich durch ein Treppenfenster kilometerweit über eine grüne hüglige Landschaft schauen, das geschah sonst nie in sieben Jahren. Einmal querte mein friedliches Wunderbild ein Eisenbahnzüglein.

Nach vier Wochen riss der Sani von Bautzen II die Tür auf. »Komm Se! Warum ham Se denn Ihr Zeig noch nich gepackt!« Mit einem Schlag waren die Magenschmerzen wieder da.

Danach arbeitete ich wieder auf Zelle, allein, zu zweit. Wenn ein Wachtmeister brüllte, brüllte ich sofort zurück. Es heißt, ein Häftling müsse an die fünf Jahre hinter sich bringen, um sich hinter Gittern heimisch zu fühlen. Frauen, Radfahren, Bier, Kinderstimmen, Blumen, Waldschatten, Schnitzelduft und tausend andere Dinge normalen Seins sind dann weit weg. Jetzt herrschte Knastalltag, mal besser, mal schlechter. Onanie war zur Gewohnheit geworden, begriffen und akzeptiert als Akt körperlicher Notwendigkeit, ein Gesprächsthema bildete sie nicht. Von Homosexualität wurde selten gemunkelt, geschah vermutlich in fernen Zellen. Dem Mithäftling Ehrhard Göhl wurden von »Erbsen-Müller« mit einem Gauner-Wurf, wobei der Angreifer den Fuß des Opfers mit einem Tritt blockiert, die Bänder über dem Spann zerrissen. Göhl leistete später als Vorsitzender eines Bautzenkomitees unermüdlich Hilfe für die Erhaltung des Hauses und die Umwandlung zu einem Museum. Er rieb sich dabei auf, er hasste »Erbsen-Müller« nicht weniger als etliche Büromenschen des sächsischen Justizministeriums bis in dessen Spitze hinauf. Er prozessierte wegen des »Grotewohl-Express«, eines Gefangenenwagens; der steht heute nicht in Bautzen II, sondern in Hohenschönhausen. Ich traf Wolfgang Dönitz, den Neffen des Großadmirals, Sauberkeitsfanatiker und Querulant, und Mohrle, den Studenten, der einen angeblich harmlosen Koffer nach Ostberlin bringen sollte, aber in ihm steckte ein Funkgerät, sieben Jahre. Später schickte er Pakete von Hamburg nach Leipzig. Ich traf...

Annelies, immer weiter entfernt in dieser hinter allen Horizonten verschwindenden Stadt Leipzig, drückte unterdessen Symbole der Blindenschrift in Pappen ein, bis sich ihre Sehnenscheiden entzündeten. Sie wechselte in eine Bibliothek der Universität. Ihre hilfreichsten Freunde waren ein Ehepaar, das zehn Minuten entfernt wohnte. Walter F. war mein Kollege bei der »Leipziger Volkszeitung« gewesen. Bei Usch und Walter holte sich Annelies Rat und Hilfe, konnte die Kinder auch einmal für einen Tag abgeben. Als Hans Mayer, informiert von Georg Maurer, Annelies zu sich bat und finanzielle Hilfe anbot, waren F.s die ersten, die von der freudigen Kunde erfuhren. Der Germanistikprofessor unterstützte Annelies und ihre Kinder von da an monatlich mit 500 Mark; damit waren die finanziellen Probleme gelöst. Nur schade, dass Hans Mayer nicht mehr lange in Leipzig blieb. Schade auch, dass Walter F. ein Scheißspitzel war – als IM »Hans Heiner« meldete er die humanistische Tat sofort seiner Firma.

Für Mayer wurde die Situation immer schwieriger. Stefan Heym, der ihn seiner Solidarität versicherte, »auch wenn das praktisch nicht von allzu großem Nutzen sein mag«, informierte er: »Meine Schüler und Kollegen in der Fakultät werden nacheinander von ihren Gebietern aufgefordert, gegen mich zu schreiben, um mir klarzumachen, dass ich nichts von Parteilichkeit und überhaupt von Literatur verstehe. Besonders angetan haben es den Leuten die bei Rowohlt erschienenen ›Ansichten zur Literatur der Zeit‹ und ein Beitrag, den ich für einen Almanach der Gruppe 47 schrieb. Da man aber nicht lesen kann oder nicht lesen will, liest man aus meinen Texten das Gegenteil dessen heraus, was drin steht. Ich kann aber mit meinen Kritikern nicht auch noch Leseübungen veranstalten, das wäre doch zu viel verlangt.«

Anfänglich holte Annelies den Hilfsbetrag gegen Monatsanfang ab, dann erwies sich das als umständlich, denn Mayer reiste nach wie vor viel. So wurde die Summe vom Konto eines Staatsangestellten auf das der Frau eines Staatsfeindes überwiesen, ein Leckerbissen für jeden Staatsanwalt.

Den Entschluss, im Westen zu bleiben, fasste Hans Mayer Anfang Mai 1963. In der Zeitung der Karl-Marx-Universität war ein Artikel mit der Überschrift »Eine Lehrmeinung zu viel« erschienen, der das Fass zum Überlaufen brachte. Am 17. August 1963 diktierte Hans Mayer in Reinbek bei Hamburg im Arbeitszimmer von Fritz J. Raddatz, dem »Donnerstagskreis«-Veteranen, einen Brief an den Staatssekretär Heinz Herder in Ostberlin, in dem er mitteilte, sich nicht entschließen zu können, nach Leipzig zurückzukehren. »Die Ereignisse des letzten Semesters haben mir bewiesen, dass nahezu alle Voraussetzungen weggefallen sind, die mich vor fünfzehn Jahren veranlasst hatten, von Frankfurt am Main aus dem Ruf der Leipziger Universität Folge zu leisten. Man hat durch die Universitäts- und Parteileitung in Leipzig gegen mich und mein Buch ›Ansichten zur Literatur der Zeit‹ eine böswillige und bösgläubige Kampagne geführt, die überhaupt nichts mit einer wissenschaftlichen Kritik zu tun hatte, sondern ausschließlich darauf abzielte, meine pädagogische und wissenschaftliche Einwirkung auf die Studenten unmöglich zu machen.« Nach

Hinweisen auf den fatalen Artikel in der Universitätszeitung schloss er: »Wenn nun wirklich meine Lehrmeinung als überzählig und überflüssig betrachtet wird, ist nicht mehr einzusehen, wie ich noch weiter amtieren sollte.«

Annelies Loest hatte damit ihren zu dieser Zeit wichtigsten Helfer verloren. F.s mahnten, sie müsse auch mal aus dem Trott raus, und nahmen sie eines Abends mit ins Ring-Café. An der Garderobe scherzte ein höchst vergnügter Herr, wie ungerecht es doch im Leben zugehe, er sei mutterseelenallein hier, während sich um einen anderen gleich zwei Damen drängten – ein heiteres Wort gab das andere, er lud sich ein, die drei luden ihn ein, schließlich saß man zu viert am Tisch. Er heiße Michael Kohl, arbeite in Gera beim Kulturbund, habe oft in Leipzig und Berlin zu tun. Prost! Abgeordneter des Bezirkstags sei er außerdem. Er trug keinen Ehering, war sportlich-leger gekleidet, das Haar gepflegt wie die Fingernägel auch, er neigte zu leichter Fülle mit seinen fünfunddreißig wie die meisten, die zu wenig vom Schreibtisch wegkamen. Von Literatur war die Rede, vom Zeitungsschreiben, Kohl wusste zu erzählen, trug nicht auf. Am Ende: Es sei doch ein wunderhübscher Abend gewesen, was der Genosse Zufall alles zustande brachte – sollte man sich nicht wiedersehen? Kohl und F. tauschten ihre Telefonnummern aus. F.s würden dann Frau Loest informieren.

Kohl kam wieder, F. hatte Theaterkarten besorgt. Von der Situation der Frau Loest war die Rede, Kohl hörte mitfühlend zu. Er bot an, sie und die Kinder an einem Sonntag mit seinem Auto ein Stück zu kutschieren. Sie fuhren nach Naumburg und zur Rudelsburg unter strahlender Sonne, die Kinder waren überglücklich. Ein viertes und fünftes Mal trat Kohl in Leipzig auf. Usch und Annelies steckten die Köpfe zusammen. Alles an dem Mann war makellos, porentief rein, sie kicherten: Vermutlich hatte er noch nicht einmal Popel in der Nase. Sein Spitzname fortan: der Popellose.

Bald erfolgte sein Angebot, er brachte es gelassen und ohne Zögern vor: Er finde Annelies überaus sympathisch, habe oft in Leipzig zu tun, ihre Lage, seine Lage, er würde ihr gern monatlich fünfhundert Mark schenken. Und dafür, fragte Annelies, sollte sie seine Geliebte werden? Er bestätigte es ohne Scham und Scheu. Das Gespräch war beendet wie auch die Zuhälterrolle des IM »Hans Heiner«.

Michael Kohl, der gescheiterte Zersetzungs-Romeo, brachte es noch zum stellvertretenden Außenminister. Beim Passierscheinabkommen zwischen Ost- und Westberlin mischte er mit wie auch beim Grundlagenvertrag der beiden deutschen Staaten. Von 1974 bis 1978 leitete er die Ständige Vertretung der DDR in Bonn. Insider nannten ihn »Rotkohl« im Unterschied zu »Schwarzkohl«, dem Helmut. Er erhielt die Vaterländischen Verdienstorden in Bronze, Silber und Gold und starb 1981 mit zweiundfünfzig. Ihm wäre ich gern am Rhein begegnet.

»Mein lieber, guter Erich, heute ist der 18.4., bitte sei nicht böse. Robbi hatte 10 Tage die Röteln. Ich hatte natürlich alle Hände voll zu tun. Drei Kinder machen doch verdammt viel Arbeit, deshalb will ich auch nicht ein viertes, obwohl es himmlische Kinderwagen gibt. Gefalle ich Dir denn noch? Und unser kleines Plauderstündchen? Ach, Erich, so fröhlich wir manchmal sind, so lachen wir doch nur, um nicht zu weinen. Soll ich Dir sagen, warum ich Dich – unter anderem – so liebe? Weil Du Dich während unseres Wiedersehens so großartig beherrschen kannst. Ich weiß nicht genau, wie ich mich im umgekehrten Fall benehmen würde. In der letzten Zeit habe ich viel gelesen, z.B. ›Simpel spricht sich aus‹ von Langston Hughes. Das ganze Buch hindurch unterhalten sich zwei Neger. Ich habe es in einem Zug gelesen, weil es so witzig, spritzig, traurig, bitter und wahr ist. – Bist Du mit unseren Kindern zufrieden? Gitta: ›Immer muss ich Staub wischen, wo ich noch so jung bin.‹ Th. zu R.: ›Verpflichte dich, dass du meine Indianer nicht kaputt machst!‹ Darauf R.: ›Immer bereit.‹ – Ich habe gestern ein Gesuch an den Generalstaatsanwalt abgeschickt. Zum Schluss bleibt der Staatsrat. Sei ganz, ganz lieb geküsst, gestreichelt u. umarmt von Deiner Annelies. Auch die Kinder grüßen u. küssen Dich mit viel Liebe.«

Monatsration.

3

Wolfgang Harich wurde wieder von Bautzen nach Berlin-Hohenschönhausen verlegt. Ihm stand frei, sich ein Arbeits- und Forschungsthema zu wählen. Sein Vater hatte sich bereits mit Jean Paul beschäftigt, er entsann sich, dass Johannes R. Becher geäußert hatte, hinter diesem Schriftsteller stecke Großes. Ihm wollte Harich, natürlich auf marxistischer Basis, beizukommen suchen. Das MfS zeigte sich einverstanden. Seine Mutter kaufte ihm Berge von Büchern, das Berliner Ensemble, also Helene Weigel, sorgte für den Transport. Da Harichs Zelle ohne Regal war, stapelte sich sein Material auf dem Fußboden. Er machte sich ans Lesen, Notieren und Schreiben, er war in seinem Element wie Ralf Schröder seit längerem auch. Beide lebten ähnlich mittelalterlichen Mönchen als Eremiten der sozialistischen Moderne. Harichs Zelle – nach fast acht Jahren bekam der »Spiegel« endlich recht – war geheizt.

Unterdessen stellte ich mich, noch immer und bis zum jüngsten Hafttag ohne Schreiberlaubnis, auf die letzte Phase ein. Meist arbeitete ich allein, aber die Verbindungen zu den Nachbarzellen waren lockerer als in den Jahren zuvor. Einige Frauen durften unterdessen öfter Pakete schicken. Sie hatten gehört, Knoblauch enthalte konzentriert gesundheitsfördernde Kräfte, und legten so manche Knolle bei. Aber Knoblauch war nicht jedermanns Geschmack, und hier oder da protestierte der Zellenkumpel. So landete das Verschmähte bei mir. Aus dem »Riss«: *Eine Viertelstunde leistete sich 23/59 zum zweiten Frühstück, schnipselte die zweite Knoblauchzehe des Tages aufs Brot, schwelgte wieder in Blutwurst und Senf. Dann schiffte er und stellte mit Behagen fest, wie prachtvoll der Urin nach Knoblauch stank; er erwog, die Tagesration von vier auf sechs Zehen zu steigern. Die Wäsche stank, Urin und Scheiße stanken, die Zelle stank, die Wachtmeister öffneten die Tür zur Meldung nur noch einen Spalt und zogen stöhnend ab. Wie wär's, wenn er einen Gestankrekord erzielte, von dem alle noch nach Jahren sangen und sagten? 23/59, der größte Knoblauchstinker aller Zeiten von Bautzen II.*

Am 13. Mai 1964 suchte »Seele«, der Anstaltsleiter, das Gespräch mit seinem aromatischsten Häftling – ein Jahr später sollten sich die Zuchthaustore ein letztes Mal hinter mir schließen. »Seele« begann, er wolle sich ganz offen mit mir unterhalten, das hieß, ich sollte auspacken. Ich genoss es, nach zweitausend Tagen ohne Rücksicht und Taktiererei meine Meinung zu sagen. Vom Prozess sprach ich und vom Hunger, mit den widerwärtigsten Schweinen sei ich zusammengesperrt worden. Chruschtschow habe auf seinem zweiundzwanzigsten Parteitag wundersame Worte gesprochen, dass niemand wegen von der Parteilinie abweichenden Meinungen bestraft werden dürfe, und wie habe die Anstaltsleitung reagiert, als ich mich darauf berufen wollte? Vor allem: Der Paragraf 13 des Strafrechtsergänzungsgesetzes spreche von Gewalt, und Gewalt sei nirgends meine oder eines meiner Mitangeklagten Absicht gewesen. »Das wissen Sie ganz genau.« Auch habe mir noch niemand diesen Paragrafen vorgelesen. »Seele« erhob sich und wendete sich seinem Bücherregal zu, auf halbem Weg drehte er um und setzte sich. Mein Triumph aller Triumphe: »Und auch Sie tun es nicht.« *Atempause.* »Seele« sortierte seine Argu-

mente um, bedächtig begann er, Einsicht, wenn auch noch so späte Einsicht in das Staatsgefährdende der damaligen Ansichten und Absichten wäre natürlich Voraussetzung für vorfristige Haftentlassung. »Ich entscheide darüber nicht allein. Aber bei Ihrer jetzigen Einstellung kann ich es nicht verantworten, eine Entlassung zu befürworten. Außerdem: Mit derartigen Ansichten erschweren Sie sich auch Ihre eigene Entwicklung. Ich weiß nicht, ob Sie wieder als Schriftsteller tätig sein wollen.«

»Ausschließlich.«

»Sehen Sie!«

Und »Seele« breitete aus, was er vom »Bitterfelder Weg« gehört hatte. Wie stellte ich mir das letzte Jahr vor? Och, antwortete ich, am liebsten wäre mir, mit drei oder vier Mann an einem Tisch zu sitzen mit einer Montagearbeit, bei der man sich in aller Ruhe unterhalten könne. Da hätte er etwas, sicherte »Seele« zu.

In diesem Sommer 1964 wurde in Bautzen II wie in allen Gefängnissen der DDR über nichts so intensiv diskutiert wie über den 15. Jahrestag der DDR im kommenden Oktober. Alle waren überzeugt, massive Amnestie sei zwingend zu erwarten. Die internationale Lage wurde durchforstet, das Bestreben der DDR, weltweit Anerkennung zu finden. Die Brandenburger saßen nun seit mehr als zehn Jahren. Wieder die einhellige Überzeugung: Zu Weihnachten sind wir alle zu Hause.

»Seele« hielt Wort: Zu fünft montierten sie irgendwelche Klemmbretter, ob sie die Norm erfüllten, interessierte keinen. Manchmal fuhren sie unter Gejohle eine Rekordschicht, dann ließen sie alle fünfe gerade sein, als Essen-Willy detailliert darbot, dass einer verrückt wurde, der verrücktspielte. Stahlberg-Fritze berichtete, wie Menschenräuber ihn unter einem Auto hervorgezerrt hatten, er klammerte sich mit aller Gewalt fest, aber sie waren stärker; Fritze verwies auf die Narben über den Kopf hinweg. Wolfgang Veith erzählte vom eisigen Workuta und der Praxis der Entführer, Gift in Zigarette und Kaffee zu kombinieren – im Roman »Nikolaikirche« kam ich darauf zurück.

Eines Nachmittags wurde ich zur Anstaltsleitung befohlen. »Seele« bot Platz an, fragte, wie wir mit der Arbeit zurechtkämen, ich gab karge Antwort und fügte hinzu, das interessiere mich wenig, denn in Kürze würde ich zur Operation ins Haftkrankenhaus wechseln. »Seele« sprach: »Das glaube ich nicht«, und ergänzte, da ich nichts erwiderte: »Sie werden nämlich noch diese Woche entlassen.« *Und wieder schwieg der steinalte Häftling, auf schwankende Brückchen ging er nicht, er bereitete »Seele« nicht das Vergnügen, kopfüber ins Wasser zu purzeln, würzte ihm den grauen Anstaltsleitertag keineswegs mit Verblüffung und Tolpatscherei.*

Es gebe deshalb allerlei zu tun, so »Seele« geschäftig, und ich sollte dem Wachtmeister da folgen. Der Wachtmeister war jung, ich hatte ihn nie gesehen. Er fragte Daten ab, geboren wann, wo, Beruf, in Haft seit, welcher Paragraf? Das alles unaufgeregt, ein bürokratischer Vorgang. Entlassungsort? Leipzig. Der Wachtmeister: Er möchte keine Probleme berühren, die ihn nichts angingen, aber nach so langer Zeit sei eine Entfremdung zur Familie denkbar. Nein, das sei nicht der Fall. »Also schreibe ich hin: Leipzig?« Ich nickte.

Dies war vorausgegangen: Die Bundesregierung verhandelte mit der DDR über einen Gefangenenfreikauf. Ich stand auf der Liste. Dem Wachtmeister war befohlen worden, mir auf diese Weise eine Entscheidungsmöglichkeit anzubieten, ohne mich auf den Zusammenhang hinzuweisen. Die DDR konnte melden: Loest will in Leipzig bleiben. Das entsprach der Wahrheit, erzielt durch Vorenthaltung entscheidender Information. Später war ich erleichtert, nicht vor die Versuchung gestellt worden zu sein, Hamburg oder München anzugeben, denn dieser Wachtmeister hätte zweifelsfrei nicht garantieren können, dass auch meine Familie ausreisen dürfte. Zwiespalt blieb mir erspart. Ich wollte zurück zu Annelies und den Kindern.

So geschah es am 25. September 1964 und verlief nicht anders als in hunderttausenden Fällen der Heimkehr des Ehemanns, des Vaters aus einer Gefangenschaft nach grauen Jahren. Unzählige Bücher und Filme berichten darüber, jeder mag es sich vorstellen. Ich klingelte, mein Ältester öffnete, riss die Augen auf. Und so weiter. Wir mussten noch bitter zahlen für die Trennung von sieben Jahren, Annelies, die Kinder, auch ich.

An diesem Tag kam eine Stunde später, damit er mich nicht auf dem Bahnhof treffen konnte, Ralf Schröder frei. Aus dem Zuchthaus Bautzen I machte sich Harro Lucht auf nach Halle, wo er zunächst lange stellungslos blieb, während seine Frau die Familie ernährte.

Nach einigen Tagen fragte ich Annelies, an wen unserer Freunde ich zuerst schreiben sollte, sie antwortete ohne Zögern: An Walter Püschel. Er habe sich als hilfreich und treu erwiesen, habe Geld gesammelt und, wenn er auftauchte, Bücher, Schokolade für die Kinder und Frohsinn mitgebracht. Also tat ich, er antwortete erfreut und kündigte baldigen Besuch an. Geld übergab er von Karl-Heinz Berger, Manfred Naumann, Manfred Bieler und Rudi Strahl. Ich müsse nach Berlin kommen und mit ihm Verlage abklappern, er habe schon vorgefühlt. Ich sei ein freier Autor in jeder Hinsicht, so sehe er das, diesem und jenem Redakteur und Lektor müsse man das aber erst beibiegen.

Diese Lauferei von Behörde zu Behörde. Gewöhnlich verkündete ich überlaut: »Ich heiße Loest und komme ausm Knast.« Die Angestellten waren angehalten, Entlassenen höflich zu begegnen; wenn sie mit mir nicht gleich zurande kamen, krachte es aus mir heraus: »Hier klappt wohl nüscht, oder?« Der Kohlenkeller war leer, ich ging zum Händler. Dort saßen vier raue Gesellen beim Frühstück. Warum denn Frau Loest nicht rechtzeitig den Bedarf angemeldet habe? In »Der Zorn des Schafes«: *Nee, die Oststraße wäre erst wieder in sechs Wochen dran, jetzt lieferten sie ganz woanders aus, da ginge kein Weg rein. Ich sagte: »Ich komme gerade aus dem Knast, ich wollte nach sieben Jahren wieder mal baden.« Da kauten und kauten die schwarzen Männer, dann mussten sie erst einmal mit Kaffee nachspülen, und einer kriegte auch noch diesen kollernden rollenden Kohlehusten. Schließlich fragte der Wortführer: »Sind Sie heute zwischen zwei und drei zu Hause? Erstmal zehn Zentner?« Am Nachmittag polterten und staubten zwanzig Zentner durch mein Kellerfenster.*

Es geschah, wie von Püschel vorgeschlagen. Beim Verlag Neues Leben, in der »Eulenspiegel«-Redaktion und bei der schwachbrüstigen »Weltbühne«, einem Schatten des gewaltigen Vorbilds aus den zwanziger und dreißiger Jahren, drückte ich Hände, traf Bekannte und lernte neue Partner kennen. Zwei Bücher, die liegen geblieben waren, »Der Abhang« und eine Satire über den NS-Reichssäufer Dr. Ley fanden Interessenten. Der Lektor Karl-Heinz Berger richtete eine Willkommensparty aus, auch Alfred Antkowiak war dabei, er hatte zwei Jahre in Bützow-Dreibergen abgerissen, vor langer Zeit war ich ihm in Jena begegnet. Grüß dich, Kumpel! Die Frauen meiner Freunde brachte ich in Schwierigkeiten, weil ich am liebsten Kakao trank. Niemand hatte derlei im Haus. Kein Alkohol bitte. Ich aß vorsichtig. Mit mir war schlecht feiern, denn gegen neun am Abend wurde ich hundemüde und machte mich ins Bett davon wie seit sieben Jahren gewohnt.

Was erst dreißig Jahre später ans Licht kam: Das MfS hatte Walter Püschel am 20. August 1964 zur Mitarbeit gepresst. Es hatte herausgefunden, dass er sich mit siebzehn zur Waffen-SS gemeldet und dies verschwiegen hatte. Alternative: Parteiverfahren und Entlassung aus dem Verlag oder Verpflichtung als geheimer Mitarbeiter. Püschel, der 1958 wegen mangelnder Wachsamkeit schon einmal seine Stelle verloren hatte, unterschrieb. Am 1. Oktober 1964 erhielt GI »Adler« detaillierte Instruktionen: »Dem GI wurde der Hinweis gegeben, den Loest dahingehend zu beeinflussen, dass dieser sich erst einmal an das Ministerium für Kultur wendet, um allgemein zu erfahren, welche Möglichkeiten ihm in schriftstellerischer Hinsicht offenstehen und welche Perspektive er in der nächsten Zeit haben kann und haben wird. Dem GI wurde erläutert, dass es besonders in der ersten Zeit wichtig ist, die Entwicklung des Loest zu verfolgen, um zu verhindern, dass sich negative Kreise um ihn bemühen, und wenn das der Fall sein sollte, diese Entwicklung unter Kontrolle zu halten.«

GI »Adler« tat, wie ihm geheißen. Mir schärfte er ein, zur Zeit gelte Wolf Biermann als böser Bube Nummer 1; Kontakte zu dem würden mir verübelt werden. Ich gierte keinesfalls nach frischen heißen Eisen.

Nach Halle fuhr ich und besuchte Harry Schmittke. Er lebte im Plattenbauviertel der Neustadt und arbeitete als Russischdozent an einer Berufsschule. Gelegentlich war ihm ein Bonbon vergönnt: Er durfte vor Tänzerinnen und Tänzern der Oper seine Kenntnisse des geliebten Französisch ausbreiten. Auf dem Balkon unterhalb der Brüstung hatte Harry eine sperrige Antenne installiert, um Westfernsehen empfangen zu können. Beim ersten Besuch überschüttete er mich: »Das jetzt wird dich auch interessieren.« Es interessierte mich nicht.

Bei Winfried Schröder bedankte ich mich, dass er meinen Thomas zum Schachspielen eingeladen und großartig bewirtet hatte. Prozess und Haft berührten wir nicht. Winfried arbeitete bei der Akademie der Wissenschaften in Berlin. Ronald Lötzsch? Ja, der sei auch dort. Ralf? Wir waren uns einig, dass ich ihn möglichst nicht treffen sollte, zu schnell hieße es dann, neue feindliche Verbindungen bahnten sich an.

Eines späten Nachmittags, als ich vom Einkaufen kam, saßen Heide und Gustav Just im Zimmer. Was für eine Freude! Heide arbeitete noch immer beim Fernsehfunk, Gustl hatte seine ersten Übersetzungen unter Dach und Fach gebracht. Er ließ wie immer Jammern nicht zu, alles werde sich klären, die Magengeschichte auch. Und eure Kinder? Walter Janka sei inzwischen bei der DEFA als Dramaturg angestellt, erst kürzlich hätten sie ihn besucht, sie sollten Grüße ausrichten. Nichts überstürzen! Justs steckten uns wie selbstverständlich fünfhundert Mark zu.

Vor Weihnacht 1964 kam auch Wolfgang Harich frei. Ein Politik- und Justizkapitel der DDR war abgeschlossen. Zöger, Harreß, Wolf, Lucht, Zehm und Zwerenz lebten im Westen, wir anderen, gesundheitlich gezeichnet, standen vor den Trümmern unserer beruflichen Existenz und begannen mit dem mühsamen Aufbau. Jeden von uns behielt das MfS im Auge, steuerte, bremste, förderte fast immer aus dem Hintergrund. Ex-Minister Selbmann, nun Schriftsteller, den ich im Mitteldeutschen Verlag in Halle traf, feixte: Was gelernt? Aber feste, antwortete ich.

Das Geflecht der Spitzel war dicht: Antkowiak in Berlin, Almuth Bisky, des späteren PDS-Vorsitzenden Bisky schlangenlockige Gattin – im Roman »Nikolaikirche« fand sie ein Abbild –, in Halles Mitteldeutschem Verlag, im Verband, in der Nachbarschaft, unter Skatbrüdern wimmelten sie. Bei einem Abendumtrunk zur Buchmessezeit in meiner Wohnung waren sie dreifach vertreten und schrieben drei Berichte über, wie es schien, drei verschiedene Veranstaltungen. Kollege Jürgen Brinkmann, IM »Brauer«, brachte es auf den Punkt: »Loest ist ein Schwein, doppelt gerissen, er weiß, wie weit er gehen kann. Im Rahmen, in dem er sich bewegt, macht er alles, was erlaubt ist. Loest ist Anhänger eines gewissen kantorowitzschen Sozialismus. Er wird aber nie zu weit gehen, also nicht ins Feindliche umschlagen.«

Die Macht war's zufrieden.

4

Freundschaften entstanden, die an die fünfzehn Jahre halten sollten, zwischen Walter Janka, Gustav Just und mir und unseren Familien. Wir besuchten uns, schrieben Briefe, schickten Bücher. Wir waren ohne moralische Blessuren durch eine bittere Zeit gekommen und entwickelten daraus einen Stolz, der zumindest auf meiner Seite nicht ohne Überheblichkeit war. Janka fand bei der DEFA spannende Möglichkeiten, so als Dramaturg bei der Verfilmung von Thomas Manns »Lotte in Weimar«; Egon Günther führte Regie. Ich wurde ein Jahr nach meiner Entlassung von zerschlissenen Magen- und Darmteilen befreit, kam sehr langsam wieder auf die Beine, schrieb unter dem Pseudonym Hans Walldorf Kriminalromane, beispielsweise »Der Mörder saß im Wembley-Stadion«, der verfilmt wurde und Übersetzungen und Neuauflagen bis in die jüngsten Tage erzielte. Die Deutsche Bücherei wurde zum Fenster und zur Tür in fremde Zeiten und Welten.

Das 11. Plenum des SED-Zentralkomitees tobte und setzte Bücher und Filme auf den Index – uns ging es nichts an. Nach einer Weile trat ich wieder dem Schriftstellerverband bei. Die Sekretärin, noch immer die Stasi-Kontaktperson »Büro«, lud mich herzlich zum Parteilehrjahr ein – nicht meine Sache. Kollegen gegenüber, die ich nicht von früher kannte, beharrte ich auf dem Sie, eine Marotte, die viele verärgerte. Wir flaggten nicht an Feiertagen und nahmen an keiner Mai-Demonstration teil. Ich galt als schwierig, arrogant, hielt und genoss Abstand. Schrieb.

Messebesucher aus Westdeutschland überbrachten Grüße von Zwerenz. Seine Schwiegermutter schickte Pakete. Ich hörte: Wolfgang Harich lebte mit der Schauspielerin und Sängerin Gisela May zusammen, ihr Vater Ferdinand war mein Kollege. Harich erhielt als wissenschaftlicher Mitarbeiter ein Gehalt vom Akademie-Verlag und durfte sich seine Zeit daheim einteilen. Er betreute philologisch eine Feuerbach-Ausgabe und setzte seine Studien über Jean Paul fort. Zurückgezogen lebte er, krank am Herzen. 1968 erschien »Jean Pauls Kritik des philosophischen Egoismus«, drei Jahre später eine Studie über alten und neuen Anarchismus.

Um diese Zeit kam es zur ersten und einzigen Begegnung zwischen Harich und mir. Sein Schwiegervater Ferdinand May hatte sie in seiner Wohnung arrangiert. Harich war dünn, blass, schwunglos, miserabel angezogen mit abgeschabten Cordhosen und ausgeleiertem Pullover. Wir redeten über Giselas Tourneen, Theater in Leipzig und Berlin, Ferdinands Studien über Deutsch-Südwest, dort wollte er ein Jugendbuch ansiedeln. Kein Wort über die Prozesse oder Bautzen gar. IM »Grit« konnte nicht einen einzigen Satz melden, der von Belang gewesen wäre.

Gustav Justs Übersetzerarbeit ermöglichte ihm Kontakte nach Prag, dort wehte ein aufregender und belebender Wind. Als ich drei Jahre nach meiner Entlassung wieder genügend verdiente, schickte ich ihm die, wie ich meinte, geliehenen fünfhundert Mark zurück. Aber die waren doch geschenkt!, schrieb er und schlug vor, sie gemeinsam bei einem Wochenurlaub in der Dübener Heide zu verjubeln. Wir mieteten uns in einem Gasthof ein, wanderten, aßen und redeten, redeten. So langsam schmeckte mir das Bier wieder.

Am 30. Mai 1968 stand ich vor dem Grassi-Museum in Leipzig und sah zu, wie die Universitätskirche, ein gotischer Hallenbau aus dem 12. Jahrhundert, in die Luft gesprengt wurde.

Ulbricht und sein Statthalter Fröhlich wollten am Karl-Marx-Platz kein Gotteshaus dulden. Diese Barbarei quält bis heute wie der Zorn, ohnmächtig zugeschaut zu haben. Auch im glühend heißen Sommer 2006, da ich dies schreibe, lässt mich dieses Verbrechen nicht los, ich schlug mich im Roman »Völkerschlachtdenkmal« damit herum und in manchem Artikel und etlicher Rede über Wiederaufbau und Erinnern. Gerade jetzt wird ein 33 Tonnen schweres Marx-Relief abgenommen und zerlegt und irgendwo eingelagert, anstelle es dorthin zu stellen, wo die Trümmer der Kirche, die Gebeine aus den Grüften liegen – eine Abschweifung in diesem Text.

Diese Aufregungen um den Prager Frühling! Just übersetzte für mich aus »Listi« und anderen oppositionellen Zeitungen. Hoffnungen keimten auf, dort werde erfüllt, was wir ersehnt hatten. Dann rollten die Panzer.

Ich hörte: Ralf Schröder schrieb Nachworte für Romane und Novellen, die aus dem Russischen übersetzt wurden und bei Volk und Welt herauskamen. Er hielt Vorträge in Kulturbundhäusern und Volkshochschulen republikweit, auch im Literaturinstitut zu Leipzig. Seine Ehe wurde geschieden, er zog nach Berlin. Übersetzte, besuchte Moskau. Sein über viele Jahre bester Partner war Thomas Reschke, ein ehrgeiziger Übersetzer, der sich mit enormem Fleiß zum Besten seiner Altersgruppe hocharbeitete. Schröder und Reschke, ein effektives Gespann. Stimmte es, dass Winfried Schröder in einer Kampfgruppe Dienst tat? Kaum zu glauben, doch zu glauben.

Ulbricht wurde aufs Altenteil geschickt, der Jungbauer Honecker nahm forsch die Zügel in die Hand. Charlotte und Walter Janka besuchten uns in Leipzig, als Willy Brandt in Erfurt ans Fenster gerufen wurde. Zwischen Fernsehen Ost und West hin und her schaltend waren wir dabei. Spekulierten. Erinnerten uns alter Träume. Nicht wir waren es, die von sich verlangen mussten, die Finger in sich drehende Kreissägen zu stecken.

Normale Jahre. Atempause.

Nichts wussten wir davon und sollten es erst um die Jahrtausendwende erfahren, so lange blieb es in den Archiven der Gauck-Behörde unentdeckt: Zehn Jahre nach seiner Entlassung, 1974, nahm Ralf Schröder Verbindung zum Ministerium für Staatssicherheit auf. Der Offizier, der den Vorgang festhielt, notierte, bereits während der U-Haft habe Schröder gegenüber seinen Vernehmern den Wunsch geäußert, eines Tages einer der ihren zu sein. Nun sei die Zeit reif dafür. Ralf Schröder wählte den Decknamen »Karl«. Von da an blieben anderthalb Jahrzehnte, in denen Ralf »Karl« Schröder seine Kollegen und Freunde oder wer immer ihm über den Weg lief verpfiff. Das war unter anderem Thomas Reschke, der nie ein Blatt vor den Mund nahm. Manchmal notierten die Führungsoffiziere, IM »Karl« habe sich weitschweifig über theoretische Probleme ausgelassen, habe wohl Rat gesucht. Dann wieder lieferte »Karl« klares, hartes Material. Kurios: Ein Bibliothekar der Charité, Ex-Bautzen-Häftling mit dem Spitznamen »Der Löwe von Biesdorf«, in der Haft nicht übel, wollte Schröder zu einem Vortrag in seinem Haus gewinnen. Das zog sich hin. Zwei Spitzel belauerten sich.

Nach außen hin gab sich Schröder als Anhänger von Gorbatschows reformerischen Ideen, mit seiner Denunziantentätigkeit fiel er ihnen in den Rücken. Niemand, der Schröder kannte, fand bisher eine schlüssige Antwort. Schröder wurde immer mehr zum Trinker. Wenn er nüchtern ein Gorbatschow-Anhänger und besoffen ein Stasimann gewesen wäre – aber in beiden Zuständen streunte er durch beide Komplexe. Er starb, bevor er aufflog, und konnte so nicht mehr nach Gründen und Hintergründen befragt werden. Wer weiß, ob er geantwortet hätte und überhaupt in der Lage gewesen wäre, Licht im eigenen furchtbaren Dunkel zu finden.

Stefan Heym schrieb einen Roman, »Collin«. Allerlei Vorgänge zwischen Genossen in der DDR nach dem XX. Parteitag nahm er sich zum Vorwurf, sein Protagonist Havelka trug Züge von Walter Janka. Harich fühlte sich angegriffen, er sei gemeint als der Genosse Faber, ein Neurotiker. Hans Collin schweigt zur Verhaftung von Havelka, obschon er ihn hätte retten können – Johannes R. Becher? Nina Collin, sollte das Gisela May sein? Und »die Piddelkoe«, Anna Seghers oder die Weigel? »Collin« wurde als Schlüsselroman gelesen, er half kaum bei der Aufklärung der Probleme und Vorgänge der behandelten Zeit. Das Buch wäre vergessen, müsste es nicht angeführt werden, wenn über Zensur geschrieben wird: »Collin« fand selbstverständlich in der DDR keinen Verleger. Unter Bruch der Gesetze der DDR ließ es Heym im Westen erscheinen und wurde zu einer Geldstrafe von 10 000 Ostmark verurteilt, was er ein glänzendes Geschäft nannte. Die Zeche bezahlten acht Schriftsteller der DDR, die gegen das Urteil protestierten. Sieben wurden bei einem Tribunal im Rathaus von Berlin unter Regie von Hermann »Martin« Kant aus dem Schriftstellerverband geworfen, ich sah mich wenig später zum Austritt gezwungen. Danach und aus anderen Gründen auch konnte ich mich in der DDR nicht mehr halten.

Harich wurde aktiver. In der Ostberliner Zeitschrift »Sinn und Form« legte er sich mit Heiner Müller an; es folgte ein praxisferner Disput, mit dem die wenigsten Leser etwas anzufangen wussten. 1975 überfiel Harich seinen »Donnerstagskreis«-Gefährten Fritz J. Raddatz mit wüster Kritik. Raddatz hatte eine Marx-Biografie veröffentlicht. Er war Redakteur der »Zeit«; Augstein vom Konkurrenzblatt »Der Spiegel« bot Harich eine Feuerstellung. Rüde, polemisch, ätzend, wie einst Marx mit seinen Freunden umsprang, prügelte Harich auf

Raddatz ein. Er behauptete, Raddatz habe eine Marx-Biografie von Otto Rühle plagiiert und bot Seiten zum Vergleich an. Rühle und Raddatz hatten untersucht, wie sich Marx aus dem Leistungsdruck in Krankheiten flüchtete, sie kamen zu psychosomatischen Ursprüngen – keine Spur von Plagiat. Harich mäkelte, Raddatz habe sich mit dem Privat-, gar Intimleben von Marx beschäftigt, mit »Hintertreppe« und »beschnupperten Unterhosen«. Harich steigerte sich weit über jede Grenze der Fairness hinaus in die Methoden von Marx hinein, von »Kammerdienerpsychologie auf dem Tiefstand der Regenbogenpresse«, von »westkonformer Politgesinnung« eines »auf Sensatiönchen erpichten Raddatz« war die schmähende Rede. Endlich: »kein Zweifel: ein Brautgeschenk an die CDU/CSU.«

An der Debatte beteiligten sich Golo Mann, Manès Sperber, Iring Fetscher und Wolfgang Leonhard. Günter Grass: »Kein Zweifel: Hass kann stilbildend sein. Da knallt die Peitsche mit Echowirkung. Man hört die Lustschreie allwöchentlicher Magazinleser: ›Der hat's dem aber gegeben. Phantastisch!‹ – Nachdem ich zuerst Wolfgang Harichs als Rezension getarntes Pauschalurteil und dann die Marx-Biografie des verurteilten Fritz J. Raddatz gelesen habe, ist so viel sicher; Harich hat die Raddatzsche These bestätigt, es habe sich die Manie des Karl Marx, den Gegner wie einen Feind zu behandeln, auf den Marxismus und seine sich wechselseitig liquidierenden Ideologiemuster übertragen; man muss ja nicht gleich zum Eispickel greifen, mit dem Trotzki erschlagen wurde, eine griffige Formel tut es auch.«

Allmählich entdeckte Harich für sich ein neues Gebiet, die Ökologie. 1975 musste er sich einer Herzoperation unterziehen – in der Schweiz. Die Kosten trugen Augstein und der Rowohlt-Verlag.

1979 wurde Harich, sechsundfünfzigjährig, invalidisiert. Seine Schrift »Kommunismus ohne Wachstum« erschien, in der er eine Weltdiktatur forderte, die alle Ressourcen gerecht verteilte, eine phantasietolle Konstruktion. Im gleichen Jahr erhielt er von der DDR ein Langzeitvisum, reiste in die Bundesrepublik, die Schweiz, nach Österreich und Spanien. Einmal, in Osnabrück, lebten wir in derselben Stadt. Harich wohnte bei einem Professorenehepaar und trat hier und da in ML-Zirkeln auf, wo er mit hohem Respekt behandelt wurde. Es kann sein, dass er von vermögenden Sympathisanten weitergereicht wurde. Seine wenigen Artikel hier und da dürften seinen Unterhalt nicht gedeckt haben.

1981, als ich die DDR verließ, kehrte Harich nach Ostberlin zurück und schrieb über den Philosophen Nicolai Hartmann. Mit einem Pamphlet gegen Nietzsche, dessen Werke er weltweit auf den Index gesetzt wissen wollte, erregte er Entsetzen in Ost und West.

Einmal, in den siebziger Jahren, saß Walter Janka einen Nachmittag lang bei mir. Er sei noch immer nicht wieder in die Vereinigung der Verfolgten des Naziregimes aufgenommen worden; infolge der Verurteilung habe er die Mitgliedschaft und damit den Rang eines Kämpfers gegen den Faschismus verloren. Charlotte genieße diese Ehre, da sie in Marseille in einem Büro für die Interbrigaden gearbeitet habe, während er in Spanien an den Fronten... In Potsdam habe er Gespräche geführt, auch in der Bezirksleitung der SED. Er solle wieder in die SED eintreten, habe man ihm vorgeschlagen, dann werde er auch Mitglied der VVN werden. Er habe auf Rehabilitierung gedrängt, sei aber auf Ablehnung gestoßen. Wenn er als Kandidat geführt werde, sei automatisch klar, dass seine Verurteilung keine Rolle mehr spiele. Später könne man darüber nachdenken, ob seine Mitgliedschaft seit 1932 wieder anerkannt werde. Erst einmal ein Anfang als Kandidat, dann werde man weitersehen.

Eine unbehagliche Situation. Natürlich war es demütigend für ein uraltes Parteimitglied, sich ganz hinten, ganz unten anzustellen. Ein wichtiger Genosse der Bezirksleitung habe ihm unter vier Augen anvertraut, in absehbarer Zeit sei mit tiefgreifenden Veränderungen zu rechnen, dann sehe alles ganz anders aus. Im Moment aber...

Wollte Walter meine Absolution? Was gab mir das Recht, sie ihm zu erteilen oder zu verweigern? Und wenn, gab ich zu bedenken, der große geheimnisvolle Funktionär sich nach dieser angeblich absehbaren Zeit nicht mehr an sein nebulöses Wort erinnern kann? Wenn sie dich bescheißen? Auch mit Gustav Just besprach Janka dieses Thema. Der lehnte derartige Überlegungen ohne das geringste Schwanken ab.

Walter Janka schluckte die Kröte.

11. Kapitel: Eispickel light

1

Am 21. März 1981 fuhr ich mit einem Dreijahresvisum von Sachsen nach Niedersachsen. Im Gepäcknetz über mir lagen zwei Koffer mit Klamotten und dem fast fertigen Manuskript des Romans »Völkerschlachtdenkmal«. Nach jahrelangen Querelen, die mit der Zuchthausstrafe nicht unmittelbar zu tun hatten, war alle Geduld zwischen mir und den DDR-Behörden aufgebraucht. Ich war fünfundfünfzig und begann ein beruflich neues Leben mit Schwung und Zuversicht, in der von mir ersehnten Gesellschaftsform angekommen zu sein. Bald folgten Annelies, drei Kinder, drei Schwiegerkinder und drei Enkel nach. Alle waren aus der Staatsbürgerschaft der DDR entlassen worden, so hieß das amtlich. Dank Grundgesetz waren wir alle sofort Bundesbürger. Ich empfing ein Familientrüppchen nach dem anderen im Aufnahmelager Gießen, spendierte beim Italiener über die Brücke hinweg die ersten Scampi des neuen Lebens und gab Tipps. Arbeitslosigkeit zunächst, das war klar.

Der wichtigste Freund und Ratgeber im neuen Land war Gerhard Zwerenz. Er wohnte in Offenbach und zog bald mit Frau Ingrid und Hund Billy in ein geräumiges Haus am Feldberg hoch über Frankfurt am Main. Ich nahm Quartier in Osnabrück und festigte meine Beziehungen zu Verlagen und Rundfunkstationen, die sich schon in Leipzig angebahnt hatten. Zwerenz war längst versiert im literarischen Geschäft und politikerfahren in SPD-Kreisen und links davon im scharfen

Abstand zu allem, was sich kommunistisch, leninistisch, maoistisch nannte, ein gebranntes Kind der Diktatur. Er beriet mich in allem, was mit dem Schriftstellerverband, der Steuer, mit wichtigen und wichtigtuerischen Personen in unseren Interessenfeldern zusammenhing. Unser Verhältnis war fröhlich und herzlich, war großartig.

Kaum hatte ich die Koffer ausgepackt, zeichnete mich die Stadt Neumünster mit dem gerade geschaffenen Hans-Fallada-Preis aus. Wer sollte die Laudatio halten? Jemand kam auf Hans Mayer – wunderbar!, rief ich aus. Der Vielgefragte sagte zu, vor der Preisverleihung trafen wir uns zum Abendessen, ich kam auf die Hilfe zu sprechen, die er Annelies und den Kindern hatte angedeihen lassen – mit knapper Geste wischte er meinen Dank vom Tisch, absolut selbstverständlich habe er gehandelt. Er referierte über meinen Romanerstling »Jungen die übrigblieben« und die Nähe zu Fallada, brillant wie immer. Danach bat mich eine Reporterin des Norddeutschen Rundfunks zum Interview. Als ich mich wieder zu den andern setzte, bemerkte ich wütende Verstimmung auf dem Gesicht des Laudators. Er wollte sofort weg, Marianne und Günter Kunert sprachen besänftigend auf ihn ein. Hans Mayer, ich begriff es nur allmählich, war der Auffassung, ich hätte der Reporterin sagen sollen, bei einem Interview habe selbstverständlich Prof. Dr. Hans Mayer den Vortritt, und mir gebühre der zweite Platz. Der Abschied war brüsk und kalt. Die Folge meiner Übeltat: Nie mehr sah ich Hans Mayer wieder, in seinen Artikeln kommen weder meine Bücher noch ich vor. Generalverschiss.

In Hamburg besuchte ich Günter Zehm, unterdessen stellvertretender Chefredakteur bei der Tageszeitung »Die Welt«. Er stand als Einziger der Reformer von 1956 im konservativen Lager: Unter dem Pseudonym »Pankraz« schrieb er Leitartikel und Glossen. Eines Tages, unkte er, wird Zwerenz Sie verraten, wie er alle verrät; ich schüttelte den Kopf.

Auf der Herbstmesse in Frankfurt/Main stellte ich »Durch die Erde ein Riss« vor. Fritz J. Raddatz, Starkritiker und Feuilletonchef, begegnete mir wohlwollend bis huldvoll. Mühselig arbeitete ich mich Lesung für Lesung, Artikel für Artikel, Buch für Buch aus dem Nichts heraus. Wolfgang Leonhard lief mir über den Weg, mit wehender Mähne eilte er von einem Auftritt zum anderen. Im Deutschlandfunk in Köln sprach ich mit Karl Wilhelm Fricke, der Bautzen II erlebt hatte – wann, in welcher Zelle? Heinz Brandt, Auschwitz- und Bautzenhäftling, erhielt die Ehrendoktorwürde der Universität Osnabrück, auf einer Gartenterrasse turnten wir Übungen in sechzehn Zeiten nach, die im Knasthof in unsere Glieder eingeschliffen worden waren. In Tübingen saß ich neben Karola Bloch, die mich fragte, ob wir uns in Leipzig begegnet seien; Ernst war da schon tot. Im PEN-Club traf ich Carola Stern und fragte sie nach ihrem Mann, nach Heinz Zöger. Er sei krank und lebe zurückgezogen, erfuhr ich jedesmal.

Unsere Vergangenheiten wären allmählich ins Vergessen geglitten wie jegliches auf Erden, denn der Mensch braucht Platz für neue Wiederholungen, hätte nicht der Zusammenbruch der kommunistischen Welt zu Aufregungen, zu Aufruhr gar unter den Veteranen von 1956 geführt. Als sich in der DDR erste Auflösungserscheinungen bemerkbar machten, beriet sich Just mit Janka, auf welche Weise sie eine Wiederaufnahme ihres Prozesses anstreben sollten. Janka sprach sich entschieden dafür aus, jeder sollte das für sich tun. Im Mai 1989 erhielt er völlig überraschend aus der Hand von Egon Krenz den Vaterländischen Verdienstorden in Gold »in Würdigung hervorragender Verdienste beim Aufbau und bei der Entwicklung der sozialistischen Gesellschaftsordnung in der Deutschen Demokratischen Republik«. Damit begann Jankas eigener, eigentümlicher Weg durch die Wirren der nächsten Jahre. Später äußerte er, es sei womöglich falsch gewesen, diesen Orden anzunehmen – Konfusion auch hier.

Vom Sommer 1989 an zerbröselte das Volk der DDR den maroden Obrigkeitsstaat, Gorbatschows Sowjetunion schaute tatenlos zu. In panischer Eile versuchten Krenz, Modrow, Markus Wolf und einige andere, die sich auf einmal Reformer nannten, zu retten, was nicht zu retten war, einen selbständigen, irgendwie sozialistischen Staat, während die Massen in Leipzig und anderswo schon riefen: »Wir sind ein Volk«, und Helmut Kohl sich auf die täglich kobolzschlagende Lage einzustellen begann. In ihrer Not entsannen sich die Männer der »Wende«, so nannten sie ihr Unterfangen, des Spanienkämpfers aus Kleinmachnow, des heroischen Altgenossen, der trotz stalinistischer Willkür zu den gefährdeten Idealen stand. Sie fanden bei ihm ein Manuskript, an die hundert Seiten über Becher und Seghers, Ungarnaufstand, Prozess und Zuchthaus, es sollte im Oktober 1989 bei Rowohlt zum Taschenbuch werden: »Schwierigkeiten mit der Wahrheit« – endlich hatte sich Janka durchgerungen, beim Klassenfeind ans Licht zu bringen, was ihm die heimische Zensur versagte.

Diese hundert Seiten, die so enormes Aufsehen erregten, sagen wenig aus über die Debatten nach dem XX. Parteitag der KPdSU, den Einfluss des ungarischen Philosophen Lukács auf Brecht, Janka und natürlich Harich, die Lage in Deutschland nach der Einbindung der Bundesrepublik ins atlantische System. Sie bleiben in der Verteidigungslinie Jankas stecken, die er in den Vernehmungen und im Prozess so weit hielt, dass sein Verteidiger Freispruch beantragen konnte. Unterdessen wären Erläuterung, Tiefe, Weite möglich und geboten gewesen, aber Janka beließ es bei einigen skandalösen Brocken. Er war fünfundsiebzig, wollte nichts aus der Erfahrung von Jahrzehnten hinzufügen, konnte es womöglich nicht. Kleinere Fehler sind hier und da festzustellen, so, dass sich Harichs Vater das Leben genommen hätte. Durch das Buch poltert die alte bittere Wut gegen Harich. Über den Kernpunkt Bußtagsgespräch, über die Konzeption, die damalige internationale ideologische Lage keine Silbe.

Die Hasardeure der Wende organisierten eine öffentliche Lesung für den 28. Oktober 1989 im Deutschen Theater zu Ostberlin. Christa Wolf schrieb eine Erklärung, die zu Beginn verlesen wurde, in der es heißt: »Vor mehr als dreißig Jahren wurde an Walter Janka ein Exempel statuiert, dessen Ziel es war, ihn zu brechen. Seine Unbeugsamkeit, seine Beharrlichkeit haben sein Schicksal zum Beispiel werden lassen. Es ist mehr als ein günstiger Zufall, dass wir seinen Bericht darüber in diesen Wochen, in denen alles davon abhängt, dass wir lernen, von Grund auf umzudenken, als Lehrbeispiel in den Händen haben.« Es schien, als falle die Dichterin aus Kleinmachnow aus allen Wolken über das Schicksal ihres Nachbarn, als habe sie nie von ihm und von Vergleichbarem und Schlimmerem gehört, als habe Chruschtschow nie seine Jahrhundertrede gehalten, Wolfgang Leonhard nie seinen Weltbestseller geschrieben, kein Ungarn, kein Prag, kein Solschenizyn, kein Elektriker auf der Leninwerft zu Gdansk – eine politische Jungfrau erhob die reine Stimme. »Nicht nur die Institutionen sind ausgehöhlt, auch die Werte, die sie verkörpern sollten, zerfielen in der langen Erosionsperiode, die hinter uns liegt. Die Krise, die aufgebrochen ist, signalisiert auch einen geistig-moralischen Notstand unserer Gesellschaft, der nicht so schnell zu beseitigen sein wird wie ein Versorgungsnotstand oder ein Reisedefizit. Das Buch von Janka kann uns helfen...« Der Schauspieler Ulrich Mühe las aus Jankas Text, zuletzt trat der Autor hocherregt ans Pult und sprach Worte der Dankbarkeit.

Wenige Tage später, am 4. November 1989, fand jene Demonstration auf dem Alexanderplatz statt, bei der die Organisatoren, Genossen aus den Theatern und dahinter natürlich

Krenz und Co., so viel Dampf aus dem Kessel lassen wollten wie nur möglich. Die Masse pfiff und johlte beim Auftreten von Markus Wolf und Günter Schabowski, auch bei Heiner Müller, als er von Gewerkschaften sprach. Christa Wolf verlas ein Geschwurbel über die Befreiung von Wörtern, klar immerhin dieser Satz: »Stellt euch vor, es ist Sozialismus, und keiner geht weg!« Öffentlich geweint wurde und gelobt, dass es eine Art hatte. Stefan Heym überlegte, ob er eine neue Republik ausrufen sollte wie einst Karl Liebknecht ein paar Straßen weiter, verpasste den dafür günstigsten Augenblick und entging einer enormen Blamage. Niemand sprach ein Wörtlein über die Mauer und dass man doch probieren könne, ob sie hielt, wenn eine Million Menschen daran klopften. Die Staatssicherheit hatte das befürchtet, die Spreebrücken als zu halten befohlen und die nötigen Truppen, auch Panzer, bereitgestellt.

Die Lesung im Deutschen Theater wurde wiederholt, für einige Wochen bildete Jankas Schicksal ein zentrales Thema. »Für unser Land« hieß ein Aufruf von Intellektuellen, die DDR zu bewahren, geläutert natürlich und effektiv, sozialistisch weiterhin, ihre Werte erhaltend. Bitte welche? Undeutlich war alles formuliert, saftlos. Stefan Heym unterschrieb wie Volker Braun, Friedrich Schorlemmer und natürlich Christa Wolf, die ein elementares Interesse daran hatte, dass es weiterhin eine DDR gebe: Deren Kulturdiplomaten würden wie gehabt in Stockholm antichambrieren, dass sie den Nobelpreis erhielte, und die schmale Stasi-Akte der IM »Margarete« könnte unentdeckt bleiben. Über einen neuen Staatspräsidenten wurde diskutiert, im Gespräch waren Gewandhauskapellmeister Kurt Masur, der in Leipzig mit fünf anderen, darunter drei SED-Funktionären, einen Aufruf zur Besonnenheit und zum weiteren Aufbau des Sozialismus verfasst hatte; er winkte ab. Andere nannten Christa Wolf, die rasch verzichtete, und Walter Janka, der die Frage offenließ.

Bei Jankas in Kleinmachnow, beim Rundfunk und in Zeitungsredaktionen trafen Briefe ein, erregt und ratlos, verzweifelt und voller Staunen: Wie konnte es geschehen, dass dieser so untadlige Genosse so schrecklich behandelt worden war? Der Präsidialrat des Kulturbundes rehabilitierte ihn, die Schauspielerin Annekathrin Bürger berichtete Janka davon: »Das große Becherbild, das angestrahlte am Aufgang, war schon weg! Uwe Berger sprach viel vom Volk und sagte, er würde einem jungen Genossen schreiben, er solle sich wie Du verhalten. Und ich saß in dem überheizten Saal und dachte an diese Zelle in Bautzen.«

Bernt von Kügelgen, ehemaliger Chefredakteur des »Sonntag«: »Sehr geehrter Genosse Janka, dieser Tage erhielt ich als Ablichtung einige Seiten Ihrer Autobiographie, in der Sie bemerken, dass ich in ungebührlicher Weise Ihrer Verurteilung Beifall geklatscht habe. Wenn ich mich auch daran nicht erinnern kann, unterstelle ich, dass Ihre Beobachtung den Tatsachen entspricht. Die Sorge, mit der ich das Herannahen der tiefen politischen, moralischen und ökonomischen Krise von Partei und Gesellschaft beobachtet habe, meine Teilnahme am Nachdenken meiner Grundorganisation über Maßnahmen eines Auswegs in letzter Stunde haben mich gelehrt, in Ihnen einen Vorkämpfer jenes Sozialismus zu sehen, wie er sich im Prozess der Erneuerung hoffentlich durchsetzen und das Volk der DDR wieder für sich gewinnen wird.«

Prof. Dr. Dr. h.c. Wolfgang Ruge, Potsdam: »Lieber Walter! Mit größter Anteilnahme haben Taja und ich in den Medien der letzten Tage verfolgt, wie Deinem guten Namen als unbeugsam unbeirrbarer Kommunist und Mitgestalter der Geschichte wieder der ihm gebührende Klang verliehen worden ist. Wenn Dir auch viel zu spät Gerechtigkeit widerfährt, so erfüllt es uns doch mit Freude und Genugtuung, dass dies jetzt laut und vernehmbar geschehen ist. Wir beglückwünschen

Dich zu dieser Wende und gratulieren Dir gleichzeitig zu Deinem 75. Geburtstag, der, wie wir hören, in diese Tage fällt.«

K.-H. Raschke, Berlin: »Die Arbeiter- und Bauern-Fakultät der Martin-Luther-Universität Halle diskutiert z. Z. den Gedanken, den unzeitgemäßen und belasteten Namen zu ändern, und zwar von ›Walter Ulbricht‹ zu ›Walter Janka‹. Eine derartige Namensänderung wird wahrscheinlich scheitern, zu stark sind die Miniatur-Ulbrichts noch in den örtlichen Organen vertreten. Doch allein die Tatsache, dass die Jugend, die künftige Intelligenz ...«

Am 15. November 1989 sprach Gustav Just in der Annenkirche zu Dresden im Rahmen einer ökumenischen Woche vor tausend Zuhörern über die Vorgänge in den fünfziger Jahren. Er war an diesem Abend grippekrank, tags darauf warf ihn ein Kreislaufkollaps nieder. So konnte er an einer Veranstaltung am 5. Dezember 1989 zu Ehren der Opfer des Stalinismus im Berliner Schauspielhaus nicht teilnehmen. Die Rede hielt der Schriftsteller Christoph Hein. In Anspielung auf Janka, der in aller Munde war und nur von sich sprach, nannte er sie »... und andere«. Er erwähnte auch Gustav Just, der Schauspieler Jörg Gudzuhn las aus Justs Manuskript. Der Raum war proppenvoll wie bei jeder Veranstaltung damals überall, das Fernsehen übertrug.

Tags darauf rief Janka empört bei Christoph Hein an. Wie könne Hein denn positiv über Just reden, wisse er nicht, dass der Nazioffizier gewesen war? Unterdessen saß Janka im Ältestenrat der SED Seit' an Seit' mit Markus Wolf. Janka hätte Wolf fragen können, was der seinerzeit bei Rechtsanwalt Kaul zu besprechen gehabt hatte, als Harich verhaftet worden war.

Über Walter Janka muss mit Respekt nachgedacht werden. Ein zermürbendes Leben lag hinter ihm. Die jankafreundlichste Auslegung seines Verhaltens lautet: Nicht nur Altershemmnisse, sondern auch die Furcht, seine Taten und Leistungen seit 1933 gerieten ins Zwielicht oder ins politische Abseits, ließen ihn starr werden. Der Kommunismus fiel in Scherben – war alles umsonst gewesen? Janka grub sich in die Verteidigungsstrategie gegenüber dem Gericht von 1957 ein, statt alle Karten auf den Tisch zu legen. Imposant hätte er dastehen können als der Weitsichtigste, Tatkräftigste des deutschen Oktober, nicht Harich-Janka hätte die Reihenfolge lauten können, müssen, sondern umgekehrt. Janka spielte nicht Schach, noch nicht einmal Mühle, sondern Mau-Mau.

Hastig machte sich die Justiz der DDR ans Werk. Für einen künftigen Staatspräsidenten brauchte sie einen weißgewaschenen Kandidaten, nun war es aber nicht möglich, Janka allein zu rehabilitieren, »... und andere« mussten einbezogen werden. So erhielt Gustav Just am 21. November 1989 die Nachricht, der Generalstaatsanwalt habe einen Kassationsantrag gestellt: Das Urteil vom 26. Juli 1957 beruhe auf einer Verletzung des Gesetzes und sei deshalb aufzuheben. Am 4. und 5. Januar 1990 rollte die Verhandlung ebenso geschmiert ab wie die Verurteilung 33 Jahre zuvor. Janka »und andere« galten fürderhin als unbescholten und durften Haftentschädigung beantragen.

2

Das Zusammensacken der DDR verfolgte ich, inzwischen von Bonn aus, per Fernsehen, Zeitungslektüre, Briefen von drüben und Telefonaten mit Freunden und Verwandten in Leipzig und Mittweida. Endlich, im Dezember 1989, konnte ich nach Leipzig fahren. In einer eilig anberaumten Sitzung des Schriftstellerverbandes diskutierte ich mit alten Weg- und Umweggefährten über die vergangenen heftigen Zeiten, Hans Pfeiffer unter ihnen; wir bemühten uns um Höflichkeit und Gelassenheit. Mit Annelies besuchte ich das alte Stasiverlies und bekam eine

Ahnung, was man tun muss, um sich einen Herzinfarkt einzuhandeln. Ich las im Gohliser Schlösschen aus »Durch die Erde ein Riss« und fuhr nach Mittweida. Ich schrieb Artikel über die christlichen Widerständler im Dorf Königswalde, die ich später im Roman »Nikolaikirche« als die von Königsau weiterleben ließ, über meine Göttinnen Lipsia und Loreley, die mit ihrem Gesange lockten und an mir zerrten. Ich stand am Völkerschlachtdenkmal und dachte an meinen alten Freund Fredi Linden, den Helden des um den grauen Klotz spielenden Romans, und was der wohl sagen würde, da nun wieder einmal in unserem Leipzig alles auf dem Kopf stand. Ich fuhr zurück an den Rhein über grässliche Straßen durch gemarterte Dörfer an der Grenze von Thüringen und Hessen im Schritttempo und setzte meine Arbeiten dort fort. Ich kehrte um und las in Leipzigs Nikolaikirche über die Sprengung der Universitätskirche. Durch eine Kette von Zufällen gerieten an die dreihundert Blatt Papier in meine Hände, Protokolle der Staatssicherheit. Solche Husaren-, ja Partisanenstreiche gelingen nur, wenn einer tief verquickt ist mit seiner Stadt. Ähnliches schaffte Reiner Kunze in Zeitz, so waren wir beide die Ersten, die einer entsetzten Gesellschaft mitzuteilen vermochten, was die große Krake jahrzehntelang getrieben hatte.

Die Bemühungen von Krenz, Modrow, bald auch Gysi, mit einem Walter Janka an der Spitze eine reformierte DDR zu retten, endeten mit den Märzwahlen von 1990. Verbrauchte Figuren traten ab, frische Leute betraten die Bühne. Im Dorf Prenden nördlich von Berlin war Gustav Just dabei, als die neue Sozialdemokratische Partei zaghafte erste Schritte unternahm. Just fühlte zur Kreisleitung von Bernau vor, wo die SPD noch nicht einmal zwanzig Mitglieder zählte, erlebte rührende Primitivität bei unerfahrenen Mitstreitern, riesige materielle Überlegenheit der PDS, Unverständnis bei Vertretern der SPD-Führung in der alten Bundesrepublik und die beglückenden Möglichkeiten, nach langen Jahren der Isolierung trotz Rentenalter und angegriffener Gesundheit in freier Luft politisch tätig sein zu können. Nicht lange, es konnte angesichts der dünnen Personaldecke nicht anders sein, und er zog als Abgeordneter in den Potsdamer Landtag ein. Er war der Älteste dort, mithin der Alterspräsident.

Helle Aufregung herrschte unter den Literaturfreunden der DDR, wie sie sich künftig zu Anna Seghers stellen sollten. Hatte sie nicht Walter Janka verraten? Sollte »Das siebte Kreuz« noch in den Schulen behandelt werden? Ich schrieb ein »Plädoyer für eine Tote«, es erschien am 15. Juli 1990 im »Sonntag«. In ihm heißt es: »Als Erwin Strittmatter, ein damals junger Autor des Aufbau-Verlags, von der Verhaftung Jankas hörte, wusste er sofort: Jetzt kann nur die Anna helfen. Er fuhr zu ihr, sie öffnete und sagte: Ich weiß schon, warum du kommst. Andere eilten zu ihr, sie telefonierte herum und brachte ein Dutzend Autoren des Aufbau-Verlags, sicherlich fast alles Genossen der SED, in den Räumen des Schriftstellerverbandes zusammen. Eine Resolution ans ZK der SED und an die Justizministerin wurde verfasst, in der stand, Janka genieße das politische Vertrauen aller Unterzeichner, und sie verbürgten sich für ihn. Danach, berichtet Strittmatter, ging Anna Seghers zum Innenministerium, sie wolle, sagte sie, dort mit jemandem reden, den sie gut und lange kannte und der helfen könnte. Wer war das? Vielleicht wird das nie mehr herauszufinden sein. Mit dieser Resolution verlief es dann sonderbar. Kein Echo erfolgte – oder drückte sie das Strafmaß? –, wurde aber auch nicht zum Bumerang für die Unterzeichner, wie später beim Protest gegen die Ausbürgerung Biermanns. Die Parteiführung hätte ja wettern können: Wer sich für einen Konterrevolutionär einsetzt, ist selber ein Feind! Ulbricht dürfte die Bittschrift stirnrunzelnd zur Kenntnis genommen haben. Deswegen neuer Wirbel? Sie landete im Papierkorb, und die Zeitgeschichte vermerkt sie nicht.

Damit hatte Anna Seghers ihre Mittel innerhalb der SED und des Staates ausgeschöpft. Ein Aufbegehren im Gerichtssaal mit seinen sorgsam ausgewählten Gästen, abgeschirmt von der Öffentlichkeit, wäre eine Geste gewesen. Im Nachhinein machte sie sich gewiss gut. Bewirkt hätte sie gar nichts.

›Sie hätte ja zum RIAS gehen und dort auspacken können.‹ Eine kluge junge Frau brachte das kürzlich in einer Diskussion vor. Anna Seghers hätte können? Mal rasch über die Straße? Und dann?

Der Kalte Krieg, frostklirrend, konnte jeden Tag in den Schießkrieg umschlagen. Zwei Blöcke standen sich atomwaffenstarrend gegenüber, der Riss durch die Welt ging mitten durch Berlin. Es gab keinen Dritten Weg, schon gar nicht für Anna Seghers. Die Flucht in die Öffentlichkeit hätte den Bruch mit ihrer Vergangenheit, ihrer Partei, ihrer Philosophie, ihrer Erfahrung und all ihren Freunden, mit ihren Büchern und – immer noch – Hoffnungen bedeutet. Sie war nicht blind und taub über die stalinistischen Hexenprozesse hinweggegangen, sie litt im Zwiespalt wie alle ihre Gefährten. Der Hitler-Stalin-Pakt hatte Spalten in ihr Lebensbild geschlagen, aber zum Bersten war es nicht gekommen.

All das predigte ich in dieses gescheite Gegenwartsgesicht hinein, flehte, verstanden zu werden, und wusste: Wenn es dir nicht gelingt, diesen Abgrund zwischen Ost und West 1957 begreiflich zu machen, ist alles Weitere für die Katz.«

Ich schloss: »Die Literaturgeschichte muss nicht umgeschrieben, sie sollte ergänzt werden.«

3

Zurückgezogen, geschmäht als Verräter, lebte in Berlin Wolfgang Harich. Die Vorwürfe gegen ihn waren so massiv, dass er keine Öffentlichkeit gefunden hätte, um sich wenigstens bei Teilaspekten wehren zu können. Der Zusammenbruch des Kommunismus traf ihn unvorbereitet, Ideologiegebäude stürzten ein, die Praxis erwies sich als unverschämt.

Er arbeitete an Memoiren wie Janka und Just, weit in Vergangenheiten bei Großmüttern und -vätern begann er, launig liest sich manches. Die Analyse der Vorgänge von 1956/57 gelang gründlicher als alles, was andere zu Papier brachten. Der Kopf der Fronde aus Harichs Sicht: Walter Janka. Panisch die Furcht Ulbrichts vor Merker, der wie Gomulka unter dem Stalinismus gelitten hatte und ihm deshalb gefährlich hätte werden können. Harich: »Eine objektive, unbefangene Würdigung der geschichtlichen Tatsachen würde ergeben, dass es 1956 in der DDR eine Harich-Gruppe im Sinne einer oppositionellen Gruppierung, die von mir organisiert und geleitet worden wäre, gar nicht gegeben hat. Wohl aber gab es eine Gruppe Janka, der Harich als zweiter Mann angehörte.«

Aus vier Gründen sei die Gruppe nach ihm, Harich, benannt worden. Dank politischer Unreife habe er sich die größte, strafrechtlich am leichtesten fassbare Blöße gegeben, während der mit allen Wassern gewaschene Parteifunktionär Janka ungleich geschickter vorging. Er, Harich, sei bekannter gewesen, habe deshalb eher als Anführer gelten können. Indem die Ulbrichtleute einem Intellektuellen die Hauptschuld zumaßen, warnten sie alle, die in den Ideen des Petöfi-Clubs und polnischer Vordenker Hoffnungen und Möglichkeiten witterten. Schließlich: »Der von Janka ausgeheckte hauptsächliche Plan der Gruppe bestand darin, Ulbricht als Parteichef zu stürzen und in dieser Funktion durch Paul Merker zu ersetzen. Dieser

Plan war für Ulbricht äußerst gefährlich. Ohne diesen Plan wäre eine bloße Harich-Gruppe nichts als ein Grüppchen debattierender Intellektueller gewesen. Mit diesem Plan beschwor die Existenz der Gruppe jedoch die reale Gefahr eines Staatsstreichs herauf.« Das hätte Ulbricht vor der Öffentlichkeit verbergen wollen, so musste Harich als Sündenbock herhalten.

Harich versuchte, diese Probleme mit Janka zu erörtern und womöglich gemeinsame Standpunkte zu finden, aber Janka und im Vorfeld seine Frau blockten ab. 1990 strengte Harich einen Prozess gegen Janka an, der durch mehrere Instanzen ging und mit einem Vergleich endete: Janka musste die Aussage unterlassen, Harich sei als Kronzeuge gegen ihn aufgetreten. In einem weiteren Verfahren war zu klären, wer die Prozesskosten zu tragen hatte. Diese Zänkereien wurden von der Presse höhnisch kommentiert: Zwei Altkommunisten prügelten aufeinander ein, so war es ja üblich seit Marxens Tagen, wenn man sich auch nicht mehr gegenseitig ins Lager schicken oder einen Eispickelmörder anheuern konnte.

Harichs letzte Jahre waren von Herzkrankheiten belastet. Mit seinem weißen Vollbart ähnelte er immer stärker einem gebleichten Marx. Er heiratete abermals. Die PDS rehabilitierte ihn. Eine Zeit lang gehörte er der KPD an und ließ die Mitgliedschaft bei der PDS ruhen, dann wendete er sich wieder von der KPD ab. Er übernahm den Vorsitz einer »Alternativen Enquetekommission deutscher Zeitgeschichte«, die gegen das von der Bundesrepublik gezeichnete DDR-Bild ankämpfte. Auf der anderen Seite, in der Kommission »Aufarbeitung von Geschichte und Folgen der SED-Diktatur«, arbeitete sein alter Fahrensmann Manfred Hertwig. Als Honecker in Chile starb, fand an der Begräbnisstätte der Kommunisten in Berlin-Friedrichsfelde eine Kranzniederlegung statt. Harich war bettlägerig und konnte nicht teilnehmen, legte aber Wert darauf, dass sein Name ins Kondolenzbuch eingetragen wurde. Er starb, betrauert von Gefährten, die sich wie er von widrigen Realitäten nicht beugen ließen, im März 1995, einundsiebzigjährig. Freunde gründeten eine Wolfgang-Harich-Gesellschaft, hielten Kongresse ab und brachten 1999 eine zweibändige Ausgabe zu seinem Gedächtnis heraus.

Ein Vergessener machte sich von Köln nach Berlin auf, Heinz Zöger. Wir wüssten nichts davon, wenn es seine Frau, Carola Stern, nicht aufgezeichnet hätte. Aus dem Telefonbuch suchte er die Namen alter Gefährten heraus, Just und Janka waren nicht dabei, von Harich ganz zu schweigen. Er wollte zu denen Kontakt aufnehmen, mit denen er in der Nazizeit konspiriert und im Zuchthaus gesessen hatte oder die mit ihm nach 1945 im KPD- und SED-Apparat tätig gewesen waren, er strebte in die wohlige Wärme »der Partei«, in eine versunkene Welt zurück. Carola Stern: »Alle hat er zu uns nach Köln eingeladen, niemand ist gekommen. Niemand hat ihn je angerufen. Niemand hat ihm je auch nur eine Karte zu Weihnachten geschickt. Keiner hat ihn jemals wieder eingeladen. Zöger hat nie ein Wort darüber verloren. Aber ich muss immer noch weinen, wie gedankenlos sie ihn allein gelassen haben.«

Heinz Zöger starb, vierundachtzigjährig, im März 2000.

Was noch? Die Universität Jena bemühte sich um Wiedergutmachung, als sie Günter Zehm 1990 eine Dozentenstelle anbot und sie 1993 zur Honorarprofessur ausbaute. Das führte zu Ärger, denn Zehm griff nach Ansicht beispielsweise der »Antifaschistischen Hochschulgruppe Jena« über den rechten Rand eines Konservativen unziemlich hinaus. So verübelte sie ihm Artikel in der »Jungen Freiheit« zur Verteidigung des britischen Auschwitz-Leugners David Irving. Zehm bolzte zurück und nannte seine Kritiker »verlorene Haufen von Radikalkommunisten«. Auch die Universität Leipzig wollte Unrecht sühnen und ermöglichte Jürgen Teller, Vorlesungen über Ernst Bloch zu halten. Teller beschwerte sich über ungünstige Räume und Zeiten, auch ließ das Interesse der Studenten an aus ihrer Sicht angestaubten ML-Spitzfindigkeiten zu wünschen übrig. Das Unterfangen scheiterte bald.

Ralf Schröder und seine Mitangeklagten wurden freigesprochen. Das erledigte im April 1990 das Oberste Gericht der noch existierenden DDR. Richter, die bis vor kurzem munter verknackt hatten, lasen mit steingrauen Gesichtern herunter, wir hätten damals unsere Rechte auf freie Meinungsäußerung wahrgenommen. Insbesondere von Gewalt habe bei uns nicht die Rede sein können. Akte zu.

Einmal noch traf ich mit Charlotte und Walter Janka zusammen, im Herbst 1991 in Fellbach bei Stuttgart zu einer der üblichen Ost-West-Diskussionen. Spitz fragte Charlotte, was ich denn von Justs dritter Karriere hielte. Ich begriff nicht gleich. Sie erläuterte: Erst als Offizier bei den Nazis, dann bei der SED, nun bei der SPD. Ich erwiderte ein wenig unsicher, es sei doch erfreulich, dass Gustl dort angekommen sei, wohin er seinem Wesen nach gehöre. Charlotte blickte eisig. In der Diskussion wurde Walter von allen Seiten in die Zange genommen, er verteidigte erbittert und verbittert längst gescheiterte Positionen. Helfen konnte ihm keiner.

Im März 1992 kochte die Zeitung »Die Welt« den Vorwurf hoch, Just habe 1941 an der Erschießung von Partisanen teilgenommen. Aus Gerichtsprotokollen wurde halb richtig und halb falsch zitiert. Walter Janka erklärte, am liebsten hätte er, als er zwei Jahre zuvor davon hörte, Just ins Gesicht geschlagen. Just reagierte wütend: Dazu hätte Janka dreißig Jahre lang Gelegenheit gehabt. Ein Kesseltreiben setzte ein, es endete damit, dass Gustav Just sein Landtagsmandat verlor. Tief verwundet zog er sich zurück. Ein Ermittlungsverfahren, das auch Justizstellen der Ukraine einbezog, wurde 1995 eingestellt.

Zehm sollte recht behalten: Als Gerhard Zwerenz als Parteiloser mit »Gysis Bunter Truppe« 1994 in den Bundestag einzog, beendete er die Freundschaft mit mir. Noch einmal trafen wir uns in Bonn, redeten, tranken, er erzählte von seinen Mitstreitern Heym und von Einsiedel, vom bitteren Alltag und internen Streitigkeiten. Auf verwunderte Fragen von Freunden, was denn in Zwerenz gefahren sei, antwortete ich ausweichend, er verstehe sich wohl als Trotzkist, als Feind von Hitler und Stalin. Ich hätte das Abenteuer meines Freundes ausgehalten. Gerhard beendete alle Gemeinsamkeit. Es war ihm wohl unmöglich, gleichzeitig mit mir und mit Gysi vertraut zu sein.

Walter Janka starb 1994, wenige Wochen vor seinem achtzigsten Geburtstag, in Kleinmachnow. Die Totenrede hielt Günter Kunert. Annelies starb 1997 nach jahrelangen Krankheiten und vielen Operationen. Wir bestatteten sie in Mittweida neben ihren Eltern. Danach blieb für mich am Rhein nur noch wenig zu tun, und ich kehrte nach Leipzig zurück.

Einer lebt und wirkt in unverändertem Schwung: Wolfgang Leonhard. Als ich 2001 von der Chemnitzer Technischen Universität mit der Ehrendoktorwürde ausgezeichnet wurde, hielt Wolfgang die Laudatio. Sein Thema, er hatte es gerade auf der Pfanne und spulte es deutschlandweit ab, war die Geschichte des Begriffes Marxismus-Leninismus. Kurz zuvor hatte er in Moskau das Institut des ML besucht, eine kleine Stadt, vollgestopft mit Schriften aus hundert Ländern und Sprachen, verwaist unterdessen, kein Schwein interessiert sich mehr dafür, Spinnweben und Staub überall, gähnende Pförtner in kalten Kabuffs. Ein mitreißender Vortrag. Von mir war darin nicht die Rede. Ich treffe Wolfgang jährlich zwei, drei Mal auf Kongressen, Podien, in TV-Studios, immer noch fährt er sich erregt durch das inzwischen ergraute wilde Haupthaar. Als Lenin am Abend des 14. September 1921 in Odessa zu Bucharin sagte, die Sinowjewa war dabei... Wolfgang weiß es und wird es immer wissen.

4

Am 16. Juni 2006 feiert Gustav Just seinen 85. Geburtstag. Ich fege mit schnellster Eisenbahn nach Norden und erlebe zum ersten Mal den noch nach Beton und Farbe riechenden neuen Berliner Hauptbahnhof. Fußball-Weltmeisterschaft quirlt und wirbelt – zu Gast bei Freunden, wie es heißt, schwarz-rot-goldene Euphorie schwappt übers Land. Von Bernau aus fahre ich noch zwanzig Kilometer durch Wald und Dörfchen mit dem Taxi. Ein herrlicher Sonnentag leuchtet nach Gewitterregen in der Früh.

»Mensch, der Ärich«, begrüßt mich Gustl unverändert böhmisch, und Heide zeigt sich gerührt wie immer. Ich schenke einen druckfrischen Band mit Briefen Hans Mayers, herausgegeben von einem aufstrebenden Verleger in Leipzig, in ihm ein Brief des Professors aus dem Jahr 1954 an den Generalsekretär Just vom Schriftstellerverband der DDR, warum er diesem nicht beitreten wolle und werde. Die Kinder Kathi und Martin sind da, eine Nachbarin, die bald wieder geht, eine andere kommt. Sherry zum Anstoßen, vor allem Gesundheit. Gesund sind die beiden Alten nun gerade nicht. Vom Taxifahrer habe ich gehört, Markus Wolf wohne in Prenden – mit dem habe Gustl gerade telefoniert, erfahre ich, der wolle ihn zu einem Disput laden, mal sehen. Es gehe ihm blendend, dem gewesenen Stasigeneral, Stadtwohnung und Datsche und Buchauflagen und Auftritte, es lebe die Demokratie! Geradezu maßgeschneidert sei sie für ihn, der sie bis aufs Messer bekämpft hatte. Von Jörg Bilke weiß ich, dass Zwerenz in diesen Tagen den alten Schlapphut aufsuchen wird.

Unterdessen ist dieses Kapitel geschlossen, Markus Wolf starb friedlich mit 84 und wurde im Kreise der Unbelehrbaren beigesetzt. Am Grab sprachen der russische Botschafter, Modrow und Bisky und beharrten in unwandelbarer Treue. In den hinteren Reihen IM »Hans Heiner«, mein Kollege aus Jugendtagen bei der »Leipziger Volkszeitung«.

Mit Zwerenz habe er in Potsdam, erzählt Gustl, geladen von der Rosa-Luxemburg-Stiftung, vor hundert weißhaarigen SED-Veteranen über die Anfänge der DDR diskutiert und denen klargemacht, dass es sinnlos sei, bei irgendeiner Etappe der DDR-Entwicklung anknüpfen zu wollen, die Sache sei vorbei und vom ersten Tag an verratzt gewesen. »Die wollten wissen, was genau wir vorhatten. Ich hab schon damals dem Harich gesagt...« Es ist wie eh und je, nach drei Sätzen sind wir in der versunkenen Politik und der neuen, Gustl kann sich so schön aufregen. Oben in der Küche ein Poltern, ich bin sofort hoch und hinauf, da liegt Heide vor dem Herd, über die Kante eines Läufers ist sie gestolpert. Wo und wie ich anfassen soll, frage ich und höre, es sei nuscht passiert. In den letzten Jahren hat sich Heide beide Oberschenkelhälse gebrochen, jetzt geht sie steif und kerzengerade mit zwei neuen Hüftgelenken. Nicht schon wieder! Sie zieht die Knie an, ich hebe unter den Armen. Heide steht. Auch die Handgelenke in Ordnung? Sie schüttelt prüfend ihren Körper durch. Alles ist nochmal gutgegangen. Wäre ja auch noch schöner an Gustls Geburtstag, oder?

Im Garten trinken wir Kaffee. Dann brechen wir auf zum Gasthof vier Häuser weiter, der sich Jagdhotel nennt. Bald sind wir mehr als fünfzig. Sofort wird es stickig, Kathi hat die Idee, die Kerzen auf allen Tischen auszublasen. Siehe da, Charlotte Kossuth ist dabei mit ihrem Leo. Ich komme neben Professor Siegfried Prokopp zu sitzen, der mir ausschweift, er sei zusammen mit Harich 1994 im Zentralkomitee der KPD gewesen. Ich stelle mir vor, die KPD habe damals etwa sechzig Mitglieder gehabt, davon zwanzig im ZK, der linke Flügel habe gefordert, Lenins Aprilthesen radikal auf den Prüfstand zu stellen und absolut neu zu bewerten, drei Genossen seien entschlossen gewesen, im Fall einer Ablehnung eine neue Partei zu gründen, die KPD-ML...

Der Jubilar begrüßt und mahnt, wir sollten es uns wohlsein lassen und nicht an den Stühlen kleben, sondern Kontakt zu anderen suchen. Er freue und bedanke sich, und Heide freue sich auch. Ich mache mich zum Büfett auf und entdecke einen einsamen, nicht sonderlich großen Hummer. Wie stets und unter dem Ruf: »Ich hasse Dekorationen!«, raube ich ihm rabiat den Schwanz.

Nach einer Weile beginne ich meine kleine Rede. Ich halte bei allen derartigen Veranstaltungen eine kleine Rede und immer als Erster. Manchmal, besonders im Osten, folgt dann keine zweite. Ich verweise darauf, dass dreiundfünfzig Jahre zuvor Gustavs Geburtstag auf einen Dienstag fiel. »Und am Mittwoch darauf hatten wir siebzehnten Juni!« Vom Schriftstellerverband aus versuchten wir, einen Glückwunsch zum Haus des ZK zu schicken, denn dort war Gustav damals unser führender Genosse. Aber die Straßen waren voller wütender Arbeiter, die auf uns mit diesen weichen Pfoten nicht gut zu sprechen waren. So schickten wir einen Kraftfahrer. Der kam unverrichteter Dinge zurück: Im Haus des ZK seien alle Scherengitter geschlossen und keine Maus komme herein oder heraus.

Drei Jahre später, sage ich, feierte ich meinen dreißigsten Geburtstag. Und was geschah? Am Tag darauf hielt Chruschtschow seine berühmte Rede, die wichtigste des Jahrhunderts! Nun, füge ich hinzu, wolle niemand behaupten, *anlässlich* von Gustls Geburtstag habe der 17. Juni stattgefunden und *anlässlich* meines Wiegenfestes habe Nikita Sergejewitsch – jeweils mit einem Tag Verschnaufpause – jene Sensationsrede gehalten. Aber merkwürdig sei es schon, oder? Gewiss fühlten wir uns beide der Aufklärung verpflichtet, aber *vielleicht* habe die Losung »Die Sterne lügen nie« trotz alledem ihre Berechtigung? Schicksalhaft den Gestirnen untertan seien wir beide miteinander verbunden, das liege für jedermann sichtbar zu Tage, und deshalb sei unsere Freundschaft unverbrüchlich. Auch die Familien, auch unsere Kinder... Ich ende mit einem Toast auf das Geburtstagskind und die unergründlichen Geheimnisse zwischen Himmel und Erde.

An diesem Tisch nehme ich Platz, an jenem. Mit Kossuths bin ich gleich im Jahr 1958 und dem »Roten Ochsen«. Harreß sei schon lange tot, und von Lucht wissen Kossuths nichts und wollen nichts wissen. Und Harry Schmittke sei kurz vor 1989 als Rentner nach Braunschweig übergesiedelt – weiß ich, dort habe ich ihn besucht, er war ein bisschen einsam drüben und halbwegs glücklich. Nun ist er gestorben, die Nieren? Über Ralf Schröder schweigen wir, weil wir verschiedener Meinung sind: Leo verbreitet gern, dessen Verdienste um die Slawistik stünden hoch über dem Verrat an seinen Freunden, und ich meine das keinesfalls. Unser Thema: Warum zwischen dem Abschluss der Vernehmungen und dem Prozessbeginn so viele Monate gelegen haben könnten. Diese Entscheidung sei weit oben in Berlin gefallen, darüber sind wir uns einig. Große Politik.

Als ich an einem anderen Tisch verweile, will jemand frischer Luft wegen ein Fenster öffnen, stößt irgendwo an, ein Hirschgeweih kracht herunter, streift eine Stirn, nicht meine, und zermalmt Gläser und Teller, auch eine Brille, nicht meine. Getroffen ist Professor Wolfgang Hempel aus Potsdam, der wenige Tage vorher bereits gestürzt ist und dessen Kinn und Nase bereits bepflastert und schorfig sind. Über der Braue perlt frisches Rot. Ich teile Hempel in knappen Worten mit, künftig seine Nähe meiden zu wollen, wofür er Verständnis aufbringt. Erst einmal gehe ich in mein Zimmer, ich bin ja hier einquartiert, und erfahre per TV, dass Argentinien 6:0 gegen irgendwen gewonnen hat.

Wieder bei Prokopp. Irene Giersch, heutige Frau Gautier, habe er in Südfrankreich besucht, das weiß ich natürlich. Und ich weiß auch, dass sie jahrelang beim Goethe-Institut in Montreal angestellt war. Von dort wurde ich ein paarmal eingeladen, fand aber keine Zeit für die weite Reise – die Einladung ein Zufall? Thomas Reschke, der Russisch-Übersetzer, ist gierig auf Einzelheiten. Derweil höre ich Hempel zu, der, schlappe 75, ein Treffen ehemaliger Mitglieder einer bürgerlichen jüdischen Jugendgruppe organisiert, die Jungschar geheißen habe und dem Wandervogel vergleichbar gewesen sei. Hempel ist stellvertretender Direktor des Moses-Mendelssohn-Zentrums an der Universität in Potsdam und Spezialist für Emigrationsgeschichte deutscher Juden. Nächstes Wochenende werde man sich in Potsdam treffen, der ehemalige Kassenwart der Jungschar, 94, habe zugesagt. Einer, 92, habe nach der Emigration in England den Bund weitergeführt und nach 1945 zu Honecker Verbindung geknüpft, der ihn in die Zone habe locken wollen. Von Christoph Hein will ich einiges über seine Verbindung zu Janka 1989 hören, auch wüsste ich gern, was genau ihn zum »Tangospieler« veranlasst hat. Denn viel Leipzig und allerhand Knast sind eingewoben. Aber Hein muss zurück nach Berlin, die Enkel hüten. Wie viel haste? Vier, immerhin. Also gute Fahrt und bis zum nächsten Mal. Gustl erzählt, Markus Wolf habe ihn angerufen und wolle mit ihm im »Neuen Deutschland« über 1956 diskutieren, das habe er abgelehnt. Aber, ereifert sich sein Sohn Martin, Leiter der Friedrich-Ebert-Stiftung von Mecklenburg-Vorpommern, bei den Knackern von der Rosa-Luxemburg-Stiftung biste neulich aufgetreten, wo ist der Unterschied? Den meint der Vater durchaus zu erkennen, irgendjemand müsse den paar halbwegs Vernünftigen dort klarmachen... Jörg Bilke, sage ich, das Küken unter uns Knastologen, besucht mich demnächst. Jahrelang hat er mich von seinen Redaktionen aus mit Pressematerial versorgt. Jeden Morgen schwimmt er eine halbe Stunde, demnächst wird er siebzig, und heiraten will er schon wieder.

Ralf Schröder sei ein enormes, ein absolutes Schwein gewesen, zwanzig Jahre lang habe er ihn ausgehorcht und verraten – Reschke lässt seiner Wut ungehemmten Lauf. Wer war eine noch üblere Ratte, Alfred Antkowiak? Fritz Rudolf Fries? Prokopp lässt einen Zipfel Sensation ans Licht: Irene Giersch sei bereits drei Wochen *vor* Harichs Festnahme einige Tage bei der Stasi in Haft gewesen. Ich weiß davon aus der Sammlung über Harich: »Ahnenpass«. Das sei nun allerdings ein Ding, ein Dingen, wie der Rheinländer sagt, erregt sich Hempel. Aber das *müsse* Harich doch mitgekriegt haben? Und die Isot habe Harichs Plattform... Weißt du nicht: Winfried Schröder ist an seinem achtzigsten Geburtstag an Krebs gestorben. Vorher hat er mit Zwerenz Briefe über Titoismus gewechselt. Nee, in der Partei war Winne nie wieder. Ronald Lötzsch ist mit der PDS-Bundestagsabgeordneten Gesine verheiratet. Stimmt nicht, ist seine Schwiegertochter. Stimmt doch!

Am nächsten Morgen frühstücke ich mit Hempel. Es sei bewunderungswürdig, sage ich, dass sich Gustl auf seine späten Tage immer noch bereitfinde, auf Podien den alten Quark durchzukauen. In vielen Menschen, antwortet mir der Kenner noch älterer Seelen, sei von Jugend her etwas angelegt, das nicht verschwinde, in diesem Fall die Freude, Kongresse zu organisieren und zu besuchen, Diskussionen zu leiten und Tagesordnungen umzustoßen. Zweimal habe Gustav ausleben können, was bei ihm am stärksten ausgebildet sei, im ZK und im Schriftstellerverband und später im Brandenburgischen Landtag. Da habe er *Politiker* sein können, das sei sein Ding, sein Dingen. Wir sind uns einig: Wer ein Jahr jünger ist, hat keine Ahnung.

Ich fahre zurück. An diesem Tag wird wieder Fußball gespielt, und in den Zeitungen wird diskutiert, wieso der schwarz-rot-goldene Patriotismus plötzlich so hochschwappe und ob das gut sei. Es ist der 17. Juni 2006. Im Bundestag eifern Politiker, es werde Zeit, den Opfern der kommunistischen Diktatur eine Ehrenrente zu zahlen. Das kenne ich. Gleich nach der Vereinigung war ich in Bonn als Vertreter von Opferverbänden dabei, als mit Justizminister Kinkel über dieses Thema verhandelt wurde. Der war, so schien es, dafür, aber der Herr des Geldes, Waigel, trat auf die Sparbremse. In den Jahren darauf war es jeweils die Opposition, die dafür eintrat, und die Regierungsparteien schoben das Problem auf die lange Bank. Einen einzigen Verfechter besaßen wir immerdar, Arnold Vaatz aus Dresden von der CDU. Jetzt, in der Großen Koalition, scheint es zu klappen. Während die Rentennachzahlung für die dem SED-Regime nahestehenden Altkader die Bundesrepublik jährlich mehr als drei Milliarden Euro kostet, müssten für Pensionen der 70000 noch lebenden Opfer im Jahr nur 71 Millionen aufgebracht werden. Die CDU-Länder Sachsen, Sachsen-Anhalt und Thüringen haben Bundesratsanträge in diesem Sinne gestellt. Es wäre für die Regierung ein Schnäppchen mit hohem moralischen Anspruch.

Rückwirkend? Das wohl nicht. In einer Bundestagsdebatte hat Gesine Lötzsch vorgebracht, ihr Mann habe aus politischen Gründen drei Jahre seines Lebens in Bautzen vergeudet. »Daher weiß ich ganz genau, wie das mit der Entschädigung und der Opferrente läuft. Ich frage mich, warum es seit sechzehn Jahren nicht gelungen ist, diese Opferrente einzuführen.« Mal ehrlich, Gesine, die PDS hat sie in diesen sechzehn Jahren nie gefordert. Mir fällt ein: Ehrhard Göhl beantragte eine Rente wegen in Bautzen II erlittener Knochenbrüche und schmerzhafter Spätfolgen. Die Bundeskasse für Angestellte beriet darüber acht Jahre lang und genehmigte schließlich 0,47 Euro pro Monat.

Dezember 2006, Termine drängen, so der 50. Jahrestag von Wolfgang Harichs Verurteilung. Der Setzer reißt mir das Manuskript aus der Maschine. Siegfried Prokopp hat ein Buch über die Bestrebungen innerhalb der DDR, mit dem Stalinismus fertig zu werden, herausgebracht, das Vorwort schrieb Gustav Just. In Berlin wollte ich mit einem Ungarn über 1956 debattieren, eine Erkältung plagte mich, in die Bresche sprang Gustav Just. In Berlin soll ich auf einem Podium die alten Schlachten schlagen, mit dabei Gerhard Zwerenz, seit zwölf Jahren nicht gesehen.

Im Zuchthaus Bautzen II wurde eine Ausstellung eröffnet. Ehrhard Göhl weigerte sich, das schmucke Museum zu besuchen, er nennt es ein Märchenschloss.

Ich betrete Bautzen II nicht, und denen, die das nicht verstehen, sage ich: Ihr habt keine Ahnung, Kinder.

Biografische Notizen

Johannes R. Becher, 1891–1958. Lyriker, KP-Funktionär. Emigrant in Moskau. Erster Kulturminister der DDR.

Ernst Bloch, 1885–1977. Philosoph. Emigration in Frankreich und den USA. 1948 Professor in Leipzig. Kritik von SED-Dogmatikern an seiner Weiterentwicklung des Marxismus führte 1957 zur Zwangsemeritierung. Ab 1961 Professor in Tübingen.

Ralph Giordano, 1923. Während der NS-Zeit rassisch verfolgt. 1955 und 1956 Student am Literaturinstitut in Leipzig. Danach Fernsehjournalist und Schriftsteller in Köln. Roman: »Die Bertinis«.

Wolfgang Harich, 1923–1995. Philosoph, Schriftsteller. Radikalster Reformer der DDR. Zehn Jahre Zuchthaus. Wissenschaftliche Tätigkeit, auch in der Schweiz, Österreich und der BRD. 1990 Streit mit Janka.

Wieland Herzfelde, 1896–1988. In der Weimarer Zeit Leiter des Malik-Verlags. 1933 Emigration. 1949 Literaturprofessor in Leipzig. 1951–1970 Präsident des PEN-Zentrums der DDR.

Walter Janka, 1914–1994. Schriftsetzer, KP-Funktionär. Kämpfer im Spanischen Bürgerkrieg. Emigrant in Mexiko, Verlagsgründer. 1952 Leiter des Aufbau-Verlags in Ostberlin. Wichtigster Reformer der DDR. Fünf Jahre Zuchthaus. 1989 Vaterländischer Verdienstorden der DDR in Gold.

Gustav Just, 1921. Soldat, SED-Funktionär, Redakteur der Zeitung »Sonntag«. Reformer in Verbindung mit Janka und Harich. Vier Jahre Zuchthaus. Übersetzer aus dem Tschechischen.

Alfred Kurella, 1895–1975. Funktionär der Kommunistischen Internationale und der KPD. 1934 Sekretär Dimitroffs in Moskau. Übersetzer und Schriftsteller. 1955–1957 Direktor des Literaturinstituts in Leipzig. 1958–1963 Kandidat des Politbüros der SED.

Wolfgang Leonhard, 1921. Als Kind mit seiner Mutter in die Sowjetunion emigriert. 1945 mit der »Gruppe Ulbricht« in Ostberlin. Parteifunktionär. Flucht über Jugoslawien in die BRD. Weltbestseller »Die Revolution entlässt ihre Kinder«. Zahlreiche Publikationen über die Sowjetunion und den Kommunismus.

Ronald Lötzsch, 1931. Slawist. Reformer, drei Jahre Zuchthaus. 1970 Wiedereintritt in die SED. Institutsdirektor an der Akademie der Wissenschaften der DDR.

Harro Lucht, 1921. Soldat. Slawist. Reformer. Achteinhalb Jahre Zuchthaus. Nach der Entlassung stellungslos in Halle, später freier Übersetzer. Seit 1990 in Hamburg.

Hans Mayer, 1907–2001. Jurastudium. Emigration in Frankreich und der Schweiz. 1945 Journalist in Frankfurt/Main. 1948 Germanistikprofessor in Leipzig. Revisionismusvorwürfe seitens der SED führen 1963 zum Verbleib in der BRD. Professor in Hannover und Tübingen.

Paul Merker, 1894–1969. Gewerkschafts- und KP-Funktionär. 1927 ZK-Mitglied. Emigration in Frankreich und Mexiko. Nach der Rückkehr 1946 u. a. im Politbüro der SED. Rivale Ulbrichts. 1950 Ausschluss aus der SED und Verhaftung wegen angeblicher Verbindung zum CIA. 1955 zu acht Jahren Zuchthaus verurteilt, 1956 freigesprochen. Belastungszeuge gegen Harich und Janka.

Ralf Schröder, 1927–2001. Slawist. Als Initiator einer Gruppe von Reformern in Leipzig zu zehn Jahren Zuchthaus verurteilt. Wissenschaftler. In den siebziger und achtziger Jahren Stasispitzel.

Winfried Schröder, 1925–2005. Romanist. Bruder von Ralf Schröder. Reformer. Drei Jahre Zuchthaus.

Bernhard Steinberger, 1917–1990. 1936 Emigration nach Italien und der Schweiz. 1947 Ökonomiestudium in Leipzig. 1949 Verhaftung, Deportation nach Workuta bis 1955. Aspirant an der Akademie der Wissenschaften. Wegen Verbindung zu Harich 1957 vier Jahre Zuchthaus. Danach Promotion. 1989 Berater des Neuen Forum Berlin.

Günter Zehm, 1934. Student bei Bloch. Wegen unorthodoxer marxistischer Ideen vier Jahre Zuchthaus. Flucht nach Westberlin. Stellvertretender Chefredakteur der Zeitung »Die Welt«. Schriftsteller. 1992 Professor in Jena.

Heinz Zöger, 1915–2000. Widerstand als KP-Mitglied in der NS-Zeit, vier Jahre Zuchthaus. Als Chefredakteur der Zeitung »Sonntag« in die Reformbestrebungen von Janka und Harich verwickelt. Zweieinhalb Jahre Zuchthaus. Journalist in Köln.

Gerhard Zwerenz, 1925. Soldat, Gefangenschaft in der Sowjetunion. Student bei Bloch. Ausschluss aus der SED wegen kritischer Publikationen. 1957 Flucht in die BRD. Schriftsteller. 1994–1998 Abgeordneter des Deutschen Bundestages in der PDS-Fraktion.

Register

Abusch, Alexander   103, 238
Ackermann, Anton   7, 75, 95, 112
Adenauer, Konrad   47, 56f., 221, 228
Adorno, Theodor W.   49, 109, 227
Antkowiak, Alfred   227, 253, 255, 286
Aragon, Louis   103
Arendt, Erich   36, 103
Arendt, Katja   103
Aschajew, Wassili   79
Augstein, Rudolf   86, 260

Babajewski, Semjon   79
Barthel, Kurt   115
Bebel, August   242
Becher, Johannes R.   36, 38, 40f., 67f., 89, 91, 93, 102-104, 160, 248, 260, 267
Becher, Lilly   68
Becker, Jürgen   234
Behrens, Fritz   47f.
Ben Gurion, David   8
Bender, Hans   234
Benjamin, Hilde   122, 127, 190
Berger, Karl-Heinz   36, 252f.
Berger, Uwe   270
Berija, Lawrenti   13, 15
Bieler, Manfred   36, 252
Biermann, Wolf   254, 274
Bierut, Boleslav   55f.
Bilke, Jörg   237-241, 281, 285
Bilke, Wilhelm   239
Bisky, Almuth   255

Bisky, Lothar   282
Bloch, Ernst   18, 20, 25, 30, 49f., 73, 89, 91, 95, 109f., 112f., 130, 133, 148, 158f., 183, 232, 266, 278
Bloch, Karola   25, 111, 159, 232, 266
Blum, Leon   50
Bobrowski, Johannes   239
Böll, Heinrich   39, 218, 234
Bräker, Ulrich   220
Brandt, Heinz   220, 266
Brandt, Helmut   219
Brandt, Willy   258
Braun, SPD   84
Braun, Otto   234
Braun, Volker   269
Brecht, Bertolt   18, 30, 38, 41, 92, 97, 224, 226, 267
Bredel, Willi   17, 21, 42, 89, 91, 98, 103, 123, 226
Brinkmann, Jürgen   255
Brugsch, Theodor   195
Bucharin, Nikolai   8, 50, 280
Bulganin, Nikolai   7
Bürger, Annekathrin   270
Burger, Christel   26

Chaplin, Charlie   15
Chruschtschow, Nikita Sergejewitsch   7, 9, 11, 13, 17, 19f., 31, 44, 46, 51, 55f., 58, 62, 65f., 71, 82, 106, 108f., 116, 135, 137, 173, 228, 235, 242, 249, 268, 283
Churchill, Winston   14

Deicke, Günter   115
Dertinger, Georg   219, 224

Déry, Tibor   59, 60, 123
Dieckmann, Johannes   93
Dönitz, Wolfgang   244
Dorn, Erna   116
Dorsch, Käthe   95
Dostojewski, Fjodor   18
Dulles, John Foster   57
Dürrenmatt, Friedrich   39
Dwinger, Edwin Erich   23, 112

Ehrenburg, Ilja   5, 107
Eich, Günter   39
Einsiedel, Heinrich Graf von   280
Eisenhower, Dwight D.   8
Eisler, Gerhart   48, 89
Eisler, Hanns   89, 103, 132, 226
Engels, Friedrich   47
Esch, Winfried   225

Fabian, Walter   234
Fabri, Albrecht   234
Fallada, Hans   265
Faulkner, William   40
Fauth, Gerhard   234
Fechner, Max   122
Fedin, Konstantin   103
Fetscher, Iring   261
Feuchtwanger, Lion   18, 103
Feuerbach, Ludwig   30
Field, Noel   20, 30, 127
Fielding, Henry   40
Fischer, Prof.   106
Fischer, Ernst   67

Fischer, Ruth   50, 173, 206
Florin, Peter   82
Franco, Francisco   66
Frank, Leonhard   103, 226
Freisler, Roland   112
Fricke, Karl Wilhelm   220, 266
Fries, Fritz Rudolf   286
Frisch, Max   39, 88, 238
Fröhlich, Paul   32, 63, 112, 115, 133, 135, 209, 258
Fühmann, Franz   39f.

Geibel, Emanuel   40
Gentz, Rechtsanwältin   89f., 97
George, Heinrich   192, 205f., 209f., 235
Gerö, Josef   58
Giersch, Irene   88, 96, 98, 191, 228, 286
Giordano, Ralph   18f.
Gloger, Christel   55, 61, 64
Gloger, Gotthold   19, 23, 61, 64
Göhl, Ehrhard   243, 287f.
Goethe, Johann Wolfgang von   79
Gomulka, Wladyslaw   55f., 62f., 65, 69, 95, 119, 128, 276
Gorbatschow, Michail   259, 267
Gorki, Maxim   9, 19, 224
Gotsche, Otto   235
Grass, Günter   261
Grimm, Thomas   70
Grotewohl, Otto   17, 63, 93, 102, 168
Grunenberg, Nina   234
Gruner, »Bubi«   163

Guderian, Heinz 23
Gudzuhn, Jörg 271
Guenther, Johannes von 103
Günther, Eberhard 9, 231
Günther, Egon 256
Gysi, Gregor 273, 280
Gysi, Klaus 94, 102

Hager, Kurt 36, 63, 82f., 85, 158, 209
Haid, Bruno 168
Harich, Wolfgang 30f., 34, 36-38, 45-48, 50, 57, 69-71, 73-77, 84-91, 93-100, 103-105, 111f., 121, 126, 128f., 131, 137, 143, 148, 158, 160f., 167, 171f., 183, 186, 191, 207, 209f., 214, 228f.
Harreß, Hartmut 117, 190, 213, 255, 284
Hartmann, Nicolai 262
Hauptmann, Gerhart 40
Hay, Julius 123
Heartfield, John 20
Hegel, Georg Wilhelm Friedrich 8, 54, 108f., 130
Heidegger, Martin 50
Hein, Christoph 271, 285
Heine, Heinrich 30, 79
Hempel, Wolfgang 284-286
Herder, Johann Gottfried 30
Herder, Heinz 245
Hermlin, Stephan 40
Herrnstadt, Rudolf 116
Hertwig, Manfred 47f., 89, 96-98, 100, 104f., 277
Herzen, Alexander 7

Herzfelde, Wieland 12, 20, 72, 106f., 114, 162
Hesse, Hermann 40, 103
Heubner, Leonhard 241
Heym, Stefan 244, 260, 269, 280
Heyse, Paul 40
Hitler, Adolf 10, 15, 18, 20, 41, 44, 62, 280
Höber, Oberleutnant 154
Hofé, Günther 234
Hoffmann, Ingrid 109
Hofmannsthal, Hugo von 40
Holub, Otto 101
Honecker, Erich 82, 85, 122, 168, 258, 277, 285
Houpt, Karl P. 78, 144, 161
Huchel, Peter 37, 40
Hughes, Langston 247

Illner, Oberleutnant 145
Irmler, Werner 130
Irving, David 278

Jahn, Prorektor 117
Jahnke, Staatsanwalt 101, 122, 124, 169
Janka, Charlotte 29, 90, 120, 195, 222, 226, 258, 262, 270, 279
Janka, Walter 29-31, 42, 45-47, 57, 64, 67-74, 76, 87-93, 95, 100, 102-104, 112, 120f., 123-127, 129, 131, 137, 168-170, 173, 183, 194, 214, 222f., 225f., 255f., 258, 260, 262f., 266-270, 278-280, 285
Janzen, Michael 8-10, 23

Jaspers, Karl 50
Jean Paul 248, 257
Joyce, James 209f.
Jung, C. G. 109
Just, Gustav 27, 31f., 34, 36, 38f., 46, 56f., 64, 69-71, 74, 77, 87f., 94, 98f., 101, 103, 112, 115, 121, 124-127, 129, 131f., 148, 158, 160, 168-171, 195f., 223f., 227, 255-258, 263, 266, 271-273, 276, 278f., 281-283, 285f., 288
Just, Heide 74, 76, 98, 101, 124, 130, 160, 170f., 195f., 227, 255, 281-283

Kádar, János 66
Kafka, Franz 40, 73, 79, 154, 209
Kaganowitsch, Lasar 7, 65, 160
Kamenew, Lew 12
Kána, Vašek 32
Kant, Hermann 260
Kant, Immanuel 130
Kantorowicz, Alfred 37, 134f.
Kästner, Erich 200
Kaul, Friedrich Karl 89, 271
Kaulfersch, Oberrichter 202, 205-208, 210-212, 217, 235
Kautsky, Karl 242
Kern 23
Kesten, Hermann 103
Kienberg, Paul 199
Kilian, Isot 91, 286
Kindler, Helmut 200
Kinkel, Klaus 287
Kirchner, Gottfried 117f., 213
Kirow, Sergei 19
Klemperer, Eva 117

Klemperer, Hadwig 118
Klemperer, Victor 117, 213
Koch, Werner 234
Kock, Erich 234
Koeppen, Wolfgang 39
Koerber, Lenka von 114
Koestler, Arthur 42, 50
Kohl, Helmut 247, 267
Kohl, Michael 246f.
Kolbe, Oskar 162, 192f., 202-205, 208f., 211-213, 217, 235
König, René 234
Köper, Hans Hermann 234
Körner, Leutnant 239
Kossuth, Charlotte 117, 190, 213, 282, 284
Kossuth, Lajos 58
Kossuth, Leonhard 19, 117-119, 190, 282, 284
Kraft, Ruth 162
Kramer, Staatsanwalt 183
Krauss, Werner 21, 142
Krenz, Egon 266f., 269, 273
Krolow, Karl 39
Krupskaja, Nadeschda 12
Kuczynski, Jürgen 46
Kügelgen, Bernt von 270
Kunert, Günter 36f., 66, 265, 280
Kunert, Marianne 265
Kunze, Reiner 224, 273
Kupis, Taddäus 61, 63f., 139, 147, 206
Kurella, Alfred 6, 10f., 20, 23, 41, 106, 132, 154, 158

Kurella, Heinrich 10

Laxness, Halldór 73, 103, 170, 226
Lenin (Wladimir Iljitsch Uljanow) 10, 12f., 16, 19, 47, 63, 75, 92, 108, 242, 280
Leonhard, Rudolf 42f.
Leonhard, Susanne 42
Leonhard, Wolfgang 30, 42-44, 63, 119, 184, 204, 234, 261, 266, 268, 280
Leuschner, Bruno 82
Lewin, Willi 37
Liebknecht, Karl 269
Lipinski-Gottersdorf, Hans 234
Loest, Alfred 6, 146, 151
Loest, Annelies 5, 24, 26, 42, 52, 61f., 64, 107, 112, 115, 131, 133, 146f., 151-153, 156, 161-163, 165, 177, 178, 182-184, 191, 193, 197-199, 203-205, 207, 210-212, 219, 221, 233-235, 237-241, 244-248, 252f., 264f., 272, 280
Loest, Brigitta 5, 107, 133, 147, 162f., 178, 184, 193, 197, 212, 246-248, 252, 264
Loest, Robert 42, 64, 115, 132, 147, 162, 178, 184, 193, 197, 212, 246-248, 252, 264
Loest, Thomas 5, 107, 133, 146f., 162f., 178, 184, 193, 197, 212, 246-248, 252, 254, 264
Lötzsch, Gesine 286f.
Lötzsch, Ronald 61, 137, 139f., 142, 147, 151, 157, 173, 175, 177, 206f., 210f., 214, 217, 224, 254, 286
Lucht, Harro 117-119, 137f., 145, 147, 157, 175, 190, 200, 204f., 207f., 211, 213-215, 252, 255, 284

Lukács, Georg 31, 63, 67, 73, 82, 95, 109, 123, 267
Luxemburg, Rosa 83

Mach, Staatsanwalt 201, 204f., 207f., 211, 233
Majakowski, Wladimir 40
Maléter, Pal 65
Malenkow, Georgi 160
Mann, Erika 103, 226
Mann, Golo 261
Mann, Heinrich 18
Mann, Katia 103, 226
Mann, Thomas 40, 73, 151, 226, 238, 256
Manstein, Erich von 23
Markov, Walter 72
Marx, Karl 21, 47, 49, 108-110, 260f.
Masius, Rechtsanwalt 97
Maßloff, Kurt 33, 106
Masur, Kurt 269
Matern, Hermann 93
Maurer, Georg 40, 115, 162, 244
May, Ferdinand 257
May, Gisela 257, 260
May, Karl 5, 241
Mayer, Hans 24, 39, 72f., 80, 88, 107, 142, 148, 159, 162, 188, 232, 238f., 241, 244f., 265, 281
Melsheimer, Ernst 97, 99f., 122-129, 131
Merker, Paul 29f., 63f., 69f., 72, 74, 77f., 95, 99f., 104, 126-128, 226, 276
Mielke, Erich 102, 122, 168, 190, 222

Modrow, Hans 267, 273, 282
Mohrle 244
Molotow, Wjatscheslaw 65, 70, 160
Mühe, Ulrich 268
Müller, Heiner 36, 260, 269
Mundstock, Karl 39
Müntzer, Thomas 110
Musil, Robert 73

Nagy, Imre 59, 65, 71
Nasser, Gamal Abdel 65
Naumann, Manfred 21, 61, 64, 72, 107, 137, 141f., 157, 159, 165, 173, 176-178, 183, 185, 200, 209f., 252
Neumann, Alfred 17, 82
Nietzsche, Friedrich 109, 262
Noglik, Gerd 6
Norden, Albert 21, 82

Oelkers, Theodor 240
Oelßner, Fred 46, 82, 128, 168
Orwell, George 50, 204

Pállfy, György 58
Pasternak, Boris 204
Pechel, Rudolf 37, 95
Pfeiffer, Hans 110, 233, 272
Pieck, Wilhelm 63, 167
Piltz, Ehepaar 101
Plache, Leutnant 153-156
Pokorny, Anstaltsleiter 242, 249-251
Pollitt, Harry 48
Prien, Günther 224

Prokopp, Siegfried 282, 285f., 288
Proust, Marcel 79, 154, 209
Püschel, Walter 18, 36, 188, 252-254
Puschkin, Georgi Maximowitsch 69f., 75, 77, 86, 92, 95, 97

Raddatz, Fritz J. 36f., 50, 88f., 188f., 199f., 245, 260f., 266
Radek, Karl 18, 207
Rajk, Júlia 58
Rajk, László 47, 58
Rákosi, Mátyás 63, 69, 82
Rau, Heinrich 128
Rauchfuß, Hildegard Maria 115
Reinhold, Conrad 26f., 51-53, 80f., 130, 142, 144, 154, 157
Renn, Ludwig 18, 220, 226
Reschke, Thomas 258f., 285f.
Reuter, Fritz 5
Richter, Hans Werner 39
Richter, Kurt 130
Richter, Max 163, 184
Rilke, Rainer Maria 40
Röckel, August 240
Rudorf, Reginald 79f., 105, 159, 162, 182, 192
Ruge, Arnold 21
Ruge, Wolfgang 270
Rühle, Jürgen 234
Rühle, Otto 261
Rusch, Heinz 115
Ruzicka, Silka 45, 137, 142, 151, 153, 177, 213

Saburow, Maxim 7
Sachs, Heinz 6
Salter, CIA-Agent 182
Sartre, Jean-Paul 49, 227
Schabowski, Günter 269
Schaff, Adam 121
Schallück, Paul 234
Scharnhorst, Gerhard von 110
Schirdewan, Karl 17, 63, 82, 93, 168
Schmid, Carlo 227
Schmidt, Heinz 230
Schmitter, Ursula 81
Schmittke, Harry 117, 119f., 142, 200, 204, 208, 211, 214f., 217f., 224, 254
Schmutzler, Georg-Siegfried 156
Schnitzler, Karl-Eduard von 123
Schopenhauer, Arthur 30
Schorlemmer, Friedrich 269
Schröder, Ingeborg 120, 151
Schröder, Ralf 21, 42, 44f., 61, 63, 72, 94, 97, 107f., 118-120, 136-139, 141f., 147-153, 155, 157, 159-161, 165, 167, 172f., 175f., 180, 184-187, 200, 204-207, 211, 213f., 217, 224, 231, 237, 248, 252, 254, 258f., 279, 284, 286
Schröder, Winfried 61, 94, 119, 136f., 139-142, 145, 148, 152, 159-161, 165, 173, 175, 185, 200, 213f., 217, 224, 254, 258, 286
Schroeder, Max 103
Schubert, Parteisekretär 69
Schukow, Georgi 15
Schumacher, Kurt 77
Schwabe, Rolf 130
Seghers, Anna 18, 42, 66f., 89, 91f., 102, 115, 123, 160, 220, 226, 241, 260, 267, 274f.
Selbmann, Fritz 82
Sinowjew, Grigori 12
Skorzeny, Otto 23, 112
Sperber, Manès 261
Spittmann, Ilse 218
»Stahl« 167, 179-182, 187, 196-199
Stalin, Josef 8, 10-16, 18-22, 28, 41, 49, 55, 62f., 86, 104, 204, 207, 225, 280
Steinberger, Bernhard 47, 71, 88, 96-98, 100, 104f.
Steinberger, Ibolya 47
Stendhal 40
Stern, Carola 218, 234, 266, 278
Stern, Jeanne 226
Stern, Kurt 91, 226
Stoph, Willi 82
Strahl, Rudi 252
Strittmatter, Erwin 39, 59, 274
Sturm, Vilma 234
Suslow, Michail 7
Szalai, András 58
Szönyi, Tibor 58

Teller, Jürgen 110, 233, 278
Thiele, Manfred 130
Thümmler, Referent 102
Tito, Josip 7, 15, 57f., 95
Togliatti, Palmiro 7, 32, 51
Tolstoi, Leo 224
Trotzki, Leo 10, 13, 50, 132, 177, 206f., 261
Tucholsky, Kurt 188f.

Tucholsky, Mary 199
Tuchatschewski, Michail 18
Uhse, Bodo 89, 98, 103, 123
Ulbricht, Walter 17, 19, 22, 25, 31, 34, 44, 46, 51, 56, 63f., 68-71, 74f., 82f., 85f., 88f., 91, 93-95, 97, 100, 102-104, 108, 116, 119, 122f., 128f., 143, 160, 165, 168, 173, 190, 206f., 209, 225, 235, 241, 258, 271, 274, 276f.
Ulitzsch 106

Vaatz, Arnold 287
Vapenik, Rudolf 173
Veith, Wolfgang 221, 250
Verner, Paul 82
Vogelsang, Hans 112f., 130
Voigt, Richard 130

Wagner, Siegfried 32, 34, 51, 56, 63, 78-80, 105-107, 113, 133, 144, 158f., 226
Waigel, Theo 287
Wandel, Paul 82
Wander, Fred 19
Wander, Maxie 19
Wehner, Herbert 228
Weigel, Helene 38, 89, 91f., 98, 123, 226, 248, 260
Weisenborn, Günther 103
Wellershoff, Dieter 234
Wendler, Hauptmann 118, 156f., 162, 164, 171-173, 175, 177-180, 182, 184, 187f., 193
Wendt, Erich 158, 196
Wenzel, Joachim 21, 41, 64, 72f., 94, 103, 125, 131f., 141, 147, 150, 155f., 161, 164f., 172f., 183, 218

Wenzel, Liane 64, 131, 141, 164, 183, 193
Wessel, Horst 122
Wiens, Paul 36
Wieprich, Ruth 137, 177, 213
Wilder, Thornton 40
Winzer, Otto 82
Wittkowski, Grete 17, 82
Wolf, Christa 268f.
Wolf, Markus 89, 108, 267, 269, 271, 281, 285
Wolf, Richard 48, 121, 129, 168f., 255
Wolff, Friedrich 120f., 129
Wollweber, Ernst 63, 91, 130, 168, 190
Woroschilow, Kliment 7, 65
Wünsch, Oberleutnant 147, 187
Wyszynski, Kardinal Stefan 62

Zehm, Günter 48-51, 53, 110f., 130, 132, 142f., 161, 227, 237, 255, 265, 278f.
Zimmering, Max 32
Zöger, Heinz 33f., 64, 74, 87, 94, 99, 103, 121, 124, 126f., 129, 131, 148, 160, 168f., 174, 217, 255, 266, 278
Zöller, Marianne 147, 163, 233
Zweig, Arnold 66, 89, 103
Zwerenz, Gerhard 25-27, 30, 34, 48-50, 52, 54, 78, 81, 94, 105f., 108, 111-113, 115, 130, 132-135, 142-144, 148, 153f., 158-161, 217f., 221, 233f., 237, 239, 255, 257, 264f., 279-282, 286, 288
Zwerenz, Ingrid 25-27, 112, 130, 133, 153, 217, 264

ERICH LOEST

Sommergewitter
Roman

344 Seiten, Hardcover mit Schutzumschlag

*

»Erich Loest hat einen großen Roman geschrieben, vielleicht seinen besten bisher.«
Die Welt

»Ein packendes Stück Zeitgeschichte.«
Frankfurter Rundschau

»Ein Alterswerk von jugendlicher Kraft.«
Mitteldeutsche Zeitung

»Loest demonstriert, daß der realistische Roman, wenn er so kunstfertig komponiert und kraftvoll erzählt ist wie in diesem Fall, noch immer nicht zum alten Eisen gehört.«
Bayerischer Rundfunk

»Ein bewegender, ereignissatter Roman.« *Der Tagesspiegel*

»Ein wunderbares, lesenswertes Buch.«
Sächsische Zeitung

»Ein Roman, bei dem man beruhigt sagen kann, lesen unterhält und bildet.«
rbb, Antenne Brandenburg

ERICH LOEST

Sommergewitter

Gelesen von Erich Loest, Ursula Karusseit
und Maria Simon
6 CDs, Gesamtspielzeit ca. 7 Stunden

*

Nach diesem Tag ist nichts mehr wie zuvor. Erich Loests packender Roman erzählt von ganz normalen Menschen, die Geschichte machen. Sie geraten hinein in die Ereignisse des 17. Juni 1953, an dem eine unbedachte Äußerung, eine leichtsinnige Unterschrift, ein übermütiger Auftritt über Knast oder Karriere entscheidet.

Steidl Verlag · Düstere Str. 4 · 37073 Göttingen
www.steidl.de